행복한 로마 읽기

ROME

행복한
로마 읽기

천년제국 로마에서 배우는
리더십과 자기계발의 지혜

양병무 지음 · 정기문 감수

21세기북스

역사책의 가치를 평가하는 기준은 사람마다 다르다. 과거의 사실을 얼마나 정확하고 자세하게 묘사하는지를 중요시하는 사람도 있을 것이고, 역사를 만든 영웅의 고난과 업적을 얼마나 빼어난 필체로 감동적으로 다루는지를 중요시하는 사람도 있을 것이다. 그러나 제1기준은 언제나 '재미'여야 한다. 아무리 중요한 주제를 탁월한 연구로 밝혀냈다고 해도 재미가 없으면 즐거움이 아니라 고역이 되기 때문이다.

그래서 아주 옛날부터 역사가는 사실을 재미있게 구성하여 마치 드라마처럼 흥미진진하게 풀어내는 것을 중요한 덕목으로 생각했다. 재미있게 만들어진 역사는 할머니의 입을 통해서 어린아이들에게 즐거움을 주었고, 시장통의 변사들은 사람들에게 웃음과 삶의 활력을 주었다. 심지어 역사는 '약'으로 쓰이기도 했다. 근대 프랑스의 의사들은 왕이나 귀족에게 아무리 좋은 약을 써도 병에 차도가 없을 때는 역사가들을 불러 로마 역사를 들려주게 했다. 환자들은 로마 역사에서 재미를 느끼고 웃는 과정에서 병이 낫곤 했다.

19세기 이후, 역사가 전문 학문의 한 분야로 정착하면서 역사 연구는 갈수록 전문화, 세분화되었다. 이 과정에서 사람들에게 재미를 주는 것이라는 역사의 본분이 잊혀졌다. 전문 역사가들은 "많은 글을 쓰지만 학술지가 지정한 심사자 3명 말고는 읽는 사람이 없다"고 한탄하곤 한다. 역사가들의 임용, 승진, 연봉 평가에 전문 논문을 요구하는 현 상황은 이런 현실을 고칠 수 없게 만들거나 오히려 더욱 고착화한다. 역사가로서 훈련을 받을 때 어떻게 하면 소재를 흥미롭게 구성할 수 있고, 어떻게 하면 사람들의 마음을 움직일 수 있는지를 배우지 않기 때문이다. 이런 이유 때문에 한국의 역사가들은 대중이 간절히 기대하는 작품, 탁월하면서도 재미있는 작품을 쓰지 못하고 있다.

그러나 역사에 대한 사람들의 갈망은 언제나 크다. 2007년 '사람인'이라는 구직 단체가 1,792명의 직장인을 대상으로 조사한 바에 따르면, 역사는 학창 시절에 가장 좋아했던 과목이고, 학창 시절로 돌아갈 수 있다면 다시 배우고 싶은 과목 2위였다. 이렇게 역사가 높은 평가를 받는 것은 역사가 사회생활과 인생 항로에 매우 유익히기 때문이다. 그래서 역사의 중요한 사건이나 위대한 인물이 사극이나 영화에 자주 등장하고, 일반 시민을 위한 역사 강연에 늘 많은 사람들이 붐비고, 간혹 대중의 눈높이에 맞춰 잘 쓰여진 역사 책이 나오면 베스트셀러가 되곤 한다.

시오노 나나미의『로마인 이야기』는 바로 이런 작품이다. 그녀는 로마의 역사를 장대한 스케일로 재구성하면서 로마가 직면한 수많은 과제와 그것을 해결해가면서 이룩한 성취를 넓은 시각과 뛰어난 필체로 묘사했다. 그리스인, 유대인, 갈리아인, 아시아인 등과 비교하면서 로마인의 특징을 파악해내는 그녀의 안목, 로마사에 족적을 남긴 위대한 인물들의 특징을 세밀하게 파악하고 그것을 시대와 연계하는 그녀의 통찰력, 로마사의 전개 과정에서 발생한 중요한 사건들에 대한 세밀한 묘사는 감탄 그 자체였다. 이런 것들을 더하여『로마인 이야기』를 최상급의 역사서로 만들어냈다.

그렇지만『로마인 이야기』는 여전히 전문가를 위한 책이다. 15권 짜리로 구성된 그 책은 무척 방대하고, 로마 역사에 대한 사전 지식이 없으면 제대로 이해할 수 없는 내용이 많으며, 사실 묘사에 집중하다 보니 때론 지루하기도 하다. 이런 단점을 극복하면서 로마 역사를 압축하여 한 권으로 만든 책이 있다면 얼마나 좋을까?

『행복한 로마 읽기』는 이런 기대를 만족시키는 책이다. 이 책의 저자 양병무 박사는 베스트셀러인『감자탕교회 이야기』『주식회사 장성군』『행복한 논어 읽기』를 비롯하여 총 36권의 책을 쓴 전문

이야기꾼이다. 뛰어난 가수가 훌륭한 노래를 들려주듯이, 뛰어난 이야기꾼이 재미있는 이야기를 들려주는 법이다. 『행복한 로마 읽기』의 재미 농도는 순도 100%다. 독자들은 내가 그랬듯이 일단 책을 읽기 시작하면 절대 놓지 못할 것이다. 나는 읽기 시작한 뒤 이내 원고에 빠져 이틀 동안 다른 일은 아무것도 하지 않고 오직 책에만 집중했다.

무엇이 『행복한 로마 읽기』를 이렇게 재미있는 책으로 만들었을까? 무엇보다 앞에서 이야기했듯이 이야기꾼의 솜씨가 뛰어나기 때문이다. 뛰어난 이야기꾼은 사람들이 궁금해하는 이야기를 긴장감 있게 구성하여 아주 쉽고 감흥 있는 언어로 풀어낸다. 『행복한 로마 읽기』는 로마사를 이해하는 데 필요한 주제들을 통찰력 있게 잡아내고, 그 주제들을 설명하는 데 필요한 시대 상황과 사건, 인물들을 적절히 배치했으며, 재치 있고 생동감 넘치는 언어로 풀어냈다.

그렇지만 아무리 뛰어난 이야기꾼이라도 역사물을 재미있게 풀어내기는 어렵다. 역사는 소설과 달리 사실에 근거해야 하기 때문이다. 역사물은 사실과 인물을 정확하게 파악하고, 사실과 사실의 인과관계, 인물과 인물의 상호 관계를 해명하고, 개별 사실과 인물을 시대 상황에 맞게 연결하지 않으면 기본적으로 가치를 가질 수 없다. 이 때문에 역사물에는 언제나 전문성이 요구된다. 이 점에서 『행복한 로마 읽기』는 손색이 없는 작품이다. 저자 양병무 박사는

『로마인 이야기』를 읽고 로마 역사에 매료되어 10년 이상 로마사에 대한 자료를 수집하고 정리하면서 역사 연구자 못지않은 전문성을 확보했다. 그는 로마 역사를 다룬 전문서적을 꼼꼼하게 읽었을 뿐만 아니라, 자신이 정리한 내용을 '천년제국 로마에서 배우는 리더십과 자기계발의 지혜'라는 제목의 강연으로 만들어 12년이나 강의했다. 수많은 청중들의 질문과 검증을 거쳐 내용은 더욱 정확해지고, 이야기는 더욱 풍성해졌다.

1990년대에 『로마인 이야기』는 우리 사회에 큰 열풍을 일으켰다. 『로마인 이야기』는 초대형 베스트셀러가 되었고, 로마사에 대한 세미나와 강연, 영상물 제작이 이어졌다. 『행복한 로마 읽기』가 다시 한번 그 열풍을 일으키기를 기대해본다.

군산대학교 사학과
정기문

천년제국 로마의 원동력, 개방성과 시스템

"행복한 로마인 이야기, 너무 재미있어요."

"한눈에 정리가 되니 천년제국 로마에 대한 관심이 더욱 높아졌어요."

필자는 몇 년 전 인간개발연구원 원장 시절에 주마다 '행복한 로마인 이야기'를 이메일로 회원들에게 발송했다. 『로마인 이야기』를 읽은 독자나 로마에 관심이 있는 사람들의 반응이 무척 좋았다. 이렇게 이메일을 보내게 된 것은 『로마인 이야기』를 가지고 리더십 코스를 개발하여 운영했기 때문이었다.

무엇이 필자로 하여금 천년제국 로마에 빠져들게 만들었을까?

"로마인의 개방성과 시스템을 우리나라에 접목할 수 있다면 선진국으로 갈 수 있을 것"이라는 믿음이 생겼기 때문이다. 우리나라는 세계가 놀라는 고도성장의 기적을 이루었다. 2차 세계대전 이후 산업화와 민주화를 동시에 달성한 나라는 대한민국이 유일하다. 게다가 한류 열풍이 세계를 뒤흔들고 있다. 그런데 우리에게 부족한 2%가 있다. 바로 개방성과 시스템 구축이다. 천년제국 로마에 그 답이 고스란히 들어 있다.

이와 같은 생각을 가지고 당시 베스트셀러인 『로마인 이야기』에 심취해 있던 박원순 상임이사(아름다운 재단), 공병호 소장(공병호 경영연구소), 배동만 사장(제일기획), 강영철 부사장(풀무원), 김언호 사장(한길사) 그리고 필자가 공동으로 리더십 코스를 개발하게 되었다. 2004년, 리더십 전문 교육기관인 인간개발연구원이 주관하여 "천년제국을 건설한 로마인들의 인간경영, 조직경영, 국가경영을 배운다"라는 주제로 〈로마인 이야기 리더십 코스〉 6주 과정이 개설되었다. 뜨거운 관심과 참여 속에서 성공적으로 진행되었으나, 몇 회만 진행한 후 아쉽게도 중단되었다. 6명의 저명 강사가 참여하다 보니 서로 바빠서 일정을 잡기가 어려웠기 때문이다. 그 후 주로 필자가 '천년제국 로마에서 배우는 리더십과 자기계발의 지혜'라는 주제로 강의를 해왔다.

필자는 강의를 계속하면서 천년제국 로마에 매료되었다. 로마에 관한 책이나 기사는 무엇이든 찾아 읽고 또 읽었다. 천년제국의 역사를 통해 서양의 과거와 현재를 안다는 것은 참으로 즐겁고 유익한 일이었다. 만나는 사람들에게 로마를 읽으면 행복해진다며 '행복한 로마 읽기'를 역설했다.

또한 로마와 우리나라가 닮은 점이 많다고 느꼈다. 반도 국가라는 점과 사람 외에는 자산이 없다는 점이 특히 그렇다. 주변 국가들에 비해 열등감이 많았던 로마가 지중해의 강자가 된 성공 요인을 본받으면 우리도 로마처럼 세계 국가가 될 수 있다는 꿈과 희망이 솟아났다. 천년제국 속에 우리가 겪는 문제와 고민에 대한 해답이 있었다. 로마가 흥한 요인을 보면 우리의 발전이 보였다. 로마가 쇠망하는 요인을 보니 우리가 해서는 안 될 일이 보였다.

필자가 리더십 코스를 개발하고 강의할 때부터 많은 사람들이 천년제국 로마에서 배울 수 있는 지혜와 리더십을 일목요연하게 정리해달라는 부탁을 받았다. 이번에 책을 내기로 결심한 데는 다음과 같은 4가지 이유가 있다.

첫째, 천년제국 로마의 역사를 한 권으로 정리하기 위해서다.

로마제국은 인류 역사상 가장 오래된 제국인 만큼 책도 많고 자료도 많다. 쉽고 편하게 접근하여 천년제국을 한눈에 볼 수 있도록 요약하면 좋겠다는 생각이 들었다. 주요 사건을 중심으로 정리하여 '한 권으로 읽는 천년제국 로마'라는 주제로 전체적인 흐름을 파악하도록 했다. 로마를 알아야 서양을 알 수 있기 때문이다.

둘째, 개방성과 시스템을 통해 글로벌 마인드를 얻기 위해서다.

고도성장으로 세계를 놀라게 한 우리나라는 세월호 사건, 메르스 사태 등을 통해 고도 성장, 압축 성장의 약점이 드러나 자긍심에 깊은 상처를 입었다. 이를 극복하려면 글로벌 마인드가 절실히 필요하다. 로마 공화정의 성공 요인의 핵심은 개방성과 시스템이다. 로마 공화정의 강점을 보완하면 우리나라는 세계적인 경쟁력을 갖추고 선진국의 대열에 진입할 수 있을 것이다.

셋째, 창업과 승계의 리더십 관점에서 정리하기 위해서다.

천년제국 로마는 기원전 753년에 건국되어 서기 476년에 서로마가 멸망했으니, 정확히 말하면 1,229년 동안 존속했다. 건국 초기 왕정시대 244년, 공화정시기 482년, 제정시기 503년이다. 이렇게 정치체제가 확립되어가는 과정을 '창업과 승계의 원리'라는 관점에서 조명해보았다. 역사는 창업과 승계의 과정이라고 볼 수 있다. 승계는 국가뿐만 아니라 기업이나 개인에게 있어서도 중요하다.

넷째, 카이사르와 아우구스투스의 개혁 정신과 방법을 참고하기 위해서다.

창업과 승계에 있어서 가장 성공한 모델이 창업자 카이사르와 후계자 아우구스투스 초대 황제다. 카이사르는 로마 공화정의 강점을 바탕으로 성장했다. 로마가 공화정 체제였기 때문에 카이사르는 갈리아 전쟁을 통해 영웅으로 부상할 수 있었다. 하지만 로마의 영토가 넓어지면서 매년 정권이 바뀌는 공화정의 한계를 깨닫고 황제가 다스리는 제정(帝政) 체제를 설계했다. 아우구스투스는 14년 동안의 권력투쟁을 통해 제정 체제를 확고하게 만들었다. 두 주인공을 통해 개혁하고 시스템을 구축하는 과정을 자세히 살펴보는 동시에 창업과 승계의 관점에서도 분석하려 한다.

그 밖에도 '팍스 로마나' 200년과 로마의 쇠망 과정을 통해 흥하는 요인과 쇠망하는 요인을 비교하여 역사의 교훈으로 삼고자 한다.

필자는 역사를 전공한 사람이 아닌 까닭에 부족한 점이 많다. 하지만 로마 역사를 리더십 전문가의 입장에서 정리하고, 창업과 승계의 관점에서 분석했다. 동시에 오늘날의 인사 관리, 조직 관리, 자기계발 등과 연계하여 조직의 경영과 관리에 실질적인 도움이 될 수 있도록 구성했다. 따라서 이 책은 '로마 입문서'이자 '천년제국 로마에서 배우는 리더십과 자기계발의 지혜'에 관한 자료라고 할 수 있다.

천년제국 역사의 전반적인 흐름에 관한 내용은 로마사 개론서로 정평이 나 있는 프리츠 하이켈하임의 『로마사』를 중심으로 하고, 시오노 나나미의 『로마인 이야기』, 테오도르 몸젠의 『몸젠의 로마사』, 에드워드 기번의 『로마제국 쇠망사』를 참고했다. 이 책들을 바탕으로 천년제국을 정리하면서 다른 자료도 참고했다.

로마사 연구의 권위자인 군산대학교 사학과 정기문 교수님께서 원고를 꼼꼼히 읽고 감수를 해주신 데 대해 감사를 드린다. 또한 책을 내도록 격려해주신 재능그룹 박성훈 회장님, 인천재능대학교 이기우 총장님, 인간개발연구원 장만기 회장님께 감사드린다. 이

책이 천년제국 로마의 역사와 리더십, 창업과 승계 그리고 자기계발에 대해 관심이 있는 독자들에게 도우미 역할을 할 수 있다면 그보다 큰 기쁨과 영광이 없겠다.

필자는 몇 해 전 동양의 고전인 『행복한 논어 읽기』를 발간하여 독자들의 사랑을 받았다. 이번에 『행복한 로마 읽기』를 통해 로마를 이해하고 공부하면서 동양과 서양의 역사와 고전을 읽는 기쁨과 즐거움을 함께 나누고 싶다. 나아가 천년제국의 성공 요인이 우리나라에 접목되어 선진국으로 진입하는 데 참고자료로 활용될 수 있기를 바란다.

2016년 10월

혜강(惠江) 양병무

I

벤처기업 로마의 탄생과
왕정시대

기원전 753~509년

OI

로마와 한국의 닮은 점은 무엇일까?

"여러분, '로마' 하면 생각나는 것이 무엇이 있나요?"

필자가 '천년제국 로마에서 배우는 리더십과 자기계발의 지혜'라는 주제로 강연을 시작할 때 처음 던지는 질문이다. 로마에 대한 평소의 생각을 가늠해보기 위해서다.

그러면 "모든 길은 로마로 통한다" "로마는 하루아침에 이뤄지지 않았다" "로마에 가면 로마법을 따르라"와 같은 속담부터 "주사위는 던져졌다" "왔노라, 보았노라, 이겼노라" "브루투스, 너마저"와 같은 역사적인 한마디를 이야기한다. 또 콜로세움 원형경기장, 율리우스 카이사르, 네로 황제, 로마법, 공중목욕탕처럼 로마의 위인이나 업적을 떠올리기도 하고, 〈벤허〉나 〈쿼바디스〉처럼 로마를 배경으로 한 영화를 말하는가 하면, 노블레스 오블리주처럼 로마에서 비롯된 관습을 언급하기도 한다.

이런 이야기를 들으면, 많은 사람들이 로마에 대해 상당한 지식을 갖고 있음을 알 수 있다. 또, 다른 나라에 대해 이 정도로 많이 알고 있다는 사실에 놀라곤 한다. 그래서 나는 이렇게 설명한다.

"로마에 대한 여러분들의 평소 생각이 바로 오늘 강의하려는 주제입니다. 그만큼 여러분들은 로마에 대해 조예가 깊습니다. 여러분이 생각한 것을 좀 더 체계적으로 정리해보겠습니다."

그리고 우스갯소리로 덧붙인다.

"지금 이 시간 이후로 여러분들은 '로사모' 회원이 되셨습니다. '로마 이야기를 사랑하는 사람들의 모임'입니다."

『로마인 이야기』『로마사』『로마제국 쇠망사』 등 로마에 관한 책을 읽었거나 로마에 관심을 갖고 로마를 사랑하는 사람들은 모두가 로사모 회원이라 할 수 있다.

그렇다면 로마와 한국의 닮은 점은 무엇일까?

우선 둘 다 반도 국가라는 특성이 있다. 로마는 유럽대륙을 떠받치고 있는 장화 같은 모습이고, 한국은 아시아대륙을 짊어지고 있는 호랑이처럼 생겼다. 일제시대의 일본인들은 한반도를 호랑이가 아니라 고양이라고 비하하긴 했지만 말이다.

반도 국가는 대륙과 해양 세력이 교차하는 지정학적인 위치에 있으므로 대륙과 바다를 아우를 수 있다는 것이 가장 큰 장점이다.

대륙으로 진출하는 교두보인 동시에, 대양으로 진출하는 관문 역할을 하기 때문이다. 이런 환경에서는 자연스럽게 도전 정신과 개척 정신이 솟아난다. 넓고 푸른 바다를 바라보며 무한한 꿈과 가능성을 키우게 된다. 로마는 이러한 반도 국가의 이점을 살려 세계적인 제국을 건설할 수 있었다.

고구려가 광활한 만주벌판을 누비며 대국을 건설할 수 있었던 원천도 반도 국가와 대륙 세력의 장점을 살린 덕택이다. 통일신라 때 해상왕 장보고가 전남 완도에 청해진을 설치한 후 중국과 일본 사이에서 동방 무역의 패권을 잡고 명성을 떨칠 수 있었던 것 역시 반도 국가였기에 가능했다. 고려를 건국한 태조 왕건이 국호를 고려라고 붙인 이유도 고구려의 옛 땅과 영광을 회복하겠다는 강력한 의지가 있었기 때문이다.

하지만 반도 국가는 대륙의 거대한 힘에 눌리면 왜소해지는 약점이 있다. 조선왕조가 대국인 명나라에 사대주의를 표방한 배경도 반도 국가의 현실을 받아들인 탓이라고 이해할 수 있다. 어쨌든 로마와 한국은 반도 국가라는 숙명 속에서, 강점이 부각될 때는 융성했고 약점에 얽매일 때는 왜소한 나라로 전락하고 말았다.

로마와 한국의 또 다른 유사점은 세계화만이 살길이라는 인식을 가지고 있었다는 것이다. 로마는 경제에서 비교우위의 중요성을 알고 있었다. 주식인 밀을 더 싼 곳에서 수입하고, 대신 비싸게 팔 수 있는 다른 작물을 심어 경제 효용을 높이는 전략을 채택했다.

혼자서는 모든 것을 자급자족할 수 없기 때문에 교역을 통해 생존 문제를 해결해야 했다. 이 같은 현실은 로마인들이 끊임없이 영토를 넓히게 만들었다. 로마인들은 지정학적인 위치와 나라가 처한 환경을 제대로 인식한 까닭에 힘을 합쳐서 로마제국을 건설할 수 있었다.

우리나라 역시 자급자족하기에는 자원이 많이 부족한 나라다. 특히 오늘날처럼 세계화·정보화 시대에 한국은 시대적인 상황을 잘 활용할 필요가 있다. 사실 수출만이 살길이라고 외치며 5대양 6대주를 누비며 다닌 것도 세계화 전략의 일환이었던 셈이다.

어느 나라든 흥망성쇠가 있다. 천년제국 로마 역시 흥왕기가 있었고 쇠망기가 있었다. 역사란 어느 부분을 바라보느냐에 따라 개인에게 중요성이 달라진다. 로마의 흥왕기에 집중함으로써 지식정보화 시대인 오늘날의 문제를 인식하고 실제로 적용할 수 있는 지혜와 리더십을 찾아보자.

02

천년제국 로마의 역사 개관
(기원전 753~서기 476)

로마를 흔히 천년제국이라고 부른다. 좀 더 구체적으로 따지면 로마제국의 역사는 약 1,200년 정도가 된다. 로마제국이 기원전 753년에 건국되었고, 서로마제국이 476년까지 지속되었으니 정확하게 계산하면 1,229년간 존속했다. 『로마사』의 프리츠 하이켈하임, 『로마인 이야기』의 시오노 나나미 등 많은 사람들이 로마제국의 역사를 이야기할 때 서로마제국에 국한해서 언급한다. 실제로 동로마제국이 1453년에 멸망하는 시기까지 포함한다면 2,200년이 넘지만, 필자 역시 서로마제국에 국한하여 살펴보기로 한다.

인류 역사상 이렇게 오랫동안 대국으로 존속하고 유지된 국가는 없었다. 알렉산드로스의 마케도니아제국, 칭기즈칸의 몽고제국,

페르시아왕국, 청나라 등 인류 역사상 큰 족적을 남긴 국가는 많았지만, 대개 300년을 넘지 못하고 무너졌다. 로마는 오랫동안 강성함을 유지했을 뿐만 아니라 그 영향력은 오늘날까지 인류 문명에 강하게 남아 있다. 우리가 로마에 관심을 갖는 것도 그래서다.

프리츠 하이켈하임은 『로마사』에서 로마 역사를 3단계로 구분했는데, 1,229년의 로마 역사를 왕정시대 244년, 공화정시대 482년, 제정시대 503년으로 나누었다. 왕정시대(기원전 753~509)는 로마의 건국 초창기로, 7명의 왕이 다스렸던 시기다. 로마 건국의 시조는 로물루스(Romulus) 왕인데, 로마(Rome)의 어원은 바로 건국신화의 주인공인 로물루스의 이름에서 비롯된 것이다.

초대 왕 로물루스는 혼자서 독단으로 처리하는 전제국가를 선택하는 대신, 국정을 왕, 원로원, 민회로 구분하여 3권분립을 이루었다. 왕을 투표로 선출하는 정치체제를 만들어 세습제가 아니라 종신제가 되도록 했다. 세습제는 왕위가 혈통에 의해 계승되지만, 종신제는 왕이 죽으면 다시 왕을 선출한다. 왕은 민회에서 선거에 의해 뽑고, 죽을 때까지 권력을 맡겼다.

그러나 로마 왕정은 7대 왕인 타르퀴니우스가 시민들의 신뢰를 잃으면서 붕괴된다. 그는 왕이 되는 과정에서 이미 정통성을 잃었다. 선왕을 암살하고 왕위를 빼앗았기 때문이다. 그는 왕이 된 후에도 원로원과 민회를 무시하고 정치를 했기 때문에 시민들은 그를 '거만한 왕'이라고 불렀다. 결정적으로 왕정 붕괴는 그의 아들 섹스투스가 일으킨 유부녀 강간 사건으로 일어났다. 강간당한 당사자가 자결하자 시민들이 분노하여 궐기한 것이다. 이렇게 해서 로마 왕정은 건국 후 244년이 지난 기원전 509년에 종말을 맞았다.

그 후 로마는 공화정시대로 진입했다. 공화정이란 공공의 이익 또는 공동선을 추구하는 국가라는 뜻이다. 공화정은 정치적 자유에 대한 갈망과 1인 지배에 대한 거부감이 표출된 결과다. 로마인들은 일단 왕이 선출된 후 죽을 때까지의 기간이 너무 길다고 생각했다.

공화정은 기원전 509년에 시작하여 초대 황제 아우구스투스가 등장하는 기원전 27년까지다. 공화정과 왕정의 차이점은 왕을 대신하여 집정관이 나라를 다스린다는 것이다. 왕정과 마찬가지로 민회에서 집정관을 선출하되, 임기가 1년밖에 되지 않고 2명씩 선출했다. 공화정은 집정관, 원로원, 민회라는 권력 구조를 기반으로 한다.

로마는 공화정시대에 영토를 넓혀 제국을 건설했다. 공화정시대의 최대의 사건은 포에니전쟁이었다. 이 전쟁은 기원전 264년에 시작하여 120년 동안 3차에 걸쳐 일어났다. 포에니전쟁을 끝으로 로마는 외부의 적을 모두 복속시켜 통합한다. 로마는 기원전 146년에 카르타고를 점령하여 명실공히 지중해의 패권을 거머쥐었고, 지중해를 둘러싸고 있는 지역을 전부 식민지로 만들었다. 로마를 위협할 나라는 없었다.

그러나 외부의 적이 사라지고 나니 내부 분열이 기다리고 있었다. 귀족과 민중의 갈등이 본격화된 것이다. 제국을 건설했지만 그 혜택은 귀족에게만 돌아갔다. 민중의 삶은 나아지지 않았을 뿐더러 오히려 후퇴했다. 민중들은 토지 문제를 가지고 싸워야 했다. 이후 100년 동안 민중과 귀족 사이에 피비린내 나는 지루한 싸움이 지속된다. 집권 세력이 바뀌면 피의 숙청이 일어났고 살생부가 등장했다. 이때, 피로 얼룩진 숙청의 악순환을 끊겠다고 생각한 인물이 바로 율리우스 카이사르다.

카이사르는 광활한 제국의 영토를 통치하려면 매년 정권이 바뀌어서는 안정되기 어렵다고 보았다. 그래서 황제 체제를 구상했다. 원로원파의 귀족들은 카이사르가 황제가 되려고 한다며 암살 음모를 꾸몄고, 기원전 44년 카이사르는 결국 브루투스 일파에게 암살당한다.

카이사르의 후계자로 지명된 옥타비아누스는 안토니우스와의 권력투쟁에서 승리하여 최고 권력자가 되었다. 옥타비아누스는 카이사르가 원로원과의 갈등으로 암살당하는 것을 보고, 원로원과 화해 무드를 조성하여 공화정으로의 복귀를 선언함으로써 원로원의 환심을 산다. 하지만 그는 카이사르와 방향은 같지만 방법이 달랐다. 결국 합법적인 절차를 거쳐 황제 체제를 구축하는 데 성공한다. 이렇게 해서 초대 황제 아우구스투스가 탄생했고, 기원전 27년에 제정시대가 열려 서기 476년에 서로마제국이 멸망하기까지 황제 체제가 이어진다.

　제정시대는 다시 원수정시대와 전제정시대로 구분된다. 원수정시대는 1인자, 즉 원수가 원로원의 승인을 얻은 체제로 동양의 전제군주제와는 달랐는데, 아우구스투스 때부터 서기 284년까지 계속된다. 전제정시대는 서기 284년 디오클레티아누스 황제 때 시작하여 서기 476년까지 지속된다. 전제정시대는 절대군주제와 같다고 보면 된다. 이에 따라 원로원의 입법 기능은 사라지고, 황제가 집정관을 직접 임명하고, 법안을 제정할 때도 원로원의 의결을 거치지 않고 황제의 칙령으로 바뀌었다. 이 체제가 서로마제국이 멸망할 때까지 이어진 것이다.

03
벤처기업으로 시작한 주식회사 로마
(기원전 753~715)

"어느 민족이든 전승(傳承)이나 전설이 있다."

우리 민족에게 단군 신화가 있듯이 로마에도 건국 신화가 있다. 이는 자신의 뿌리를 찾고자 하는 인간의 욕구이며 자연스러운 소망이다. 로마의 탄생도 전설과 함께 시작된다. 프리츠 하이켈하임은 『로마사』에서 "초기 로마에 관한 고대 역사 전승에는 진실과 허구, 전설과 애국적 발상이 뒤섞여 있다"며 그 한계를 지적한다.

이는 초기 로마에 관한 자료를 보면 자명해진다. 현존하는 가장 오래된 자료로는 리비우스의 『로마사(Ab Urbe Condita Liber)』, 그리스 역사가 디오니소스의 『고대 로마사』, 그리스인 디오도루스 시쿨루스의 『세계사』의 일부가 남아 있을 뿐이다. 이들은 기원전 1세기 말에 황제 아우구스투스 치하에서 글을 썼다. 고대 로마에서 왕정시대와 공화정시대에 관한 자료는 리비우스의 『로마사』가 가장 중요하다. 리비우스는 로마인들의 뿌리를 기원전 13세기에 있었던 '트로이전쟁'에서 찾는다.

"트로이의 패장 아이네이아스는 한 무리의 사람들과 함께 탈출에 성공하여 시칠리아를 거쳐 이탈리아로 달아나 로마 근처의 해안에 정착한다. 이곳에서 트로이의 영웅으로 추앙받는 아이네이아스의 아들 아스카니우스는 알바롱가 왕조를 창건한다. 그러나 12대 누미토르 왕 때 동생 아물리우스에게 왕위를 빼앗기는 비극이 일어난다. 누미토르에게는 레아 실비아라는 딸이 있었다. 아물리우스는 형의 핏줄인 레아 실비아가 후손을 갖지 못하도록 신전의 제사장으로 만들어버렸다. 그런데 실비아는 전쟁의 신 마르스에 의해 임신하여 로물루스와 레무스 형제를 낳았다."

아물리우스는 시종에게 쌍둥이를 죽이라고 명령했다. 하지만 시종은 이를 불쌍히 여겨서 테베레 강에 놓아주었다. 그리고 신화는 계속된다.

"이들은 떠내려가다가 암늑대에게 발견되어 늑대의 젖을 먹고 자랐다. 그러던 어느 날 양치기에게 발견되어 인간 세계에서 양육되었다. 이들은 성장하여 아물리우스 왕을 몰아내고 할아버지에게 왕위를 되찾아준 후 새롭게 나라를 건설했다."

그 나라가 바로 기원전 753년 로물루스에 의해 세워진 로마 왕국이다. 로물루스에게는 쌍둥이 동생 레무스가 있었다. 이들은 쌍둥이어서 누구를 왕으로 삼을지 결정하기가 어려웠다. 형제는 분할 통치를 하기로 약속하고, 로물루스는 팔라티노 언덕에, 레무스는 아벤티노 언덕에 세력 기반을 두었다. 로물루스는 언덕 주변에 고랑을 파고 성벽을 쌓은 후 "이 경계를 넘어오는 자는 모두 죽이겠다"고 공포했다. 그런데 레무스가 이를 무시하고 경계선을 넘었고, 로물루스는 동생을 살해하여 골육상쟁의 비극을 낳았다.

로물루스는 우선 정치체제를 확립했다. 국정을 왕, 원로원, 민회로 구분하여 3권분립을 이룬 것이다. 왕은 민회에서 투표로 선출되어 종교 제의와 군사 및 정치의 최고 책임자 역할을 담당했다. 투표로 결정되다 보니 자연스럽게 세습제가 아니라 종신제가 되었다. 또한 100명의 가부장들을 모아서 원로원을 창설했고, 민회는 로마 시민 전원으로 구성했다. 원로원은 왕에게 자문을 해주었고, 민회에서는 왕과 정부 관리를 선출할 뿐 아니라 왕이 원로원의 조언을 받아 입안한 정책, 타 부족과의 전쟁, 외국과의 강화조약 등을 승인했다.

정치체제를 구축한 후에 왕이 실천에 옮긴 또 하나의 과제는 이민족 여인을 강제로 데리고 오는 일이었다. 새 도시에는 인구가 부족했고, 로물루스는 노예든 방랑자든 원하는 사람 모두 로마 시민으로 받아들이는 개방 정책을 펼쳤다. 하지만 새로운 로마 시민은 여자보다 남자가 많았다. 결혼을 하지 못한 총각들의 불만이 높아지자, 로물루스는 이웃 부족을 습격해 여자를 강탈해 오는 방법을 생각해냈다. 강탈한 여자들을 돌려달라는 사비니족의 요구에 로물루스는 여인들과 정식으로 결혼하여 아내로 삼게 하겠다고 제안한다. 사비니족은 대규모 공격을 감행했고, 그 전투에서 로마 남자와 사비니 남자가 죽거나 부상을 당했다. 이때 사비니족 출신의 여인들이 싸움하는 두 무리 사이에 뛰어들어 평화조약을 호소했다.

"평화조약을 맺지 않으려면 로마인들의 아내이자 사비니인들의 딸이며 누이인 우리를 지금 당장 이 자리에서 죽여주세요."

여자들의 눈물 어린 호소에 부끄러움을 느낀 남자들은 평화조약을 맺었고, 두 민족은 합병하여 더 큰 로마를 만들었다. 이렇게 해서 사비니족의 왕 타티우스는 로물루스와 공동으로 나라를 다스리게 된다. 사비니족에게는 로마인과 똑같은 시민권을 부여하고 원로원 의석도 제공했다. 로물루스가 취한 개방적인 자세는 미약하게 출발한 로마가 훗날 거대한 제국을 건설하는 초석이 된다.

『로마처럼 경영하라』의 저자인 스탠리 빙은 로마의 건국을 벤처기업의 창업에 비유했다. 또 사비니족과 통합한 것을 로마 역사상 최초의 기업 인수 합병으로 보았으며, 로물루스가 동생 레무스를 죽인 것은 경영권 다툼으로 해석했다. 사비니족과의 인수 합병은 우호적인 자세로 접근했기 때문에 성공할 수 있었다. 벤처기업이 성공하는 이유는 구성원들과 비전을 공유하기 때문이다. 일방적으로 권력을 독점하지 않고 참여와 협력을 관계의 기반으로 삼기에 출발은 미약해도 결과적으로 창대할 수 있다. 로마라는 벤처기업은 점점 규모를 넓혀 '주식회사 로마'가 되어 이탈리아반도를 통일하고 로마제국을 건설하면서 인류 최초의 다국적 기업으로 발전해나가게 된다.

로마의 역사는 구멍가게에서 시작하여 세계적인 대규모 기업 집단으로 발전한 글로벌 대기업에 비유할 수 있다. 국가나 기업이 성장하고 생존하는 원리는 동일하다. 하지만 어느 기업이나 국가도 로마처럼 강대하면서도 장기간 존속한 경우는 역사적으로 그 예를 찾아보기 어렵다. 이토록 장기간 동안 지속된 원리를 찾는다면 기업이든 국가든 유익한 성장 전략을 배울 수 있을 것이다.

04

로마가 가장 큰 빚을 진 군주는 누구인가?
(기원전 715~673)

로마는 2대 왕으로 로물루스의 아들 대신 사비니족 출신인 누마 폼 필리우스를 선택했다. 로마 원로원은 누마를 왕으로 추대하기 위해 사비니족의 땅까지 찾아갔으나, 그는 한사코 왕위를 사양했다. 그러나 기원전 715년, 누마는 원로원의 거듭되는 간청에 못 이겨 마침내 왕위를 수락했다. 리비우스는 『로마사』에서 누마의 업적에 대해 "왕위에 오른 누마는 법과 풍습을 개선하여, 그때까지 폭력과 전쟁으로 성립된 로마를 건전하게 만들고자 했다"고 소개한다.

누마는 나라가 여러 부족으로 나뉘어 분열된 현실을 직시했다. 먼저 라틴파와 사비니파로 갈라져 반목하는 상황을 개선하는 일을 급선무로 생각했다. 백성을 하나로 연합하기 위해 소그룹으로 나누었다. 그때까지 분명하지 않았던 국경을 정하고, 소작농들의 공동체를 만들었으며, 도시에 사는 시민들은 목수 조합, 철공 조합, 염색공 조합, 도공 조합 등 직업별 길드를 만들었다. 그리고 길드 간에 경쟁함으로써 민족 간 경쟁과 이질감이 서서히 사라지는 효과가 나타났다.

누마는 백성들의 삶에 질서를 잡기 위해 달력을 개정했다. 로물루스 당시에는 1년이 10달로 구성되어 있었고, 1년의 날수가 정해져 있지 않아 불편했다. 누마는 1월과 2월을 새로 추가하고 나머지 달은 두 달씩 뒤로 밀리도록 설계했다. 이렇게 하다 보니 나머지 달은 원래의 의미와 다른 뜻을 가지게 되었다. 오늘날까지 쓰이는 달력의 이름 중 9월(September), 10월(October), 11월(November), 12월(December)이 원래의 단어 뜻인 일곱 번째, 여덟 번째, 아홉 번째, 열 번째와 다른 의미를 지니게 된 것이다.

누마는 달이 차고 기우는 것을 기준으로 태음력을 만들어 1년을 12개월 355일로 정했다. 남는 날수는 20년마다 정산하는 방식으로 조정했다. 이 달력은 율리우스 카이사르가 태양력에 기초한 365일로 개정할 때까지 로마인의 일상생활을 지배하게 되었다.

누마는 종교개혁에도 착수하여 로마인들의 정신문화 발전에 크게 기여했다. 거칠고 호전적인 로마인들의 기질은 종교개혁을 통해 순화되었다. 로마인들은 많은 신을 섬기는 다신교였다. 유대교나 기독교의 일신교와는 달리 범신론을 믿은 것이다. 누마는 무수한 신들을 정리하고 다양한 종교의식과 제도를 확립했다. 시오노 나나미는『로마인 이야기』1권에서 로마인의 종교와 법률의 관계를 흥미롭게 설명한다.

"종교는 그것을 공유하지 않는 사람 사이에서는 효력을 발휘하지 않는다. 그러나 법은 가치관을 공유하지 않는 사람들 사이에서도 효력을 발휘할 수 있다. 아니, 가치관이 다른 사람들 사이이기 때문에 법이 필요하다. 로마인이 누구보다도 먼저, 그리고 누구보다도 강하게 법의 필요성에 눈을 뜬 것도 그들의 종교가 가진 성격을 생각하면 당연한 결과가 아니었을까."

시오노 나나미는 또한 유대인, 그리스인, 로마인의 차이도 명쾌하게 구분해주었다. "인간의 행동 원칙을 바로잡는 역할을 종교에 맡긴 유대인, 철학에 맡긴 그리스인, 법률에 맡긴 로마인. 이것만 보아도 이 세 민족의 특징이 떠오를 정도다."

마키아벨리는『로마사 논고』에서 누마가 이룩한 종교개혁이 장기적으로 법률과 군대에 미친 영향을 분석하면서, 누마가 로마 역사에서 차지하는 위상을 높이 평가했다. 심지어 "로마가 가장 큰 빚을 진 군주가 누구인가? 로물루스인가, 누마인가?"라는 논쟁이 제기된다면 "누마가 으뜸가는 자리를 차지해야 한다"고 주장했다.

마키아벨리는 종교가 법률을 중시하는 로마인의 심성을 만들어주었다고 생각했다. 누마는 야생마와 같은 로마인의 성격을 순화하여 법률에 복종하는 풍토를 조성하기 위해 궁리하다가 종교와 법률의 관계로 눈을 돌렸다. 처음부터 법을 중시했다면 로마인들이 법률에 복종하지 않았을지도 모른다. 그러나 먼저 종교의 토양을 구축한 다음에 법의 중요성을 강조하며 '선 종교, 후 법률'의 전략으로 시민에게 다가가 로마인의 DNA를 바꾸어 개혁을 성공시켰다. 누마가 종교를 기초로 하여 국가를 확립한 결과, 오랫동안 신에 대한 외경이 로마 세계를 지배하게 되었다. 로마인의 밑바탕에는 종교심이 흐르고 이를 바탕으로 법률을 중시함에 따라 국가가 계획한 정책이 무엇이든 그것을 원활히 수행하도록 만들어주었다.

마키아벨리는 종교가 통치에 미친 영향에 대해 이렇게 결론을 내렸다. "종교는 좋은 법을 가져왔고, 좋은 법은 행운을 가져왔으며, 행운으로부터 도시가 노력한 모든 사업이 행복한 결실을 보게 되었다. 종교적 가르침을 준수함으로써 국가가 위대해졌듯이, 종교에 대한 경멸은 국가의 파멸을 가져온다. 종교가 있는 곳에서는 평민을 무장시키기 쉽지만, 무기만 있고 종교가 없는 곳에서는 평민을 무장시키기가 아주 어렵기 때문이다."

누마는 출입문의 수호신이며 전쟁의 신이기도 한 야누스에게 신전을 지어 바쳤다. 야누스는 로마 신화에 등장하는 신으로, 두 얼굴을 가지고 있는 것으로 여겨졌다. 집이나 도시의 출입구 등 주로 문을 지키는 수호신 역할을 했는데, 문은 시작을 나타내므로 야누스는 모든 사물과 계절의 시초를 주관하는 신으로 숭배되었다. 영어에서 1월을 뜻하는 January는 '야누스의 달'을 뜻하는 라틴어 야누아리우스(Januarius)에서 유래했다고 한다.

모든 종교의식에서 야누스는 여러 신들 가운데 가장 먼저 제물을 받았다. 신전의 문은 전쟁 때 열리고 평화로울 때는 닫혔다. 누마가 로마를 다스린 43년 동안 평화가 계속되었기 때문에 이 문은 한 번도 열리지 않았다.

05
로마 팽창의 기틀을 만들다
(기원전 673~641)

초대 왕 로물루스는 아들이 있었지만, 세습제의 유혹을 물리치고 종신제를 도입했다. 2대 왕 누마는 사비니인으로서 종교와 법의 체계를 구축하여 내부를 충실히 다졌다. 누마의 뒤를 이어 3대 왕으로 라틴계인 툴루스 호스틸리우스가 선출되었다.

리비우스는 "툴루스는 로물루스보다 더 공격적인 인물이었다"고 소개한다. 그가 왕위에 올랐을 때 로마는 40년 이상 평화로운 시대를 누린 덕택에 전쟁 경험이 있는 사람을 찾아보기 힘들었다. 호전적인 툴루스는 유순해진 로마인을 다시 전투적인 시민으로 만들기 위해 전쟁 경험이 있는 에트루리아인이나 다른 부족 대신에 자국의 백성을 활용하기로 결심했다. 그는 철저한 교육과 훈련을 통해 젊은이들에게 군인에 적합한 몸과 정신을 갖추게 한 후 전쟁을 시작했다.

그는 첫 번째 공격 대상으로 라틴족의 발상지이며 선조의 땅이기도 한 알바롱가를 선택했다. 양국 접경 지역의 농민들 사이에서 일어난 약탈 행위에 대해 알바롱가에서 변상하기로 되어 있었는데, 알바롱가에서 변상을 거부하면서 이에 대한 응징으로 전쟁이 시작되었다. 로마의 역사는 80년밖에 안 되었지만, 알바롱가는 400년의 역사를 자랑하는 독립국이었으므로 만만한 대상이 아니었다. 또 강대국인 에트루리아가 이웃에 건재한 상황에서 양국의 군대가 전면전을 벌이는 것은 바람직하지 않다고 판단한 툴루스 왕은 대표자끼리 결투를 벌이자고 제안했다. 그래서 양군에서 각각 3명의 군인이 대표로 나와서 결투를 벌였다. 결과는 로마 전사의 승리였다.

알바롱가의 왕은 결과에 승복할 수 없다며 가까운 부족들을 선동하여 로마와 싸우게 했다. 툴루스 왕은 전쟁에 참가한 부족들과 싸워 승리한 후 알바롱가로 쳐들어갔다. 알바롱가는 변변히 싸워보지도 못하고 함락되었다. 알바롱가 왕은 전쟁의 책임을 물어 처형되었고, 주민들은 로마로 강제 이주시켰다. 하지만 알바롱가인들은 노예가 아니라 로마 시민이 되었으며, 유력한 가문은 로마 귀족으로 대우했다. 그때 귀족이 된 가문이 바로 율리우스, 세르비우스, 퀸틸리우스 등이다. 가문의 대표는 원로원 의원으로 추대되었다. 이때 알바롱가의 백성이 몰살당하거나 노예가 되었다면 어떻게 되었을까? 공화정 말기에 율리우스 카이사르는 존재하지 않았을지도 모른다.

로마는 알바롱가와의 전쟁을 통해 전쟁에 패배한 민족에 대해 두 가지 입장을 취했다. 첫째, 로물루스 왕이 타 민족에게 시행한 동화 정책을 계승한다. 둘째, 약속을 지키지 않거나 배신하는 행위는 철저하게 응징한다.

알바롱가인에게 시민권이 주어진 덕택에 로마의 시민은 더욱 늘어났다. 시민의 증가는 곧 군사력의 증가를 의미하기도 했다. 이 군사력을 바탕으로 툴루스 왕은 군사적 영향력을 확산해나갔다. 로마가 알바롱가를 점령한 의미를 테오도르 몸젠은 『몸젠의 로마사』에서 "알바롱가를 손에 넣음으로써 로마는 라티움의 대표가 되었으며, 이로써 장차 로마가 전체 라티움 동맹에 대해 패권을 장악할 기반이 다져졌다"고 평가했다. 툴루스 왕은 33년간 로마를 다스린 후 벼락에 맞아 죽었다고 전해진다.

로마 왕정의 세 왕은 각각 다른 방향에서 로마의 기틀을 다지는 역할을 감당했다. 초대 왕 로물루스는 정치체제를 구축했다. 2대 왕 누마는 종교와 법의 체계를 세우고 내부를 충실히 다졌다. 3대 왕 툴루스는 공격적인 자세로 로마가 외부로 확산되어나가는 기틀을 마련했다. 마키아벨리는 『로마사 논고』에서 세 왕이 각자 다른 방향에서 로마 초기의 국가 체계를 정립할 수 있었던 것은 로마에는 행운이었다고 말한다.

"첫 번째 왕 로물루스는 매우 거칠고 호전적인 인물이었고, 2대 왕 누마는 냉정하고 종교적인 인물이었으며, 3대 툴루스 왕은 로물 루스처럼 거친 왕으로 평화보다는 전쟁을 선호한 인물이었기 때문 이다. 로마의 초기 왕들 중에서 법률을 준수하는 공동체를 조직할 인물의 출현이 필요했던 것처럼, 후대에도 로물루스와 같은 역량 을 지닌 왕들의 출현이 필수적이었다. 그렇지 않았더라면 그 도시 는 유약해져 이웃 나라의 먹이가 되었을 것이다."

툴루스 왕이 사망하자 4대 왕으로 사비니족 출신의 안쿠스 마르 티우스가 선출되었다. 그는 누마 왕의 외손자로, 그가 왕이 된 것 은 누마의 후광도 있었지만 기본적으로 실력이 있었기 때문이다.

5대 왕은 타르퀴니우스 프리스쿠스다. 그는 그리스인과 에트루 리아인의 혼혈이었다. 그는 혼혈이라는 이유로 에트루리아에서 이 방인의 처지를 벗어날 수 없었다. 그래서 자신의 운명을 바꿀 수 있는 로마를 선택했다. 로마에 가면 "누구나 시민권을 받을 수 있 다"는 소문을 듣고는, 가족과 가신을 데리고 전 재산을 들고는 로 마에 정착했다. 그는 왕이 죽은 뒤 스스로 왕에 입후보하여 선거운 동을 한 최초의 로마인이기도 했다. 민회에서 압도적 다수의 표를 얻어 왕에 선출되었다. 왕이 된 후 곧바로 원로원 의원 수를 100명 에서 200명으로 늘렸다. 타르퀴니우스는 대대적인 로마 개발에 착 수하여 로마를 아름답고 멋진 도시로 탈바꿈시켰다.

그에게는 친아들이 있었으나 왕으로 세우지 않았다. 대신에 어려서부터 데려와 집에서 키운 똑똑한 세르비우스를 사위로 맞아 왕으로 추천하려 했다. 이에 불만을 품은 아들들이 아버지를 살해했다. 이 소식을 전해 들은 왕비 타나퀼은 사위 세르비우스를 불러서 재빨리 왕이 되기를 권했다. 왕비 역시 친아들이 아니라 능력이 뛰어난 사위가 왕이 되기를 바랐다. 이는 로마 사회가 핏줄이 아니라 능력을 중시하는 전통을 만드는 데 기여했다.

06

최초로 인구조사를 실시하다
(기원전 579~534)

6대 왕 세르비우스 툴리우스는 즉위 과정이 약점이 되었다. 5대 왕까지는 모두 민회에서 백성이 선출했지만, 세르비우스는 선왕의 왕비인 타나퀼의 술수에 의해 왕위에 올랐기 때문에 왕의 정통성에 도전을 받은 것이다.

더욱이 출신 성분에 대한 소문과 맞물려 어려움은 더해졌다. 그의 조상이 누구인지 확실하지 않으며 노예 출신이란 소문이 퍼져 나갔다. 그의 이름이 노예를 뜻하는 영어 슬레이브(slave)에 해당하는 라틴어 세르부스(servus)에서 유래했고, 가내 노예의 아들이었다는 소문이다. 그는 어렸을 때부터 비범했다. 어느 날 잠을 자다가 머리에 불이 붙었는데 신기하게도 아무 상처도 입지 않았다. 이 소식을 전해 들은 왕비는 그 아이가 큰 인물이 될 운명을 타고났다고 믿고는 데려다가 키웠다. 그는 왕궁에서 후계자 수업을 받으며 공주와 결혼까지 했다.

불안하게 출발한 왕의 자리는 외세의 침입으로 수습되었다. 에트루리아의 도시국가인 베이이(Veii)가 로마의 국내 정치에 이상기류가 돌고 있음을 알아차리고, 로마에 전쟁을 선포하고 쳐들어온 것이다. 세르비우스는 탁월한 능력을 발휘하여 적군을 속전속결로 물리쳤다. 이 전쟁에서 승리한 덕택에 그는 확고하게 자리를 굳혔을 뿐만 아니라 44년 동안 로마를 넘보는 부족이 없었다.

세르비우스가 이룩한 최고의 업적은 최초로 인구조사를 실시한 점이다. 인구조사는 징병과 세제, 선거제도 개혁의 기초가 되어 로마가 도약할 수 있는 기반을 마련해주었다. 로마 시민은 재산의 많고 적음에 따라 여섯 등급으로 분류되었다. 당시 군인에게 필요한 군복, 무기, 말 등 모든 장비의 구입은 개인이 사비로 전부 충당하는 것이 관례였다. 경제력이 높은 사람이 비싼 군복이나 무기를 구입하면 그만큼 국가에 더 봉사하는 것으로 여겨졌다. 따라서 재산이 많은 사람은 가난한 사람에 비해 더 높은 등급으로 나누어졌다. 프리츠 하이켈하임은 『로마사』에서 여섯 등급의 내용을 설명한다.

"18개의 켄투리아가 기병, 즉 에퀴테스에 할당되었고, 80개의 켄투리아가 5개의 재산 계층 중 제1등급에 할당되었다. 나머지 네 계층에는 각각 20개, 20개, 20개, 30개의 켄투리아가 할당되었고, 프로레타리아에게는 5개의 켄투리아가 할당되었다. 단위 투표 원칙에 따라 가장 부유한 계층이 98표를 가졌고, 95표는 나머지 시민들이 나누어 가졌다."

여기서 1표는 켄투리아(centuria), 즉 백인대를 뜻한다. 로마에서는 한 사람이 1표를 갖지 않고 백인대가 1표를 갖는다. 아테네에서는 1인 1표 방식이지만, 로마에서는 100인 1표 방식을 고안했다. 백인대는 군단의 최소 단위인 동시에 선거에서는 1표를 뜻한다. 백인대 내부에서 논의와 토론을 거쳐 뜻을 모아 통일된 의견을 만들어 1표로 연결시켰기 때문에 100인의 의견이 모아진 1표인 셈이다.

초창기 기병은 귀족으로서 18표가 부여되었다. 가장 부유한 사람들인 기병은 군복과 무기뿐만 아니라 자신이 타고 다니는 말까지도 전쟁터에 가지고 가야 한다. 마지막 제6등급은 너무 가난해서 무기가 없는 무산자들로서 프로레타리아로 불렸고, 군대의 의무를 면제받았다. 이들에게는 5표가 부여되었다. 각 등급은 해당 백인대수만큼 민회에서의 투표 단위를 받았고 총 투표수는 193표가 부여되었다.

민회에서의 투표 순서도 등급 순으로 이루어져서, 귀족으로 구성된 18개의 백인대가 먼저 투표하고, 제1등급의 80백인대가 투표했다. 이어서 나머지 등급이 순서대로 투표에 참여했다. 그리고 다수표를 얻은 안이 통과되었다. 따라서 기병과 제1등급인 보병이 98표를 가지고 있기 때문에 합의만 하면 과반수를 확보할 수 있어

민회의 결과를 좌지우지했다.

이러한 로마의 투표 방식은 오늘날에도 남아 있다. 바로 미국의 대통령 선거 제도다. 미국의 대통령 선거는 간접선거 방식으로 해당 주에서 가장 많은 표를 얻은 후보에게 선거인단 전체가 표를 몰아주는 방식을 채택하고 있다. 미국의 선거인단 총수는 상원의원 100명과 하원의원 435명을 합한 535표에 워싱턴에서 3표를 더해서 총 538표다. 과반수인 270표 이상을 얻으면 대통령에 당선된다. 직접선거 대신에 간접선거 방식을 유지하는 이유는 연방제의 특성을 살려 각 주의 의사결정을 중요하다고 여기기 때문이다.

이 같은 선거인단 투표 방식에 따르면 유권자들에게 더 높은 지지를 받고도 선거에서 떨어지는 경우가 발생하는데, 미국 역사상 총 네 차례 일어났다. 가장 최근 사례는 2000년 대통령 선거다. 당시 공화당 조지 W. 부시 후보는 민주당 앨 고어 후보에게 54만 표나 뒤졌지만, 선거인단에서는 부시가 271 대 266으로 5명을 더 확보해 대통령으로 당선됐다. 억울하게 패배한 앨 고어는 선거 결과에 깨끗이 승복하여 정계를 떠났고, 미국에서도 선거 결과에 대해 왈가왈부하지 않았다.

필립 마티작은 『로마 공화정』에서 "재산을 기준으로 한 로마 시민의 재편성은 부유하고 유력한 사람이 국가의 재정 및 군사적 책임을 지는 대가로 정치적 특권을 부여받은 일종의 금권정치를 낳았다"고 분석했다.

세르비우스의 또 하나의 치적은 로마 전체를 지키는 성벽을 쌓은 일이다. 이 성벽은 세르비우스 성벽이라고 부르는데 로마의 유명한 일곱 언덕, 즉 팔라티노 언덕, 아벤티노 언덕, 카피톨리노 언덕, 퀴리날레 언덕, 비미날레 언덕, 에스퀼리노 언덕, 첼리오 언덕을 전부 에워싸는 대규모 사업이었다. 이러한 치적에도 불구하고 세르비우스는 딸의 배신으로 사위에게 살해됨으로써 비참한 최후를 맞았다.

07

왕자의 강간 사건으로
왕정시대가 막을 내리다
(기원전 534~509)

남자는 두 지뢰밭을 지나며 세상을 살아간다고 한다. 권력과 여자에 대한 욕구다. 실패한 남자는 이런 지뢰를 밟은 사람들이다. 반면에 성공한 남자는 그 지뢰밭을 지혜롭게 통과한 사람들이다. 권력과 여자라는 지뢰는 동서고금을 막론하고 보이지 않는 곳에 매설되어 있기 마련이다.

왕이 다스리는 로마의 왕정시대는 7대 왕을 끝으로 막을 내렸다. 그 원인이 무엇일까? 왕족이 권력과 여자라는 지뢰를 밟았기 때문이다. 7번째 왕에 오른 타르퀴니우스 수페르부스는 6대 왕인 장인을 죽이고 불법적으로 왕위를 빼앗았다. 그는 선왕의 장례조차 금지시켰다. 선왕과 가까웠던 원로원 의원들도 모두 살해했다. 게다가 민회에서 선거를 거치지 않고 원로원의 승인도 얻지 않은 채 왕위에 올랐다. 그는 오직 왕이 되겠다는 권력욕에 눈이 어두워 절차를 무시하고 왕이 된 것이다. 시민들은 이런 왕을 '거만한 타르퀴니우스'라고 비웃으며 불신했다.

다행히 그는 군사적 재능이 뛰어나 주변 부족들과의 전쟁에서 항상 승리를 거두었다. 정통성이 없는 대신 정치를 잘하려고 노력을 기울여 25년 동안이나 왕위를 지킬 수 있었다. 하지만 그런 뛰어난 능력도 정권 창출 과정에서 노출된 도덕성의 결함이라는 치명적인 원죄에서는 자유로울 수 없었다. 그의 권력 기반은 생각지도 않은 곳에서 무너져 내렸다. 바로 아들 섹스투스가 귀족의 아내를 범하는 강간 사건을 일으켜 정국을 어지럽게 만들었기 때문이다.

섹스투스는 정숙한 여인으로 소문난 미인 루크레티아를 연모하게 되었다. 그녀의 남편은 콜라티누스라는 젊은 장교로, 섹스투스는 남편이 전쟁터에 나간 사이 루크레티아를 찾아갔다. 친척이기도 한 부인은 왕자를 맞아 저녁 식사를 대접하고 숙소도 마련해주었다. 그런데 밤이 깊어지자 왕자는 그녀의 침실로 몰래 들어가 겁탈하려 했다. 순결한 여인은 완강하게 거부했으나 왕자의 협박에 끝내 굴복하고 만다. 리비우스는 『로마사』에서 이렇게 전한다.

"계속 나를 거부할 거요? 그러면 당신을 죽이고 말겠소. 벌거벗은 당신 시체 옆에 하인도 한 사람 죽여서 벌거벗은 모습으로 놓아두겠소. 남편이 없는 틈을 이용해 노예와 정을 통하다 죽은 음탕한 여인으로 만들어버리겠소. 사람들이 당신을 보고 뭐라고 말하겠소?"

그녀는 더 이상 저항하지 않았다. 왕자는 자신의 욕구를 채운 후 유유히 떠났다. 분노와 수치심으로 잠을 이룰 수 없었던 그녀는 남편과 친정아버지에게 집안에 변고가 있으니 급히 와달라는 전갈을 보냈다. 곧바로 아버지가 달려왔고, 남편은 브루투스와 함께 달려왔다. 그녀는 자초지종을 설명한 후 분노로 표정이 일그러진 남편을 바라보며 말했다.

"내 몸은 비록 더럽혀졌지만, 마음은 여전히 정결합니다. 죽음으로써 그걸 증명해 보이겠어요."

그리고 몰래 숨기고 있던 은장도로 가슴을 찔러 안타까운 삶을 마감했다. 남편을 향한 순수한 마음이 헛되지 않도록 꼭 복수해달라는 당부도 잊지 않았다.

로마 여인의 자존심을 지키며 자결한 루크레티아의 유해는 로마 광장인 '포로 로마노'의 연설대 위로 옮겨졌다. 그녀의 처참한 모습을 본 시민들은 왕과 왕자에 대한 분노에 치를 떨었다. 이때 그녀가 자결하는 현장에 있었던 브루투스가 결연한 모습으로 연설을 시작했다.

"이 나라의 왕자가 어떻게 이런 끔찍한 일을 저지를 수 있단 말입니까? 정숙하고 행실이 올바른 여자들이 다시는 이러한 만행에 희생되어서는 안 됩니다.”

그는 만행을 저지른 왕자뿐만 아니라 그 아버지인 왕의 부도덕
성도 상기시켰다.

“현재의 국왕 타르퀴니우스는 선왕을 죽이고 왕위를 빼앗은 패
륜아입니다. 그 부자는 도덕적으로 용납할 수 없는 사람들입니다.
이 일에 책임을 지고 왕과 그 일족은 로마에서 추방되어야 마땅합
니다.”

브루투스의 제안에 광장에 모인 민중은 흥분하며 커다란 함성
으로 응답했다. 이때 전쟁터에 나가 있던 국왕 타르퀴니우스도 사
태의 심각성을 알고 로마로 달려왔으나, 성문은 이미 굳게 닫힌 채
열리지 않았다. 민심이 그를 떠났던 것이다. 추방된 왕은 자신을
따르는 병사들만을 데리고 이웃 나라인 에트루리아로 망명길을 떠
났다.

이렇게 해서 마지막 왕인 타르퀴니우스는 25년 만에 옥좌에서
내려왔다. 그가 왕좌에서 물러나면서 왕정시대도 함께 막을 내렸
다. 기원전 753년에 로물루스에 의해 건국된 로마의 왕정은 244년
만에 사명을 끝내고, 기원전 509년에 새로운 정치체제인 공화정으
로 넘어간다. 아들의 섹스 스캔들이 결국 아버지를 왕좌에서 끌어
내리고 말았으니, 어이없는 일이었다. 만약 아버지가 왕위에 오를
때 정통성이 있었다면 아들의 추문으로 정권까지 내놓았을까? 정
권이 출범할 때 정통성과 도덕성에 문제가 있었던 국왕은 아들의

문제가 일어나자 더 이상 버틸 수 없었다.

로마 시민들은 왕정인 종신제의 문제점을 실감했다. 민의를 제 때 반영할 수 없다는 것이 가장 큰 단점이었다. 한번 왕이 된 후 죽 을 때까지 기다린다는 것은 너무 길다고 판단해서 공화정을 도입 했다. 공화정이란 국가의 대표자를 민회에서 선출하는 것은 같지 만, 임기가 1년밖에 되지 않는 2명의 집정관이 왕을 대신하여 나라 를 다스리는 정치체제다.

공화정 탄생에 결정적인 역할을 한 주인공은 자결을 통해 로마 의 역사를 바꾼 루크레티아다. 셰익스피어는 「루크레티아의 능욕」 이란 서사시를 통해 그녀를 재조명했다. 그리고 많은 시인과 화가 와 작가에 의해 루크레티아의 이야기는 예술작품으로 다양하게 표 현되어 칭송의 대상이 되었다.

세습제가 아닌 종신제 왕정을 선택하다

초대 왕인 로물루스는 왕정 체제를 확립한 '창업자'에 비유할 수 있다. 그가 후임 왕을 세습제로 대를 물리지 않고 종신제로 결정한 것은 놀라운 일이다. 당시에 왕정은 세습제가 일반적이었는데, 로마는 종신제였기 때문에 공화정으로 발전하는 기반을 마련할 수 있었다. 만약 왕정을 세습제로 했다면 어떻게 되었을까? 훗날 로마제국의 탄생은 어려웠을지도 모른다. 건국 초기에 승계 원칙을 종신제로 삼은 것은 로마의 행운이었다.

로마 왕정은 기원전 753년에 시작하여 기원전 509년에 막을 내렸으니, 244년간 지속되었다. 7명의 왕이 평균 35년 정도 통치한 셈이다. 35년이란 기간은 긴 시간일까, 짧은 시간일까? 왕에게는 짧은 시간이었을지 모르지만, 시민에게는 긴 시간이었다. 왕정이 잘 돌아갔으면 문제가 없었을 것이다. 하지만 엉뚱한 곳에서 문제가 터졌다. 7대 왕 타르퀴니우스의 아들이 정결한 여인으로 소문난 루크레티아 강간 사건을 일으키며 정권에 치명타를 날린 것이다. 타르퀴니우스는 옥좌에서 내려올 수밖에 없었고, 그만 물러난 것이 아니라 왕정시대도 함께 막을 내렸다.

이렇게 해서 기원전 509년에 새로운 정치체제인 공화정이 탄생한다. 아들의 섹스 스캔들이 결국 마지막 왕인 아버지를 왕좌에서 끌어내리고 말았으니 승계에 실패한 것이다. 물론 아버지가 왕위에 오를 때 정통성이 있었다면 아들의 추문으로 정권까지 내놓지는 않았을 것이다. 따라서 정치체제에 있어서 정통성이 얼마나 중요한지 알 수 있다.

시오노 나나미는 『로마인 이야기』 9권에서 정치체제에 대해 다음과 같이 흥미롭게 분석하고 있다. "인류는 지금까지 온갖 형태의 정치체제(왕정, 귀족정, 민주정, 나아가 공산 체제까지)를 생각해내고 실행했지만, 통치하는 자와 통치받는 자로 양분되는 체제를 해소하는 데는 끝내 성공하지 못했다. 그것을 꿈꾼 사람은 많았지만, 그것은 유토피아일 뿐 현실 사회를 운영하는 데는 적합하지 않았기 때문이다. 그렇다면 정치체제가 어떻든 간에 통치자와 피통치자로 양분되는 체제는 존속된다는 이야기가 된다. 그런 체제가 존속할 수밖에 없는 것이 현실인 이상, 피통치자는 통치자에게 다

음 3가지 조건을 요구한다. 통치의 정당성과 권위와 역량이 그것
이다."

또한 통치자의 자격 조건에 대해서는 중국 춘추전국시대의 맹자
(기원전 372~289)가 제시한 역성혁명(易姓革命) 이론이 있다. 맹자
는 민본주의(民本主義)와 역성혁명을 주장하여 전제군주제를 택한
동양에 큰 영향을 미쳤다. 맹자는 그의 저서 『맹자』에서 왕조가 바
뀌는 역성혁명을 구체적으로 언급했다.

"제나라 선왕이 맹자에게 물었다. '탕왕(은나라)이 걸왕(하나라)
을 쫓아내고 무왕(주나라)이 주왕(은나라)을 정벌했다고 하는데, 그
런 일이 있었습니까?' 맹자가 그렇다고 답하자, 선왕이 다시 물었
다. '신하 된 자가 자기 임금을 살해해도 괜찮은 겁니까?' 맹자는
이렇게 답했다. '인(仁)을 해치는 자를 흉포하다 하고 의(義)를 해치
는 자를 잔학하다고 하는데, 흉포하고 잔학한 인간은 일개 평민에
지나지 않기 때문에, 일개 평민인 주왕을 죽였다는 말은 들었어도
임금을 살해했다는 말은 듣지 못했습니다.'"

즉, 중국 고대의 폭군으로 악명 높은 군주인 '걸왕'과 '주왕'을 살
해한 것을 두고 이미 "왕으로서의 권위를 잃어버린 군주는 한낱 평
민에 지나지 않으므로, 평민이 죄를 범하여 죽였다는 말은 들어보
았지만 임금을 죽였다는 말은 듣지 못했다"고 해석한다. 이는 탕
왕과 무왕이 죽인 걸왕과 주왕은 한 명의 포악한 사내였을 뿐 결코
임금이 아니었다는 의미다. 맹자는 "임금답지 않은 임금은 이미 임

금이 아니라 포악한 일개 사내에 불과하다"고 과감하게 선언하여 역성혁명의 논리를 제공했다. 그 후 동양의 전제군주제가 시행되었지만, 민심을 배반한 왕과 왕조는 역성혁명에 의해 정권이 교체되는 전통이 수립되었다. 맹자의 역성혁명 이론은 우리나라에서도 고려 말 정도전에게 영향을 미쳤고, 고려 왕조를 몰아내고 조선 왕조가 들어서는 단초가 되었다.

맹자의 역성혁명은 군주와 왕조와 백성의 우선순위를 분명히 해준다. 즉, 백성이 가장 중요하고, 다음은 왕조이고, 군주는 마지막이라고 선언한 것이다. 당시 중국에서는 하늘의 명에 의해 군주가 된다는 천명(天命)사상이 지배적이었고, 세습제에 의해 지위가 유지되었다. 하지만 역성혁명은 천명이 민의에 의해 바뀔 수 있다는 논리다. 맹자는 천명은 민의에 기초한 것이기 때문에 민의에 의해 거부당한 군주는 덕망 있는 자가 무력을 통해 교체할 수 있다고 인정했다.

결국 맹자의 역성혁명은 통치자가 정통성과 역량에 의해 평가되어야 한다는 것을 의미한다. 정통성과 역량이 없으면 전제주의 국가에서도 통치자의 교체는 불가피하다.

앞으로 통치자를 평가하는 기준을 '정통성'과 '역량'으로 압축하여 설명하고자 한다. 정치 지도자가 출범할 때는 정통성에 의해 평가받는다. 하지만 출범 후에는 역량에 의해 평가받는다.

II

로마의 공화정시대
500년

기원전 509~27년

OI

시스템과 도덕성이 만든 로마 공화정
(기원전 509)

"로마는 해마다 선거를 통해 뽑히는 자들에 의해 다스려지고, 개인 보다는 법이 지배하는 국가가 되었다."

리비우스가 로마 공화정시대의 특성을 설명한 내용이다. 기원전 509년에 공화정이 시작되면서 왕의 역할은 매년 민회에서 선출되는 2명의 집정관이 맡게 되었다. 집정관이 왕을 대신하게 되었으니, 집정관은 '1년짜리 왕'이라고 할 수 있다.

초대 집정관에는 누가 선출되었을까? 왕자의 강간 사건을 활용하여 왕정 타도까지 몰고 간 브루투스가 선출되었다. 또 다른 집정관은 정절을 지키기 위해 자결한 루크레티아의 남편 콜라티누스가 차지했다. 브루투스는 시민들에게 "로마는 앞으로 어떤 인물도 왕위에 오르도록 허용하지 않겠습니다. 어떤 인물도 로마 시민의 자유를 침해하지 않겠습니다"라고 맹세함으로써 왕정 폐지에 대한 강한 의지를 밝혔다.

이렇게 해서 브루투스는 공화정의 창시자가 되었다. 공화정이란 공공의 이익 또는 공동선을 추구하는 정부 시스템을 뜻한다. 당시에 왕정을 종식하고 공화정을 도입하는 것은 혁명적인 발상이었다. 브루투스가 어떤 인물이었기에 이런 일이 가능했을까? 브루투스는 추방당한 타르퀴니우스 왕의 조카로, 브루투스의 어머니가 타르퀴니우스의 누이였으니 왕과 브루투스는 외숙부와 생질의 관계다.

브루투스란 이름은 부모에게 받은 것이 아니라 '바보'를 뜻하는 말에서 생겨난 별명이라고 한다. 마지막 왕이 제멋대로 미친 사람처럼 권력을 휘두를 때 바보처럼 참고 견뎠기 때문이었다. 그는 왕의 외척으로 누구보다도 왕정의 문제점을 잘 알고 있었다. 독단적으로 통치하는 왕을 보면서 그는 "나라면 어떻게 했을까?"를 수없이 자문자답하며 나름대로 국가 개혁 방안을 놓고 고심했을 것이다. 마침내 인내한 보람이 있어 역사를 바꿀 수 있는 기회가 왔고, 그 역시 타이밍을 놓치지 않았다. 그가 개혁에 성공하자 브루투스라는 별명은 자랑스러운 성이 되었다. 혁명이나 개혁을 부르짖는 사람은 많지만 결실을 맺기는 어렵다. 브루투스는 이 점에서 진정한 개혁가라고 할 수 있다. 그의 개혁이 성공할 수 있었던 비결은 두 가지다.

첫째, 공화정이라는 시스템을 구축했다.

1년 임기의 집정관을 민회에서 직접 선출하여 민심을 그때 그때 반영하도록 했다. 집정관을 콘술(consul)이라고 하는데 '함께 쟁기를 끄는 사람'이란 뜻으로, 2명의 집정관을 선발하여 서로 협력하고 견제할 수 있도록 제도화했다. 두 집정관은 매달 주요 행정 업무를 교대로 맡아 담당했다. 집정관은 움직일 때 경호관(릭토르) 12명의 호위를 받았다. 이들은 처형과 형벌권을 상징하는 파스케스(fasces), 즉 막대기 다발에 묶인 양날 선 도끼를 들고 다녔다.

또한 원로원의 기능과 역할을 강화했다. 예전에는 왕의 자문 기구에 불과했으나, 원로원을 권위 있는 기관으로 격상시켰다. 원로원 의원 수는 초대 로물루스 왕 때 100명이던 것을 5대 타르퀴니우스 왕 때 200명으로 늘렸고, 공화정 출범 이후에는 300명까지 증가했다. 신흥 세력이 원로원에 참여한 결과, 젊은 사람과 새로운 귀족이 탄생했다.

원로원 출신 중에서 집정관을 비롯한 공직자를 선출했다. 원로원의 신임을 받지 못하면 공직자로서 성공할 수 없었기에, 원로원은 실질적으로 정치의 중심 역할을 했다. 민회는 시민권을 가진 사람은 누구나 참석할 수 있고 선거와 입법을 통해 통치권을 행사하는 중요한 의사결정 기관이 되었다.

둘째, 브루투스는 도덕성을 바탕으로 노블레스 오블리주의 모델이 되었다. 어느 시대에나 신구 세대의 갈등은 있게 마련이다. 당시에도 공화정을 반대하는 젊은 사람들이 생겨났다. 기성세대는 원로원 의원이나 집정관이 될 수 있는 확률이 높아졌기에 공화정을 선호했다. 하지만 젊은 사람들은 오히려 기회가 줄어들었다. 왕정은 왕이 마음대로 권력을 행사하기 때문에 젊은이들이 발탁될 가능성이 높았다. 그러나 명문 집안의 젊은이들은 공화정에서는 그런 기회가 잘 오지 않으리라고 생각했다.

불만을 가진 젊은이들이 모여서 국외로 추방된 왕을 복위시키기로 결의했다. 그런데 이 사실이 들통나고 말았다. 음모자 중에는 집정관인 브루투스의 두 아들도 있었다. 주위에서는 적당히 마무리하려 했지만, 이를 안 브루투스의 입장은 단호했다. 아들 둘을 냉정하게 신문한 후 사형을 집행하도록 명령한 것이다. 최고 권력자가 아들을 법대로 처리하는 모습을 보고, 로마 시민들은 공화정과 지도자에 대해 확신을 갖게 되었다.

나아가 브루투스는 해외로 추방된 타르퀴니우스 왕이 에트루리아 동맹군을 이끌고 쳐들어오자, 최전선에 나서서 왕의 아들과 일대일로 싸우다 왕자를 죽이고 장렬하게 전사하여 승리를 이끌어냈다. 이후 500년 동안 전쟁터에서 전사하는 집정관이 수없이 나와 노블레스 오블리주의 리더십 전통이 수립되는 계기가 되었다. 브루투스의 위대한 점은 바로 공화정 시스템을 세웠을 뿐 아니라 도덕성을 몸소 실천했다는 데 있다.

플루타르코스는 『영웅전』에서 브루투스를 강철처럼 엄격한 사람이라고 평가했다. "브루투스는 단련된 강철처럼 엄격하고 타협을 모르는 인물이었다. 이처럼 대쪽 같은 그의 기질은 명상이나 교육으로도 부드러워지지 않았다. 독재 군주에 대한 분노와 증오에 사로잡힌 나머지, 심지어 독재 군주와 공모했다는 이유로 자신의 아들들까지 처형했다."

브루투스에 대한 좋은 평판과는 달리 동료 집정관인 콜라티누스는 시민들의 신뢰를 얻지 못하고 도중에 하차했다. 그는 정절을 지키기 위해 자살한 루크레티아의 남편이었다는 이유만으로 집정관에 당선되었는데, 역량을 제대로 발휘하지 못하고 진실성을 의심받으면서 스스로 자리에서 물러나 해외로 망명했다.

공석이 된 자리에 발레리우스가 보궐 집정관으로 선출되었다. 그는 솔선수범한 브루투스를 본받아 공화정 제도를 더욱 보완하고 도덕성을 실천하여 공화정을 탄탄한 반석 위에 올려놓았다.

O2

로마 공화정을 반석 위에 올리다
(기원전 508~503)

로마 공화정 초기에는 정치 불안이 계속되었다. 왕에서 쫓겨난 타르퀴니우스가 끊임없이 왕위 복귀를 시도했기 때문이다. 하지만 초대 집정관인 브루투스가 위기를 잘 막아냈다. 브루투스가 죽자 로마의 최고 권력은 콜라티누스에 이어 집정관에 오른 발레리우스에게 넘어갔다. 그는 위기가 발생할 때마다 리더십을 발휘하여 로마 공화정을 확고하게 만들었다.

발레리우스는 로마 최고 명문가 출신이었다. 그는 집정관에 취임하고 나서 타르퀴니우스를 지원하는 에트루리아 동맹군과 전투를 벌여 승리를 거두었다. 발레리우스는 승리를 신의 보살핌 덕으로 돌리고 군대를 이끌고 로마로 개선했다. 그는 개선식 때 네 마리의 말이 이끄는 전차를 타고 군중의 환호를 받으며 시가지를 행진했다. 전쟁에서 승리한 뒤의 개선식은 로물루스 왕 이래 로마의 전통이었다. 개선식 후에는 궁궐 같은 호화 주택 때문에 왕이 되려 한다는 의혹을 불러일으켰다.

여론이 악화되자, 발레리우스는 발 빠르게 대처했다. 대궐 같은 집을 하룻밤 사이에 허물어서 흔적조차 없애버렸다. 대신에 소박한 집을 짓고, 대문도 24시간 열어놓아 낮은 자세로 시민과 소통하는 노력을 기울였다. 또한 시민에게 두려움보다는 편안함을 주기 위해 노력했다. 그래서 경호원들이 들고 다니는 파스케스에서 도끼를 없앴고, 민회에 들어갈 때는 군중을 향해 파스케스를 기울여 낮춤으로써 민중을 존중하는 마음을 표현했다.

나아가 시민들이 원하는 법률을 제정했다. 왕정시대에 왕이 마음대로 관리했던 국고를 감찰관이 관리하도록 법률을 제정하고, 시민권자는 사법권이 내린 판결에 대해 민회에 항소할 수 있도록 법제화했다. 이와 같이 시민의 권익 보호를 위한 법률이 제정되면서 발레리우스의 인기는 점점 높아졌다. 그에게는 민중을 아끼는 사람이라는 뜻을 가진 푸블리콜라(publicola)라는 별명이 붙었다. 이런 평판에 힘입어 그다음 집정관 선거에서 무난히 재선되었다.

하지만 위기가 찾아왔다. 에트루리아와의 전쟁이 계속되면서 로마에 사는 에트루리아인들이 로마를 떠나기 시작한 것이다. 기술과 경제력을 가진 에트루리아계 로마인들이 유출되면서 국력 저하의 위기를 맞았다. 발레리우스는 인구 유출로 약화된 국력을 증강시키기 위해 적극적인 인구 유입 정책을 펼쳤다. 인근에 라틴 부족에 같은 언어인 라틴어를 사용하고 같은 신을 섬기는 사람들끼리 싸우는 것은 명분이 없으므로 로마로 오라고 호소했다. 이 호소를 듣고 클라우디우스 가문은 5,000명이나 되는 일족을 이끌고 로마로 이주했다. 이들에게 모두 시민권을 부여하고, 거주지를 제공하며, 가문의 가부장에게는 원로원 의석도 주었다. 적극적인 이주 정책에 힘입어 로마는 다시 국력을 회복하게 되었다.

이런 상황에서 마지막 위기가 다가왔다. 쫓겨난 타르퀴니우스 왕이 에트루리아의 지원에도 불구하고 패배하자, 에트루리아 연방에 속해 있는 클루시움의 왕을 찾아가 도움을 요청했다. 클루시움의 왕 포르센나는 요청을 받아들이고 전쟁을 일으켰다. 이번에는 군대만 지원한 게 아니라 포르센나 왕이 직접 군대를 이끌고 쳐들어온 것이다. 포르센나 왕은 로마에서도 명장으로 소문이 나 있었다.

포르센나는 로마 시를 포위하는 작전을 펼쳐 테베레 강을 봉쇄했다. 테베레 강의 통행권도 포르센나의 손에 넘어갔다. 포위망을 뚫기 위해 갖은 노력을 기울였으나 포위망은 끄떡도 하지 않았다. 로마에 비축되어 있던 식량도 바닥을 드러낼 만큼 위기가 다가왔다. 이때 무티우스라는 용감한 젊은이가 혜성처럼 나타나, 로마를 구하기 위해서는 적국의 왕인 포르센나를 죽이는 수밖에 없다고

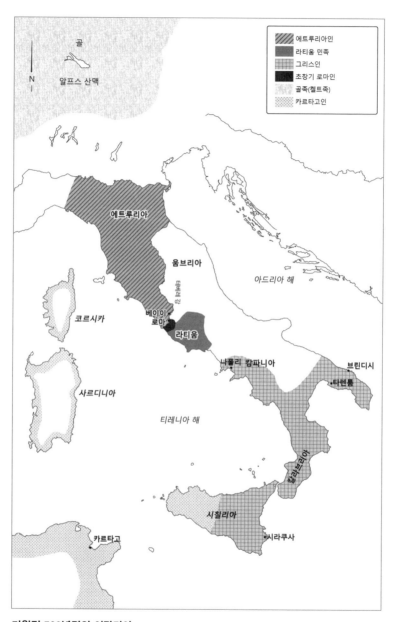

기원전 500년경의 이탈리아

결심했다.

그는 죽기를 각오하고 단검 하나만 몸에 지닌 채 적진으로 잠입해 들어갔다. 하지만 왕을 한 번도 본 적이 없어서 누가 왕인지 확인할 수 없었다. 그래서 왕이라고 생각되는 사람에게 접근하여 단검을 휘둘러 죽이는 데는 성공했으나, 불행히도 그는 왕이 아니라 왕의 비서였다. 그 자리에서 붙잡혀 왕에게 끌려갔다. 왕은 그에게 암살의 배후를 사실대로 말하지 않으면 불에 던져버리겠다고 협박했다. 배후를 밝히기 위해 모진 고문을 했지만, 그는 조금도 두려워하는 기색 없이 로마의 용감한 젊은이로서 자발적으로 했다고 주장했다. 심지어 자신의 오른손을 횃불에 지지는 결연한 자세를 보였다. 왕은 로마 젊은이의 충성과 용기를 부러워하며 그를 풀어주었다. 리비우스는 무티우스가 왕과 나눈 대화를 다음과 같이 소개했다.

"왕께서 나의 용기를 높이 평가해주었기 때문에 나도 호의로서 말하겠다. 내가 왕의 협박에 굴복하지 않았듯이, 지금 로마의 용감한 젊은이 300명이 왕의 목숨을 빼앗기 위해 맹세하고 제비뽑기를 통해 순서를 기다리고 있다. 내가 첫 번째로 왔다. 다음 사람이 또 올 것이다. 왕을 죽일 때까지 이런 노력은 계속될 것이다."

무티우스의 말을 듣고 왕은 심각한 고민에 빠졌다. 첫 번째 암살 시도는 실패로 끝났지만, 자신의 목숨을 노리는 젊은이가 계속해서 올 것이라고 생각하니 두려움이 밀려왔다. 고민 끝에 로마에 먼저 협상의 손을 내밀기로 결심하고 조건을 제시했다. 하나는 타르퀴니우스 왕을 복귀시키는 것이고, 다른 하나는 지난해 싸움에서 빼앗은 베이이의 영토를 반환하라는 것이었다. 발레리우스는 첫째 조건은 거절하고 두 번째 조건은 수용했다. 포르센나는 만족하고 두 나라 간에 화평이 이루어졌다.

발레리우스는 집정관을 두 번 더 지내면서 로마 공화정을 반석 위에 올려놓은 후, 기원전 503년 로마인들의 애도 속에 세상을 떠났다. 역사가들은 "로마 공화정의 씨를 뿌린 사람은 브루투스이고, 뿌리를 내린 사람은 발레리우스"라고 평가한다.

03

귀족과 평민의 갈등으로 탄생한
호민관 제도
(기원전 494)

공화정 초기 로마의 국력은 어느 정도였을까? 로마의 세력이 미치는 범위는 로마 시를 흐르는 테베레 강 주변에서 하구까지 좁은 지역에 국한되어 있었다. 당시에 이탈리아반도의 북쪽에서는 에트루리아인이 기술력을 자랑하고 있었다. 남쪽에는 그리스의 식민 도시인 타렌툼과 시라쿠사가 있었다. 또 선진국인 그리스의 아테네와 카르타고는 로마와는 비교가 되지 않을 만큼 강력한 국력을 자랑하고 있었다.

이처럼 작은 도시국가로 시작한 로마가 세력을 확대하기 위해서는 끊임없이 전쟁을 치르는 수밖에 없었다. 로마는 공화정을 도입한 후 곧바로 주변 국가들의 침입을 받았다. 왕정을 유지하는 인근 부족 국가들이 공화정으로 갓 태어난 로마를 얕잡아보고 희생양으로 삼으려고 쳐들어온 것이다. 로마 시민들은 나라를 지키기 위해 귀족과 평민이 혼연일체가 되어 전쟁을 승리로 이끌었다. 주변 국가들 역시 로마의 저력을 알고 무력으로 지배하겠다는 생각을 포기하면서, 로마는 일단 공화정 체제의 위기를 넘겼다.

외부의 적에 대한 위협이 사라지고 나니 내부의 적이 기다리고 있었다. 귀족과 평민의 갈등이 수면 위로 떠오른 것이다. 정치적으로 집정관을 비롯하여 모든 공직은 귀족들이 독차지했다. 이에 따라 평민들의 정치적 소외감이 점점 높아졌다.

로마에서 귀족은 어떻게 탄생했을까? 로마 시민은 귀족과 평민으로 구분된다. 토머스 R. 마틴은 『고대 로마사』에서 로마 귀족은 왕정 초기에 약 130개 가문으로 소수에 속했다고 소개한다. 귀족들은 공동체의 안전과 번영을 비는 종교 의례를 집전할 특별한 권리를 가지면서 배타적인 집단이 되었다. 또한 태어나면서부터 높은 신분과 막대한 재산을 가진 덕택에 로마 최초의 사회적 정치적 지도자가 되었고, 대규모의 추종자를 이끌고 전쟁에 참여하여 지휘관이 되었다.

한편 평민들은 자신들의 존재 가치를 전쟁을 통해 체감했다. 매년 계속되는 전쟁 속에서 평민의 참여 없이는 공화정을 유지하기 어렵다는 힘의 역학 관계를 깨달았기 때문이다.

어느 조직에든 갈등은 존재하고, 계기가 있으면 표면화된다. 평민들이 경제적인 어려움을 당하자, 그 갈등은 집단행동으로 나타나기 시작했다. 공화정 초기 10여 년 동안 해마다 전쟁이 일어난 까닭에 평민들은 어쩔 수 없이 삶의 터전인 농토나 가게를 장기간 비우게 되었다. 오랫동안 생업을 떠나 있다 보니 개인 경제는 엉망이 되는 경우가 많았다. 반면 귀족들은 넓은 농토를 경제적 기반으로 삼고 있었기 때문에 전쟁터에 나가도 경제력이 떨어지지 않았다. 전쟁은 귀족과 평민에게 '부익부 빈익빈' 현상을 초래하고 말았다.

『로마인 이야기』 1권에는 60세가 다 된 노인이 포로 로마노에 모인 군중들에게 전쟁터에서 목숨을 걸고 싸우다가 농노로 전락한 자신의 기구한 사연을 한탄하는 장면이 나온다.

"내 농토가 있는 지역이 전쟁터가 되는 바람에 농토도 집도 불타버리고, 불타지 않은 가축은 도둑맞았소. 그 재산을 다시 일구기 위해서는 빚에 의존할 수밖에 없었소. 그런데 이자는 너무 비싸고 수확은 예상 밖으로 적어서 빚을 갚을 수가 없었소. 그래서 나는 법에 정해진 대로 채권자의 소유가 되어 로마 시민이면서도 노예보다 더 혹사당하는 농노의 신세가 되고 말았다오."

이 하소연을 들은 민중들은 "남의 이야기 같지 않다"고 공감하면서 흥분하기 시작했다.

평민들은 원로원에 "로마 시민권자가 노예 같은 삶을 사는 것을 막아달라"고 요구했다. 집정관이 약속을 하고도 제대로 이행하지 않자 파업을 결정했다. 외적이 쳐들어왔을 때 집정관이 군대 소집을 명령했으나, 평민들은 이에 불응하고 자신들의 요구가 관철될 때까지 전쟁터로 나가지 않겠다며 버텼다. 로마 최초의 파업이 일어난 것이다. 다행히 협상이 이루어져 평민들은 파업을 풀었고 전투에서 승리할 수 있었다.

그러나 "빚을 갚지 못한 시민의 자유를 박탈하는 것을 금지한다"는 법안은 민회에서 부결되었다. 민회는 경제력을 가진 사람일수록 많은 표를 행사할 수 있기 때문에 귀족 계급이 민회의 의결을 좌우할 수 있었다. 법안이 부결되었을 때 다시 평민들은 파업에 들어갔다. 이와 같은 갈등이 반복되면서 귀족 계급의 지도자들은 마침내 기원전 494년에 평민들의 대표인 호민관(tribune) 제도를 도입하기로 양보한다.

호민관은 평민회에서 선출하도록 했다. 민회는 귀족과 평민이 함께 참여하기 때문에 귀족 계급이 영향력을 행사할 수 있지만, 평민회는 평민만 참석할 수 있으므로 명실공히 평민의 대표를 선출할 수 있었다. 호민관은 2명이 선출되었고 임기는 1년이었다. 호민관의 임무는 평민의 생명과 재산을 지키는 것으로, 그 신분은 신성불가침이며, 집정관의 결정에 대해 거부권을 행사할 수 있는 막강한 권한이 주어졌다. 또 면책특권도 부여되었다. 호민관의 정원은 나중에 10명까지 확대되었다.

이후 공화정은 귀족과 평민과의 관계가 위기를 맞았다가 회복되고 다시 위기를 맞는 관계가 반복된다. 귀족과 평민의 갈등은 공화정 창설 이후 200년 동안 계속되었으므로 이 시기를 '계급 간의 갈등 시기'라고 한다.

04
리키니우스 법,
평민에게 모든 공직을 개방하다
(기원전 367)

'단결과 분열의 악순환'은 어느덧 로마 공화정의 특징이 되었다. 공화정 체제가 유지되는 동안 로마는 외부의 적이 쳐들어오면 귀족과 평민이 단결하여 위기를 극복했다. 하지만 위기를 넘기고 나면 다시 귀족과 평민의 대립과 갈등이 계속되는 것이 관행이 되다시피 했다. 기원전 390년, 켈트족이 침입할 때도 귀족과 평민의 내분이 계속되고 있었다. 켈트족은 북유럽의 삼림지대에 사는 부족으로 '갈리아인'이라고 불렸는데, 이탈리아반도의 북부에 있는 에트루리아 민족의 힘이 약화되면서 켈트족이 남쪽으로 내려왔다.

켈트족은 에트루리아 도시들을 공략하면서 남하하기 시작했다. 이들은 유목민이고 호전적이어서 짐승으로 불릴 만큼 야만스럽다고 소문나 있었다. 켈트족이 로마를 향해 무서운 속도로 쳐들어오고 있을 때 로마군의 지휘관이 겁에 질린 병사들에게 원색적으로 호소하는 모습을 시오노 나나미는 『로마인 이야기』 1권에서 이렇게 전한다.

"우리가 지금 상대하고 있는 적이 라틴족이나 사비니족처럼 전투가 끝난 뒤에도 우리 동맹국이 될 수 있는 민족이라고 생각해서는 큰 오산이다. 이번 적은 흉포한 짐승이나 마찬가지다. 죽이지 않으면 우리가 죽기 때문에 죽을 각오로 싸워야 한다."

이러한 호소에도 불구하고 로마군은 켈트족에 패배하여 7개월 동안 로마 시를 야만족의 손에 무방비 상태로 넘겨주었다. 켈트족은 로마 시내를 무법천지로 만들면서 폭행과 살생과 약탈을 일삼았다. 로마 시내가 적에게 짓밟힌 것은 건국 이후 처음 있는 일이었다. 두 번째는 800년 후인 서기 410년 로마제국이 멸망할 무렵에 야만족인 서고트족에 점령당한 것이었다. 켈트족의 침입은 그만큼 로마인들의 자존심에 깊은 상처를 남겼다. 로마인은 켈트족에 "몸값을 지불할 테니 로마를 떠나달라"고 협상을 제의했다. 다행히 켈트족은 도시 생활에 매력을 느끼지 못하고 300킬로그램의 금괴를 받고 순순히 로마를 떠났다.

그러나 로마가 입은 상처는 이만저만이 아니었다. 로마인의 명예 실추는 말할 것도 없고, 야만족에게 어이없이 굴복한 로마에 다른 부족들이 등을 돌려 '라틴동맹'이 공중 분해되는 외교상의 손실을 감수하지 않으면 안 되었다. 라틴동맹은 라틴어를 사용하는 국가끼리 적이 침입하면 공동 전선을 구축하여 함께 싸울 동맹군을 구성하기로 한 것이었다. 그런데 로마가 힘이 없어지니 동맹 자체가 무용지물이 되었다. 로마는 바닥까지 떨어지는 신세가 되고 말았다. 켈트족의 침입은 로마인들에게 소중한 교훈을 가르쳐주었다. 야만족의 침입에 처참하게 무너진 이유는 국론 분열이었으므로, 국론이 통일되지 않으면 또다시 이런 치욕을 겪을 수밖에 없다는 사실을 깨달았던 것이다.

그래서 귀족과 평민의 갈등을 근본적으로 해결할 수 있는 정치 개혁의 필요성을 모두 공감하게 되었다. 이렇듯, 로마인의 강점은 패배로부터 배우는 학습 능력이다.

로마인들이 지혜를 모아 만든 법률이 바로 기원전 367년에 제정된 '리키니우스 법'이다. 허승일 교수는 『로마 공화정』에서 리키니우스 법의 발전 과정을 설명한다. "기원전 367년에는 평민이 집정관에 입후보할 자격을 허용하는 법이 통과되었다. 첫 번째 평민 집정관이 366년에 선출되었다. 기원전 342년부터는 2명의 집정관 중 1명은 반드시 평민이어야 한다. 결국에는 평민들도 모든 정치적·종교적 직책을 받을 수 있게 되었다."

이 법의 취지는 귀족이 평민에게 정치적으로 양보함으로써 평민의 지지를 얻어 이민족과의 항쟁 능력을 강화하고 공동체 의식을 높이는 것이었다. 하지만 평민이 집정관이 되어 정치에 참여한 것은 사실상 소수의 일부 평민층에 불과했다.

또 주요 공직을 거친 사람은 귀족이든 평민이든 원로원 의원이 될 수 있는 법률도 제정했다. 집정관뿐만 아니라 평민 계급을 옹호하는 호민관도 원로원 의원이 되는 길을 열어놓은 것이다. 이는 호민관이 급진적으로 돌아서는 것을 스스로 견제하는 역할을 함으로써 양보와 타협의 정신을 발휘하는 순기능으로 작용했다.

또한 집정관과 원로원 의원의 관계도 절묘한 시너지 효과를 내도록 설계되었다. 집정관은 매년 민회에서 선거를 통해 뽑히므로 단기적인 문제에 집중하는 경향이 있다. 반면에 원로원의 의원은 선거를 통하지 않고 요직을 경험한 자로 뽑다 보니 장기적인 관점에서 일관된 정책을 수립할 수 있는 장점이 있다. 이 같은 제도 개혁은 보수와 진보, 단기와 장기 정책이 균형을 이루게 해주었다. 그 결과 로마인은 귀족과 평민이 소통을 원활하게 함으로써 나라의 발전을 위해 모든 역량을 투입할 수 있는 체제를 확립하게 되었다.

토머스 R. 마틴은 『고대 로마사』에서 "로마의 정치사는 근본적으로 국가의 통치권을 공유하는 문제를 둘러싸고 귀족과 평민 사이에서 벌어진 팽팽하면서도 때로는 폭력적인 역사였다"고 규정한다. 로마인들은 로마 시내의 요지에 리키니우스 법의 제정을 기념하기 위해 포로 로마노 신전을 세웠다. 귀족과 평민에게 결과의 평등이 아니라 기회의 균등을 가슴속에 새기며 '세계로, 미래로' 나아가자는 염원을 담고 신전을 건축한 것이다. 리키니우스 법이 제정되고 80년 후인 기원전 287년에는 호르텐시우스 법이 제정되었다. 이는 호르텐시우스가 제정한 법으로, 평민들만 참여하는 평민회에서 의결된 사항은 국법으로 효력을 지니게 하여 평민회의 독자적인 입법권을 보장한 것이다. 이는 귀족과 평민의 법적 평등을 보장하여 기원전 5세기 이후 계속된 신분 투쟁에 종지부를 찍었다. 이와 같이 로마 공화정은 필요할 때마다 민의를 반영하여 제도를 개선하는 노력을 기울였다.

로마는 야만족의 침입으로 무너진 자존심을 정치 제도의 개혁을 통해 보란 듯이 일으켜 세웠다. 이것이 바로 위기를 기회로 활용하는 로마인의 저력이다. 이제 귀족과 평민은 국정의 동반자로서 손을 잡고 이탈리아반도를 통일하고, 지중해 주변의 국가들을 하나하나 굴복시키며 로마제국을 건설해나가는 일만 남았다. 단합된 로마의 힘 앞에 대적할 적이 없기 때문이다.

05

드디어 이탈리아반도를 통일하다
(기원전 270)

정치 개혁으로 귀족과 평민의 단합을 이룬 로마는 타국과의 새로운 관계를 모색하기 시작했다. 내치의 안정을 이루었으니 다음 순서로 외치의 안정을 목표로 삼았다. 이 역시 켈트족의 침입에서 뼈저리게 느낀 교훈을 현실화하는 데 초점을 맞추었다. 로마는 이미 왕정시대부터 이웃 부족들과 동맹 관계를 맺었는데, 이를 '라틴동맹'이라고 한다. 그러나 이 동맹의 문제점은 로마의 힘이 강할 때를 전제로 했기 때문에 로마의 힘이 약해지면 동맹국의 이탈을 막을 방도가 없다는 것이었다. 앞에서 살펴본 켈트족의 침입이 좋은 사례다.

라틴동맹은 로마가 강할 때는 괜찮았지만 약할 때는 사상누각이나 다름없었다. 외교 관계에서 "영원한 적도, 영원한 우방도 없다"는 점을 뼈저리게 느낀 나머지 성립된 개념이 '로마연합'이다. 라틴동맹과 로마연합의 차이점은 무엇일까? 라틴동맹은 동맹국끼리도 독자적인 행동이 가능했다. 하지만 '로마연합'은 로마와 가맹국 사이에만 외교적 협정을 맺고, 가맹국과 가맹국 사이에는 어떤 협정도 허용하지 않았다. 로마가 주도권을 행사하도록 설계된 것이다.

로마가 감당해야 할 책임은 연합한 동맹국들의 안전과 자존심을 지켜주는 일이다. 로마연합에 참여한 국가들은 로마와의 전쟁에 패배했거나 로마의 힘을 깨닫고 자발적으로 동맹을 맺었다. 로마는 패자를 대하는 방식이 달랐다. 패자를 지배하여 군림하는 대신 패자를 파트너로 인식하고 공동 경영자의 자세를 취했다. 당시에는 전쟁에 지면 재산을 몰수당하고 노예가 되는 것이 일반적이었기에 파격적인 발상이 아닐 수 없다.

그러나 패자에게 관용을 베푸는 대신 로마에 대한 강력한 충성을 요구했고, 로마가 요청할 때 동맹군을 파병해야 했다. 이는 나중에 로마가 제국을 건설할 때 큰 자산이 된다. 로마 시민과 동맹군을 한없이 끌어올 수 있었기 때문이다. 하지만 로마연합은 강점도 있지만 약점도 있었다. 로마가 영토를 넓혀가면서 로마의 지령이나 파병이 효율적으로 이루어지기 어렵다는 점이었다. 그 시절에는 통신 시설이 발달되어 있지 않아서, 이 문제를 해결하기 위해 로마는 고속도로인 로마가도를 건설하기 시작했다.

최초의 로마가도는 기원전 312년에 개설된 '아피아 가도'다. 감찰관 아피우스의 명령으로 건설되었기 때문에 그의 이름을 따온 것이다. 이후 로마가도는 만든 사람의 이름을 따서 도로명을 지었다. 로마가도는 단순히 행정 도로였던 것은 아니다. 정치, 군사, 행정을 비롯한 다목적용으로 건설되어 로마제국 통치의 동맥과 같은 역할을 하게 된다. 로마는 전쟁에서 승리하면 먼저 가도부터 만들어 속주국들을 신속하게 지배했다.

로마가 이탈리아 중남부를 제패하는 데 소요된 기간은 기원전 340년부터 기원전 326년까지 14년이다. 한편, 마케도니아의 알렉산드로스 대왕이 동방원정으로 제국을 건설하는 데 걸린 세월은 기원전 334년부터 기원전 323년까지 11년이다.

리비우스는 "만약 로마가 알렉산드로스 대왕과 전쟁을 벌였다면 로마의 운명은 어찌 되었을까?"라는 흥미로운 질문을 던진다. 그리고 "알렉산드로스가 로마와 싸웠더라도 최종적으로는 로마의 승리로 끝났을 것이다"라고 결론을 내렸다. 그가 제시하는 가장 중요한 이유는 "알렉산드로스 군대에는 지휘관이 대왕 한 사람뿐이었다. 하지만 같은 시기의 로마군에는 적어도 열한 명의 뛰어난 지휘관이 있었다"는 점이다. 로마에는 지휘관 자리가 비어도 항상 대체할 지도자가 있었다. 로마군은 개인이 아니라 시스템에 따라 효율적으로 기능하는 조직이기 때문이다. 반면에 알렉산드로스 대왕은 개인의 전략과 전술이 뛰어나 개인의 리더십으로 움직였으니, 대

왕의 유고 시에 그를 대신할 지도자가 없었다. 알렉산드로스 대왕과 로마의 대결은 개인과 조직의 대결인 까닭에 최종 승리는 조직의 승리로 돌아갈 수밖에 없었다.

결국 지도자의 '승계 시스템의 차이'가 알렉산드로스와 로마의 운명을 갈라놓았다고 볼 수 있다. 이런 시스템의 차이 때문에 로마군은 전투에 지더라도 다른 지도자가 대신해 전쟁에서 이길 수 있었다. 하지만 알렉산드로스군은 전투에서 지면 전쟁에서도 지는 결과를 초래한 것이다.

로마가 반도를 통일할 때 가장 어려움을 겪은 민족이 삼니움족이었다. 이들은 이탈리아 중부에서 남부에 걸쳐 산악지대에 거주한 민족으로, 조직력이 강하고 게릴라 전술에 뛰어났다. 이 민족을 상대로 로마군은 기원전 343년부터 290년까지 3차에 걸쳐 전쟁을 벌였으나 고전을 면치 못했고, 정복하는 데 무려 50여 년이 걸렸다.

마지막으로 로마군을 괴롭힌 적은 이탈리아반도의 발뒤꿈치에 해당하는 그리스의 식민시 타렌툼과의 대결이었다. 타렌툼의 그리스인들은 북부 그리스의 왕국 에페이로스의 왕 피로스에게 도움을 요청했다. 피로스는 한니발 장군이 병법의 스승이라고 일컬을 정도로 뛰어난 전술가였다. 기원전 280년 전쟁이 시작되자 피로스는 이탈리아로 쳐들어와 로마군을 두 차례나 크게 패배시켜 로마군을 긴장시켰다.

사이먼 베이커는 『로마의 역사』에서 '피로스의 승리'를 소개했다. 피로스는 그리스제국을 이룩하겠다는 꿈을 가지고 있었다. 하지만 이 승리를 위해 너무 많은 군사가 희생되어 피로스 왕은 "이런 식으로 한 번만 더 승리한다면 우리가 끝장나겠군!"이라고 말했다. 이후 겉으로 이기고 속으로 치명상을 입는 허울뿐인 승리를 '피로스의 승리'라고 비유하게 되었다.

피로스는 초반에는 승리하여 로마인들을 긴장시켰지만, 기원전 275년 로마군과 로마연합군의 협력을 막아내지 못하고 마지막 전투에서 패하고 말았다. 이 사건으로 로마는 국제적인 명성을 얻고 주목받기 시작했고, 드디어 기원전 270년에 이탈리아반도를 통일하는 꿈을 이루었다. 이제 로마는 지중해로 힘차게 나아가는 일만 남았다.

06

알프스를 넘어 로마를 침략한
한니발 장군

(기원전 218~201)

"전쟁, 전쟁 그리고 또 전쟁."

전쟁은 로마가 이탈리아반도를 통일하고 지중해 주변 국가들을 장악하여 제국을 건설할 때까지 계속된다. 로마 공화정의 역사를 '전쟁의 역사'라고 부르는 이유이기도 하다. 역설적으로 전쟁이 없었다면 로마 역사도 세계적으로 조명받지 못했을 것이다. 전쟁을 끝내려면 평화를 선언해야 한다. 이 평화는 로마가 더 이상 넓힐 영토가 없다는 확신이 있어야 가능했다. 로마 공화정은 전쟁을 통해 고도성장을 계속해나갔으니, 전쟁은 로마의 성장 엔진이었던 셈이다.

기원전 270년에 이탈리아반도를 통일한 로마는 지중해로 발길을 돌렸다. 그때 지중해의 강자인 카르타고와 운명적으로 부딪혔다. 원래 로마와 카르타고는 오래전부터 평화조약을 맺은 관계였다. 로마가 이탈리아반도에만 머물렀다면 이 조약은 유지될 수 있었다. 하지만 로마는 반도에만 머무를 수 없었다. 로마가 지중해의 승자가 되려면 카르타고와의 한판 승부는 피할 수 없는 숙명이었다. 카르타고와는 3차에 걸쳐 전쟁을 치른다. 반도를 통일한 6년 후인 기원전 264년에 시작해서 기원전 146년에 끝났으니 무려 120년 동안이나 계속된 전쟁이었다. 이 전쟁을 '포에니전쟁'이라고 한다. 로마인들은 '카르타고의 주민(페니키아인)'을 포에니라고 불렀다. 카르타고는 기원전 9세기경 페니키아인들이 지금의 튀니스 만에 세운 나라로, 리비아에서 지브롤터에 이르는 북아프리카 일대를 장악한 후 에스파냐와 시칠리아 섬까지 식민지로 만들어 지중해의 패권을 쥔 해상 강국이었다.

1차 포에니전쟁(기원전 264~241)은 로마와 카르타고의 중간에 있는 시칠리아의 영토와 제해권을 수호하기 위해 시칠리아 섬을 무대로 일어났다. 그러나 카르타고가 패하여 시칠리아를 로마에 빼앗기고 만다. 2차 포에니전쟁(기원전 218~201년)은 한니발 장군이 주인공이다. 그는 이미 9세 때 아버지를 따라 에스파냐로 향하면서 "평생 동안 로마를 원수로 생각하고 로마를 무너뜨리기 위해 헌신하겠다"고 아버지에게 맹세했다고 한다.

한니발은 로마에 대한 복수심을 키우며 전쟁 준비를 하여 2차 포에니전쟁을 일으켰다. 이 전쟁 역시 17년 동안 계속되면서 로마를 함락 직전까지 몰고 갔다. 리비우스는 "한니발의 리더십하에 치러진 2차 포에니전쟁은 전쟁사에서 가장 기억할 만한 전쟁이다"고 할 정도였다.

한니발은 치밀하게 전쟁을 준비했다. 로마에 대한 정보를 취합하고 전쟁 수행을 위한 마스터플랜을 세웠다. 그는 역발상으로 로마를 공격했다. 로마와 지중해에서 국지전을 벌이는 것은 불리하다는 판단하에 로마의 심장부에 직접 뛰어들 계획을 세우고 실천에 옮겼다. 군대를 이끌고 역사상 처음으로 눈 덮인 알프스 산맥을 넘는 기상천외한 전략을 구사한 것이다. 그가 이끈 군대는 보병 5만 명, 기병 9,000명, 전투용 코끼리 37마리였다. 당시에 코끼리는 탱크와 같은 역할을 하는 신무기였다. 한니발은 자신의 그리스어 교사인 실레노스를 기록자로 대동했다. 그가 역사와 기록을 얼마나 중요시했는지 알 수 있는 대목이다. 훗날 한니발이 알프스를 넘는 과정 등이 알려진 것은 바로 실레노스의 기록 덕택이다.

대군을 이끌고 눈 덮인 알프스 산맥을 넘는다는 것은 무모한 도전이 아닐 수 없었다. 하지만 한니발의 솔선수범 리더십이 불가능을 가능으로 바꾸었다. 그렇다면 한니발은 부하들을 어떻게 감동시켰을까? 병사들이 추위에 떨면 그들과 함께 같은 막사에서 밤을 새우며 따뜻한 인간미를 나누었다. 병사들이 탈진하여 휘청거리고 쓰러질 때면 "고지가 저기인데 여기서 쓰러질 수 없다"며 장차 받을 기쁨과 영광과 보상을 상기시켰다. 이렇게 해서 15일 만에 알프스를 넘는 데 성공했고, 마주치는 로마 군대마다 쳐부수며 로마인의 간담을 서늘하게 만들었다.

승승장구하던 한니발은 칸나이전투에서 중요한 승리를 거둔다. 군사적 천재성, 전략, 용감성을 유감없이 발휘하여 역사에 남을 만한 전투를 벌인 것이다. 함정에 빠진 로마군은 학살이라는 표현이 어울릴 정도로 참패했다. 몸젠은 『몸젠의 로마사』에서 로마군이 완벽하게 전멸한 사례라고 평가하면서 양쪽의 피해 상황을 기술했다. "한니발은 6,000명이 채 못 되는 병력을 잃었다. 하지만 로마군은 7만 6,000명 중에서 집정관 루키우스 파울루스와 대리집정관 그나이우스 세르빌리우스, 장교들의 3분의 2, 원로원 의원 80명을 포함한 시신 7만 구가 전장을 뒤덮었다." 이 소식이 로마와 동맹국들에 전해지자, 일부 동맹국과 식민시가 카르타고 편으로 돌아섰다. 한니발은 바로 이 점을 노린 것이다. 소수의 정예부대만으로 적지에서 승리할 수 없다. 그는 승리를 바탕으로 동맹국들의 이탈을 노려 합류하는 전략을 구사하려 했는데, 그것이 일단은 맞아떨어진 셈이다.

로마의 운명이 풍전등화의 위기에 놓였다. 한니발은 로마인들이 항복할 것이라고 예상하고, 항복 조건을 제시하는 전령을 보냈다. 하지만 로마인들은 이를 거부하고 계속해서 싸울 것을 결의했다. 로마인들은 위기가 닥치면 항상 단결하여 승리를 이끌어내는 인내와 도전과 희생의 DNA를 가지고 있기 때문에, 한니발을 맞아서도 장기전으로 맞서는 전략을 세웠다.

지구전을 지휘하는 리더는 파비우스 장군이었다. 오늘날 전투에서 지구전을 '파비우스 전략'이라고 부르는 것은 이 때문이다. 로마가 장기전으로 전환하자, 한니발은 이탈리아반도 남부로 방향을 틀어 동맹국들을 포섭하기 시작했다. 몇몇 동맹 도시들이 한니발 쪽으로 돌아섰지만, 대부분의 동맹 도시들이 로마와 의리를 지키며 협조했다. 이것이 한니발에게는 오산이고, 로마에는 저력이 되었다.

07
역발상 전략으로 한니발을 무너뜨리다
(기원전 202)

"한니발과의 정면 승부를 피하라."

한니발은 병법의 천재이기에 정공법으로 싸워서는 이길 수 없었다. 그러면 어떻게 이길 수 있을까? 로마가 택한 전법은 지구전으로, 한니발은 피하고 한니발이 없는 다른 부대는 공격한다는 전략을 세웠다. 한니발을 뒤따라가되 제 풀에 꺾일 때까지 기다리는 방식이다.

지구전을 성공시키기 위해 로마는 두 가지 전략을 구사했다. 첫째는 카르타고 본국으로부터의 지원을 차단하는 일이다. 둘째는 다른 동맹국들이 한니발에 동조하는 것을 막기 위해 로마연합의 결속을 강화해나갔다. 로마의 전략이 주효했기 때문에 한니발은

17년간 외로운 전쟁을 수행할 수밖에 없었다.

한니발은 때로는 조용히 활동을 중단하기도 했다. 그러다가 다시 전열을 가다듬어 움직였다. 한니발이 움직이면 로마군도 따라서 움직이지만, 정면으로 싸우지는 않으니 한니발도 기운이 빠지는 경우가 많았다. 한니발이 없는 것처럼 보이면 로마군은 카르타고군을 공격하여 승리를 거두었다. 남부 지역에 틀어박혀 있던 한니발이 기원전 211년 로마로 이동했다. 로마 시내를 바라보며 싸움을 걸었지만 로마군은 방어만 할 뿐이라서 한니발은 단념하고 돌아갈 수밖에 없었다. 이때 로마인들 사이에 "한니발이 문밖에 와 있다"는 말이 생겼다. 우리나라에서도 일제시대 때 "순사가 온다"고 말하면 어린아이가 울음을 그쳤듯이, 한니발이 로마인들에게 얼마나 두려움과 공포의 대상이었는지 짐작케 하는 대목이다.

한니발의 뒤꽁무니만 쫓아다니는 지구전에 종지부를 찍은 사람이 젊은 스키피오 장군이다. 스키피오는 24세 때 에스파냐에서 한니발에게 아버지를 잃었다. 그는 지루한 공방전을 끝내려면 한니발이 로마를 침략한 방식인 '한니발의 전략'을 채택할 필요가 있다고 생각했다. 그야말로 역발상이었다. 스키피오는 발상을 전환하여 로마군을 이끌고 한니발의 터전인 에스파냐와 고국인 카르타고를 공략해야 한다고 주장했다. 그래서 그는 한니발이 로마에 있는 틈을 이용해 에스파냐를 공략했고, 카르타고인을 그곳에서 몰아내는 데 성공했다. 그리고 그 여세를 몰아 한니발의 고국인 카르타고를 공략하자고 제안했다.

　로마 원로원은 스키피오의 주장을 선뜻 수용하지는 않았으나, 스키피오를 집정관으로 삼아 제한적으로 권한을 주어 카르타고를 공격하도록 했다. 로마군이 카르타고를 공격하자, 스키피오의 예상대로 카르타고 본국에서 한니발에게 소환 명령을 내렸다. 기원전 202년, 한니발은 고국으로 건너와 스키피오의 군대를 맞아 싸운다. 운명의 결전이 그 유명한 자마전투다. 전투에 앞서 한니발의 요청에 의해 스키피오와의 평화회담이 이루어졌다. 이때 한니발은 더 이상 알프스 산맥을 넘어 이탈리아반도를 휘저으며 다니던 당당한 모습이 아니었다. 두 사람이 나눈 대화를 리비우스는 이렇게 묘사하고 있다.

　"나는 경험에 의해 운명의 여신이 얼마나 변덕스러운지 배웠소. 그대는 아직 젊고, 에스파냐와 아프리카에서 항상 승리가 그대와 함께해왔기에 운명의 저편을 아직 모르고, 나의 말을 귀담아 듣지 않을까 염려하오. 그러나 그것들을 기억해둘 가치가 있을 것이오."

　한니발이 말을 마치자 스키피오가 입을 열었다.

　"장군은 일전에 깨어진 조약에서 이미 카르타고가 수락했던 것보다 더 약한 조건들을 제시하고 있소. 그런 알맹이 없는 양보를 로마에 내놓는 것은 무의미하오. 그러나 만약 장군이 원래의 조약을 인정하고 휴전 동안에 발생한 수송 선단의 약탈과 특사들에게 가해진 폭력 행위를 배상한다면, 원로원에 제안할 명분이 될 것이요. 그렇지 않다면 전쟁을 준비하라고 권할 수밖에 없소."

참으로 인생무상이 아닐 수 없다. 얼마 전까지 천하를 호령하던 한니발의 기개와 용기는 찾아볼 수 없었다. 회담은 성과 없이 끝이 났고, 이제 양측의 전투만이 남았다. 다음 날 자마전투에서 로마군의 전사자는 1,500명에 불과했으나 한니발 쪽 전사자는 2만 명이 넘었고, 한니발 역시 초라한 모습으로 간신히 도망쳤다. 카르타고는 기원전 201년 로마의 승인 없이는 어디서도 전쟁을 할 수 없다는 강화조약을 맺어야 했다. 2차 포에니 전쟁은 이렇게 막을 내렸다.

로마는 두 차례의 포에니전쟁을 통해 기원전 201년 지중해 서부의 강대국 카르타고를 무너뜨렸다. 이어서 지중해 동부의 강대국들을 차례로 굴복시켰다. 기원전 197년에 마케도니아, 기원전 190년에 시리아를 정복했다. 아프리카의 이집트는 포에니전쟁 때부터 로마의 충실한 우방이었다. 이제 지중해는 로마의 안마당이 되었고, 로마인들은 '우리 바다'라고 부르기 시작했다.

지중해의 지배자가 된 로마는 50년 동안 속주 국가에 관용 정책을 유지했다. 그러나 로마의 지도층들은 관용주의의 한계를 지적하며 '온건한 제국주의'와 '엄격한 제국주의'에 대한 논의가 활발하게 이루어졌다. 대표적인 사례가 카르타고를 멸망시켜야 한다는 주장이었다. 특히 당시 정치계의 거물인 카토가 앞장서서 주장했다.

"카르타고에 제2의 한니발이 태어나지 않는다고 누가 장담할 수 있겠는가? 카르타고를 완전히 궤멸시켜 지구상에서 사라지게 해야 한다."

결국 로마는 카르타고가 용병을 모집하여 전쟁을 준비하고 있다는 빌미를 잡아 강화조약을 위반했다는 이유로 기원전 149년 3차 포에니전쟁을 일으켰다. 그리고 기원전 146년에 카르타고를 함락시켰다. 로마군은 카르타고 땅을 가래로 고른 다음 소금을 뿌려 '신들에게 저주받은 땅'으로 낙인찍어 역사에서 사라지게 만들었다.

한편 그리스와 마케도니아는 카르타고가 멸망하던 기원전 146년 로마의 속주가 된다. 기원전 146년은 로마의 역사에서 특별한 의미가 있는 해다. 카르타고가 멸망하여 로마에 무릎을 꿇고 그리스와 마케도니아가 로마의 속주가 되었으니, 로마가 사실상 지중해의 주인이 된 것이다.

로마는 지중해 주변 국가들을 완전히 장악함으로써 명실상부 로마제국을 건설했다. 한니발전쟁에서 승리한 로마가 세계를 지배하는 데 걸린 시간은 50여 년 정도에 지나지 않았다. 이는 한니발전쟁이 로마를 강대국으로 만드는 데 크게 기여했다는 의미이기도 하다. 한니발은 평생 로마에 원한을 품고 로마의 멸망을 바라고 살았으나, 결과적으로 로마의 제국 건설에 일등공신이 되고 말았다.

시오노 나나미는 『로마인 이야기』 1권 서문에서 그리스의 역사가 폴리비오스에 대한 이야기로 시작한다. 폴리비오스는 기원전

167년 그리스에서 1,000명의 인질과 함께 로마로 끌려왔다. 그는 로마의 스키피오 장군의 조카인 스키피오 아이밀리아누스에게 맡겨져 피보호인이 되었다. 기원전 150년, 그리스 인질들은 조국으로 귀환을 허락받고 폴리비오스도 돌아갔다. 그는 귀국 후에도 자주 로마를 방문했고, 3차 포에니전쟁 때는 총사령관에 선출된 스키피오를 따라 카르타고 종말의 현장을 목격하기도 했다. 그는 로마에 관한 최초의 신뢰할 만한 역사서인 『역사』를 저술했다. "왜 그리스는 스스로 무너져갔는데 로마는 계속해서 융성하고 있는가?"라는 질문을 던지며 역사서를 집필하게 된 배경을 서문에서 밝혔다.

"어지간히 어리석은 게으름뱅이가 아닌 한, 불과 53년 만에 로마인이 이룩한 이 위업이 어떻게 가능했으며, 또한 어떤 정치체제 아래서 가능했는지 알고 싶어 하지 않는 사람은 없을 것이다."

폴리비오스의 책은 기원전 1세기 말의 역사가인 리비우스가 『로마사』를 저술할 때 참고하기도 했다.

08

패자까지 포용하는 개방성

로마제국의 광활한 영토는 대부분 공화정시대에 확보되었다. 포에니전쟁을 끝으로 로마는 서방에서 외부의 적이 사라졌다. 그야말로 고도성장을 이룩한 셈이다. 기원전 509년에 출범한 공화정 체제가 360여 년에 걸쳐 이룬 결과다. 로마의 영토를 지중해를 둘러싼 지역, 서유럽, 소아시아, 북아프리카를 식민지로 만들었다. 시칠리아, 사르디니아, 코르시카, 에스파냐, 마케도니아, 그리스 그리고 북아프리카와 소아시아의 광활한 지역이 식민지가 된 것이다.

작은 도시국가에서 초라하게 출발한 로마가 지중해를 중심으로 제국을 건설했다. 당시의 교통 상황을 고려할 때 세계적인 제국을 세운 것이다. 시오노 나나미는 『로마인 이야기』 1권에서 로마제국의 성장 비결을 이렇게 소개한다. "지성에서는 그리스인보다 못하고, 체력에서는 켈트족(갈리아인)이나 게르만족보다 못하고, 기술력에서는 에트루리아인보다 못하고, 경제력에서는 카르타고인보다 뒤떨어졌던 로마인이 이들 민족보다 뛰어난 점은 무엇보다도 그들이 가지고 있던 개방적인 성향이 아닐까? 로마인의 진정한 자기정체성을 찾는다면, 그것은 바로 이 개방성이 아닐까?"

개방성이 모든 결점을 극복하게 했고, 그 결과 영향력이 확대되어 천년제국 로마가 가능해진 것이다. 로마 건국 초기에 로마는 주변 부족에 어떻게 대응해나갔을까? 로마는 패자를 예속시키기보다 파트너십을 인정하고 공동 발전을 모색했다. 약육강식이 일반화된 고대 사회에서 유례를 찾기 힘든 방식이다. 전투에 패배한 부족이나 동맹국에 똑같은 시민권을 주어 로마인으로 살아가도록 포용했다.

이러한 로마의 개방성은 건국 초기부터 나타나 역사와 함께 발전해왔다. 사비니족 여인의 강탈 사건을 계기로 사비니족과 합병하여 공동으로 통치했다. 전쟁에 패한 알바롱가의 모든 주민을 강제적으로 이주시켜 똑같이 로마 시민을 만들었다. 무력에 의해 흡수했더라도 로마는 시민권을 인정하고 동화의 길을 함께 걸어갔다. 로마는 피정복민을 예속시켜 노예로 만들지 않고 동반자로서 개척해나간 것이다. 이런 개방성 덕택에 로마의 외연이 확대되고 다른 민족과 국가에서는 로마와 파트너로서 동행하기를 원했다. 시민의 첫째 의무는 병역이기 때문에, 동화 정책을 통해 로마의 전력은 더욱 강화되었다. 플루타르코스가 『영웅전』에서 "패자조차도 동화시키는 이 방식만큼 로마의 강대화에 이바지한 것은 없다"고 말했다.

로마의 동화 정책은 로마인의 특성이었다. 그러면 아테네의 시민권은 어떨까? 아테네는 부모가 모두 아테네인이 아니면 시민권을 인정하지 않았다. 아테네에서 살고 있는 그리스인도 아테네에서 태어나지 않았다는 이유로 시민권을 취득할 수 없었다. 당대의 유명한 철학자 아리스토텔레스조차도 아테네에서 태어나지 않아서 시민권을 얻을 수 없었다.

시민권이란 로마인에게는 로마인과 정신을 공유하는 것인 반면에, 그리스인에게는 피를 공유하는 것을 의미했다. 로마의 개방성과 아테네의 폐쇄성이 운명을 바꾼 것이다. 로마는 전쟁을 치르고 나면 패배자에 대한 포용 정책 덕택에 시민의 숫자가 늘어났다. 그만큼 군인으로 동원할 수 있는 역량도 커졌다. 뒤에서 자세히 설명하겠지만, 카이사르는 갈리아전쟁을 치르고 정복했다. 그러나 그들을 동반자로 인식하고 로마화의 우등생으로 만들었다. 의사와 교사에게 시민권을 부여하면서 시민권의 외연이 더욱 넓어지는 계기가 되었다.

로마인은 기원전에 2중 국적을 허용한 글로벌 마인드를 가지고 있었다. 로마에 가면 꿈과 재능을 펼칠 기회가 주어졌다. 그래서 젊은 사람들, 능력 있는 외국인들이 로마로 몰려들었다. 이것이 바로 로마가 도시국가를 뛰어넘어 세계 국가로 비약하는 원천이 되었다.

로마는 사회, 문화적으로도 개방적이었다. 종교에도 다양성을 인정했다. 다신교를 믿다 보니 신이 30만이 넘었다고 한다. 속주의 종교와 문화는 인정하고 유지하도록 했다. 로마인들은 그리스어를 지식 언어로 숭상했다. 로마는 승자였지만, 자신들의 언어인 라틴어만을 고집하지 않았다. 승자의 언어인 라틴어와 패배자들의 공통어였던 그리스어를 대등하게 사용하여 2개 언어를 사용했다. 로마인들은 자신들의 문화를 전파하기만 한 것이 아니라 점령지의 문화라도 로마에 유용하다면 수용해서 로마화했다. 훗날 중동의 작은 나라 팔레스타인에 살던 유대인의 종교에서 발전한 기독교를 처음에는 박해했지만, 결국 제국의 종교로 수용하고 국교로까지 인정하는 포용성을 보여줬다.

개방성은 모든 가능성을 열어놓았다. 개방적인 마인드에서 유연성, 포용성, 다양성이 비롯되었다. 개방성은 열린 마음, 열린 사회를 만들어 로마가 시간과 공간을 뛰어넘어 천년제국이 가능하게 해주었다. 로마는 제국의 수도였지만, 세계 최고 학부는 그리스의 아테네와 이집트의 알렉산드리아에 있었다. 로마는 최고 학부를 로마로 옮기려 하지 않았다. 로마의 지도층 인사와 자녀가 그쪽으로 유학을 가게 했다.

개방성의 결과는 놀라웠다. 로마의 식민지였던 나라들은 로마를 어떻게 생각했을까? 로마의 식민지였음을 오히려 긍정적으로 생각하며 자긍심을 가졌다. 영국의 처칠 수상은 "대영제국의 역사는 카이사르가 도버해협을 건넜을 때 시작되었다"며 로마와의 관계를 자랑스럽게 말했다. 일본에 대한 우리나라 국민들의 정서와 비교하지 않을 수 없다. 일본은 우리의 언어를 말살하고, 심지어 창씨개명을 통해 이름까지 없애려 하지 않았는가? 식민지를 경험했던 대한민국 국민들의 감정과 비교할 때 로마의 개방성이 얼마나 긍정적인 영향을 끼쳤는지 알 수 있다.

09

로마가도와 만리장성은 무엇이 다를까?

"모든 길은 로마로 통한다."

17세기 프랑스 시인 라퐁텐의 말이다. 시오노 나나미는 시인의 말을 인용하여 『로마인 이야기』 12권의 제목으로 정했다. 사회 간접자본을 뜻하는 인프라스트럭처(infrastructure)의 어원은 라틴어에서 비롯된 것이다. 그녀는 로마인이 '인프라의 아버지'라고 불릴 만큼 인프라를 중시했다며 인프라에 대한 정의를 종합적으로 내리고 그 내용을 자세히 소개한다.

"로마인이 생각하는 인프라에는 도로, 교통, 항만, 신전, 공회당, 광장, 극장, 원형 투기장, 경기장, 공중목욕탕, 수도 등 모든 것이 포함된다. 다만 이것들은 하드웨어라고 말할 수 있는 인프라이고,

소프트웨어적인 인프라에는 국방, 치안, 조세에다 의료, 교육, 우편, 통화 등의 시스템까지 포함된다."

인프라의 상징은 로마가도다. 로마가도는 오늘날 고속도로와 같다. 최초의 로마가도는 기원전 312년에 건설된 아피아 가도다. 이 도로는 로마의 감찰관인 아피우스가 도로 건설을 입안하고 직접 총감독을 맡았다. 그는 로마 수도(水道)를 최초로 건설한 주인공이기도 하다. 아피아 가도 이후에 모든 로마가도에는 그 길을 만든 사람의 이름을 붙이는 것이 관행이 되었다. 아피아 가두에 이어 아우렐리아 가도, 플라미니아 가도 등이 차례로 건설되었다.

기원전 300년대에 도로의 중요성을 인식하고 고속도로를 닦았다는 것은 경이로운 일이다. 로마는 영토를 확장하면 반드시 길을 먼저 만들었다. 로마에서 시작하여 지중해를 중심으로 유럽, 북아프리카, 아시아까지 로마의 영향력이 미치는 곳에는 로마가도가 놓였다. 로마가도는 1차적으로는 군사적인 목적을 위해 만들어졌다. 군대가 신속하게 이동하고 군대를 지원하기 위해서다. 하지만 군사적인 목적뿐만 아니라, 물류가 흐르는 경제적인 도로로서 상인과 무역상, 관리, 여행가가 오가며 지식과 정보가 흘렀다. 로마가도가 로마제국의 근간이 된 것이다.

군사 목적이 우선시되었기 때문에 도로는 가능한 한 평탄한 직선으로 건설되었다. 길을 평탄하게 유지하기 위해 지반이 약한 습지대에서는 말뚝을 많이 박아 토대를 쌓고 그 위에 도로를 건설했

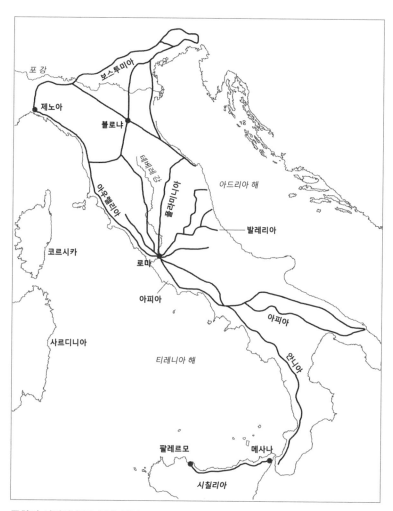

포 강

보스투미아

제노아

볼로냐

테베레 강

플라미니아

아우렐리아

아드리아 해

발레리아

코르시카

로마

아피아

아피아

사르디니아

티레니아 해

안니아

팔레르모

메사나

시칠리아

공화정 시대의 주요 로마 도로

다. 또한 강이나 계곡에서는 길과 같은 높이로 다리를 만들어 도로가 지나가도록 했다. 로마가도의 포장 구조는 어떠했을까? 단면도를 보면 오늘날의 포장 구조와 거의 비슷하다고 한다. 일반적으로 차도는 4미터이고 인도는 양쪽에 3미터이니 가도는 10미터 폭이었고, 차도와 인도를 구분하여 이동 속도를 높였다. 차도의 깊이는 1미터 정도로 배수가 잘되도록 설계했다. 도로 중앙부는 높이고 가장자리는 낮게 아치형으로 만들어 비가 오면 빗물이 가장자리로 고이게 설계한 것이다.

놀라운 것은 기원전 120년경에 최초의 도로 관련법인 '셈프로니우스 도로법'이 제정되었다는 사실이다. 이 법안은 그라쿠스 형제 중 동생인 가이우스 그라쿠스가 입안했다. 이 법에 따라 모든 로마가도에는 1로마마일마다 돌기둥이 세워져 표지판의 역할을 했다. 1로마마일은 로마시대에 1,000걸음에 해당하는 거리로 약 1.5킬로미터다. 1로마마일 이정표에는 가도의 출발점에서 몇 번째 표지인지 표시해놓아 수도 로마와의 거리를 알 수 있도록 했다. 예를 들면 스무 번째 이정표에 이른 사람은 로마에서 30킬로미터 떨어져 있다는 것을 알 수 있었다. 또 가까운 도시와의 거리도 표시되어 있어 다양한 정보를 알리는 게시판 역할도 했다.

로마가도의 신속성은 어느 정도일까? 인류가 로마가도의 이동 속도를 넘어설 수 있었던 것은 철도가 발달하기 시작한 19세기 중엽이었다고 하니, 로마가도가 얼마나 잘 만들어졌는지 알 수 있다.

로마가도는 수도 로마를 떠날 때는 12개에서 시작했지만 로마제국 전역으로 뻗어나간 돌로 포장된 간선도로는 375개이고, 그 전체 길이는 8만 킬로미터다. 자갈로 포장된 지선을 합치면 15만 킬로미터나 된다. 로마가도는 로마제국 전체를 그물망처럼 관통하고 있었다.

그러나 로마가도의 1차적인 목적이 신속한 군사 이동이었던 만큼, 역으로 로마가 적으로부터 공격을 받을 때는 그만큼 불리한 환경이 되고 만다. 한니발도 로마가도를 이용하여 이탈리아반도를 유린하고 다녔다. 로마제국의 말기에 야만족이 로마를 침입할 때도 로마가도를 활용했다.

로마가도는 중국의 만리장성과 비교된다. 만리장성은 기원전 215년 진시황이 북방 오랑캐의 침입을 막기 위해 건설하기 시작했다. 기원전 221년 통일된 진나라를 건국한 진시황은 기원전 3세기 혹은 그 이전 시대에 구축된 몇몇 성벽을 연결시켜 만리장성을 재건했다. 만리장성의 목적은 성벽을 쌓아 야만족의 침입을 막고 정보를 차단하는 것이다. 또한 문화적으로는 유목문화와 농경문화, 중원과 변방을 가르는 경계선의 역할도 했다. 진시황 때부터 쌓아 올린 성벽은 그 이후에도 계속해서 건설하여 명나라 때까지 이어졌다. 만리장성은 연장 길이 2,700킬로미터이며, 중간에 갈라져 나온 지선까지 합치면 총 길이가 6,350킬로미터에 이르는 세계에서 가장 긴 성벽이다.

그러나 만리장성의 기본 목적은 사람과 정보의 차단이다. 방어를 위해 소통을 막고 차단하는 폐쇄성이 기본이었다. 불로장생을 원했던 진시황은 기원전 210년에 사망했고, 그의 사후 농민반란 등 사회혼란이 일어나 기원전 206년에 진나라가 멸망했다. 성벽으로 차단의 벽을 높이 치고도 통일국가를 이룩한 후 15년 만에 역사에서 사라졌으니 아이러니가 아닐 수 없다.

하지만 로마는 아피아 가도에서 서로마가 망할 때까지 800년 동안이나 유지되었다. 나아가 로마는 망했어도 로마가 만든 가도는 오늘날까지 과거 로마제국의 전역에 남아 있으니 지금도 계속되고 있다고 할 수 있다.

IO

벤치마킹에 뛰어난, 학습하는 사람들

로마 시민은 배우기를 좋아하고 실천하는 학습 능력이 뛰어나다. 부족한 점을 배우지만 맹목적으로 모방하지 않고 로마화하여 받아들이는 유연성이 있었다. 로마 공화정 초기 시찰단은 선진국인 그리스를 1년 동안 방문하여 보고 느끼고 배운 것을 로마에 맞게 변형하여 적용했다. 12표법의 제정이 대표적이다.

기원전 3세기 삼니움족과의 전투에서 로마는 초반에 고전했다. 타 민족과의 싸움을 통해서도 배울 점이 있으면 받아들이는 태도가 로마인의 특성이었던 만큼, 삼니움족이 사용한 투창의 효력에 주목하여 당장 그것을 도입했다. 전투 중에 있는 적이라도 배울 것은 배우고 실행에 옮기는 학습 능력은 놀라운 것이다.

로마인은 1차 포에니전쟁 때 해운 강대국인 카르타고와의 전쟁을 준비하면서 카르타고의 강점을 벤치마킹하여 배웠다. 당시에 카르타고는 5층 갤리선을 120척이나 소유하고 있었으나, 로마는 3층 갤리선밖에 없었다. 로마는 자력으로 배를 건조할 능력이 없는 만큼 카르타고를 모방하기로 했다. 마침 로마가 포획한 카르타고의 5층 갤리선이 있었다. 로마는 그 배를 분해하여 구조를 파악한 후 그대로 복제하여 5층 갤리선을 만들었다. 자신감을 얻은 로마는 5층 갤리선을 100척이나 만들었다. 누구에게든 필요하면 배우겠다는 열린 자세가 승리의 원동력이 되어 1차 포에니전쟁을 승리로 이끌 수 있었다.

또한 로마인은 속주국인 그리스의 선진 문화를 인정하고 배우려 노력했다. 그래서 노예를 자녀들의 스승으로 삼아 교육을 담당하게 했다. 그리스 출신 노예를 고용하여 그리스어를 가르치도록 한 것이다. 카이사르도 갈리아 출신 노예에게 배웠다.

당시 최고 학부는 그리스의 아테네와 이집트의 알렉산드리아에 있었다. 이곳에는 아카데미아(Academia)와 무세이온(Mouseion)이라는 세계적인 연구 기관이 있었다. 로마는 최고 학부나 연구원을 로마로 옮기려고 하지 않았다. 오히려 자녀들을 아테네와 알렉산드리아에 유학시켜 학문과 문화를 배워 오도록 했다. 강대국이 약소국을 찾아가 배운다는 것이 쉬운 일은 아니다. 특히 자녀 교육에 있어서는 더욱 그렇다.

아카데미아는 고대 그리스의 아테네에 철학자 플라톤이 세운 것으로 알려진 학교다. 기원전 387년경에 세워져서 서기 529년경까지 존속하면서 플라톤 학파의 교육장으로 활용되었다.

무세이온은 고대 이집트의 알렉산드리아 시에 세워진 학술원으로, 마케도니아의 알렉산드로스 대왕 휘하에서 장군으로 활동하다가 훗날 이집트에 프톨레마이오스 왕조를 개창한 프톨레마이오스 1세가 건립했다. 박물관을 뜻하는 영어 뮤지엄(museum)의 어원이다.

프톨레마이오스 1세는 알렉산드로스 대왕처럼 문화와 문명을 아는 인물이었다. 또한 알렉산드로스와 함께 철학자 아리스토텔레스에게서 학문을 배웠다. 프톨레마이오스 왕조의 역대 왕들은 사비를 털어 세계적인 학자들을 초빙했고, 수당은 물론 생활비까지 제공했다. 그런 만큼 무세이온 역시 강당과 도서관, 연구동, 동물 관찰을 위한 우리, 천문 설비 등과 함께 생활에 필요한 각종 편의 시설이 완비되어 있었다고 한다.

로마는 상대방의 강점을 인정하고 배우며 활용하는 지혜가 있었고, 이는 경제에서도 그대로 나타났다. 시칠리아 섬의 밀은 질이 좋고 생산성이 높았기에 이곳에서 수입하고, 로마가 잘하는 포도, 올리브 등의 작물을 재배하도록 했다. 시장경제를 실천한 것이다.

실패를 용인하는 문화도 학습 능력의 한 방법이다. 사람은 실패를 통해 생생한 교훈과 지혜를 얻을 수 있다. 실패는 거쳐야 할 과정이다. 로마는 실패하면 반드시 실패로부터 배웠다. 실패를 바탕으로 기존의 관념에 얽매이지 않고 새로운 방식으로 개량하여 다시 일어서는 모습을 보였다. 그래서 장수가 전쟁에 패하더라도 처벌하지 않고 다시 기회를 주어 실패를 극복할 수 있게 했다.

그리스인보다 지성적으로 열등하고, 체력적으로는 켈트족이나 게르만족보다 못하고, 기술적으로는 에트루리아인에게 밀리고, 경제력은 카르타고에 딸린다고 인정할 만큼 열등감의 화신이었던 로마가 최후의 승자가 되어 지중해의 주인이 되었다는 것은 어떤 의미일까? 시오노 나나미는 "부족한 지성을 벤치마킹으로 배웠고, 부족한 체력은 끊임없는 훈련으로 보완했고, 기술력은 기술자를 포용하여 보완했고, 경제력은 시장 원리를 받아들여 극복했다"고 설명한다.

로마인은 공자가 『논어』에서 말한 "학이시습지 불역열호(學而時習之 不亦說乎)", 즉 "배우고 제때 실행하면 또한 기쁘지 아니한가?"라는 학습 능력과 학습 조직을 가진 민족이다. 상대방의 강점을 인정하고 그것을 배워 자기 것으로 만드는 탁월한 벤치마킹 능력, 이것이야말로 세계 제국을 만든 로마의 힘이었다.

II

모든 것을 매뉴얼로 만들다

로마의 또 다른 힘은 어디에서 비롯되었을까? 바로 매뉴얼이었다. 매뉴얼이란 사용 설명서다. 원칙과 방향을 정하고 실행 절차와 사항을 기록한 것이다. 매뉴얼을 보고 움직이면 효율적으로 업무를 수행할 수 있다. 로마는 모든 것을 매뉴얼로 만들어서 '매뉴얼 공화국'이라고 할 정도였다.

대표적인 집단이 로마군이다. 로마군은 군인들이 할 일을 매뉴얼로 만들어 조직적으로 움직였다. 즉, 일찍이 지식경영을 실천한 것이다. 일본의 노나카 이쿠지로 교수는 『지식경영』에서 지식을 암묵지(暗黙知)와 형식지(形式知)로 나눈다. 암묵지는 학습과 체험을 통해 개인에게 습득되지만 겉으로 드러나지 않은 상태의 지식이다.

형식지는 암묵지가 외부로 표출되어 여러 사람이 공유할 수 있는 지식을 말한다. 지식경영이란 암묵지를 형식지로 전환하는 과정이다. 막사를 짓고 행군을 하는 등 군인들의 움직임을 매뉴얼로 만들어 공유함으로써 효율적인 관리가 가능했다.

시오노 나나미는 『로마인 이야기』 2권에서 "로마인은 매사를 교본처럼 체계화하기 좋아하는 민족"이라고 소개했다. 교본 만들기는 매뉴얼 작성을 뜻한다. 로마군은 모든 행동 지침을 교본으로 만들었는데, 이는 군대를 모집하는 방식과 관련이 있다. 시민군인 로마군은 지휘관부터 병사까지 해마다 바뀌었기 때문에, 누가 해도 같은 결과를 얻기 위해서는 자세한 부분까지 미리 결정해두지 않으면 안 되었다. 교본을 너무 잘 만들어서 공화정시대의 교본을 제정시대에도 바꿀 필요가 없을 정도였다고 한다.

교본의 내용은 어느 정도로 자세했을까? 하룻밤 지낼 숙영지를 만들 때도 교본을 따랐다. "해질녘이 가까워지면 숙영지를 찾는다. 숙영지는 가로 600미터, 세로 800미터로 한다. 숙영지를 양분하는 중앙로를 만들고 제물을 바치는 성화대와 연설대를 설치한다. 마구간은 숙영지의 외벽을 따라 세운다. 화장실을 설치한다. 천막 설치가 끝나면 청소를 한 후에 식사를 한다."

설거지와 불의 처리법도 규정에 따른다. "야간에 일몰부터 새벽까지의 시간을 4등분하여 4교대로 보초를 선다. 날이 밝은 후 아침 식사를 한다."

식사 후의 행동과 행군 속도도 교본에 따랐다. "식사 후 첫 번째 나팔이 울리면 천막을 걷거나 짐을 꾸린다. 두 번째 나팔이 울리면 그것을 짐마차에 싣는다. 세 번째 나팔이 울리기 시작하면 숙영지를 떠나 행군하기 시작한다."

하루의 행군 속도와 거리는 세 종류로 분류한다. "평상시의 행군은 5시간에 25킬로미터, 강행군 시 7시간에 30~35킬로미터, 가장 심하게 강행군할 시에는 밤낮을 가리지 않고 최대한의 거리를 행군한다."

로마군의 군율과 상벌도 상세히 정해져 있었다.

기원전에 이처럼 상세한 교본을 가지고 움직였으니 놀라운 일이 아닐 수 없다. 로마군이 무적 군대라는 명성을 얻고 세계를 제패한 데는 그럴 만한 이유가 있었다.

로마가도를 만들 때도 매뉴얼을 따라 건설했다. 차도와 인도의 너비, 바닥 구조, 배수로 설치 등이 상세히 규정되었다. 차도 너비 4미터, 인도 양쪽 3미터의 가도를 만드는 경우 바닥 기초공사 매뉴얼을 보자.

"지표면에서 1~1.5미터 깊이까지 파고 내려가 최하층 부분은 바닥을 평탄하게 고른 뒤, 최소한 30센티미터 높이로 자갈을 깐다. 제2층은 돌과 자갈과 점토를 섞어서 깔고, 제3층은 인위적으로 잘게 부순 돌멩이를 완만한 아치형이 되도록 채워 넣는다. 최상층은 접합면이 딱 들어맞도록 사방 70센티미터 정도로 자른 마름돌을 빈틈없이 깐다.”

가도를 건설한 후 관리하는 것도 전부 매뉴얼에 따랐다. 기원전 120년에 제정한 ‘셈프로니우스 도로법’은 바로 도로 관리에 관한 매뉴얼이다. 이 법에 따라 모든 로마가도에는 1로마마일마다 돌기둥이 세워지게 되었다.

가도뿐만 아니라 다리, 수도 등 인프라를 건설하는 경우에도 매뉴얼은 필수였다. 로마인들은 기록을 통해 표준화하고, 누구든지 매뉴얼을 따라 하면 가능하도록 설계해놓았다.

오늘날 미국의 항공모함을 움직이는 일반 병사들의 평균 나이는 20대 초반이라고 한다. 이렇게 젊은 병사들이 거대한 함대를 움직일 수 있는 것도 모든 과정이 매뉴얼화되어 있기 때문에 가능하다. 미국의 군대 조직 역시 로마의 매뉴얼 시스템을 실천하고 있음을 알 수 있다.

12

신의와 명예를 존중하는 로마인

로마인은 인간관계에서 신의를 중시했다. 신의는 '피호(보호자와 피보호자) 관계'라고 불리는 로마인의 특이한 사회제도인 파트로네스(patrones)와 클리엔테스(clientes)에 잘 나타나 있다. 파트로네스는 보호자를 뜻하고, 클리엔테스는 파트로네스의 도움을 받는 사람으로 피보호자를 의미한다. 클리엔테스는 고객을 뜻하는 영어 클라이언트(client)의 어원이 되는 단어다.

이 피호 관계는 로마 건국 당시부터 존재했다. 로마의 초대 왕인 로물루스가 즉위할 때 100명의 가부장을 소집하여 원로원을 창설했다. 이 100명의 원로원 의원이 파트로네스가 되고 귀족의 주류를 이룬다. 평민들은 클리엔테스가 되어 귀족과 직접적인 관계를 맺고 서로 상부상조하는 형태를 유지했다.

파트로네스인 귀족은 다수의 클리엔테스와 관계를 지속하면서 그들의 경제문제, 가정 문제 등에 조언하고 도움을 주었다. 반대로 파트로네스가 재정적인 어려움에 빠지면 클리엔테스들이 공동으로 귀족을 지원했다. 또 파트로네스가 공직에 입후보하면 클리엔테스들은 모두 선거에 참여하여 정치적인 영향력을 발휘할 수 있도록 도와주었다. 물론 이 관계는 강자와 약자의 관계라든가 법적인 관계라기보다는, 오히려 윤리적이고 관습적인 관계라고 할 수 있다.

이런 관계에서 가장 중시된 것이 신의였고, 가장 악덕시된 것은 배신이었다. 신의를 중시하는 태도 때문에 재판에서 서로를 증인으로 채택하는 일을 삼갔다. 신의를 중시하는 관계를 고려할 때, 증인으로서 위증하여 벌을 받는 일을 예방하기 위해서다. 파트로네스와 클리엔테스 관계는 당대에 끝나지 않고 세습되었다. 이 관계가 얼마나 돈독했는지, 시오노 나나미는 『로마인 이야기』 1권에서 사례를 소개한다.

"루비콘 강을 건넌 카이사르와 폼페이우스의 대결이 막판에 이르렀을 무렵의 일이다. 카이사르가 가장 신뢰하고 있던 보좌관인 라비에누스가 폼페이우스 편에 붙기 위해 카이사르 곁을 떠났다. 폼페이우스 쪽은 이 소식에 기뻐 날뛰었지만, 라비에누스는 정치적 신조 때문에 카이사르를 버리고 폼페이우스를 택한 것이 아니었다. 라비에누스는 피체도 출신의 평민이었고, 폼페이우스는 그 지방 일대를 소유하고 있는 귀족이었다. 다시 말해서, 라비에누스는 조상 대대로 폼페이우스 가문의 클리엔테스였기 때문에 어쩔 수 없이 폼페이우스 쪽으로 간 것이다."

또한 적과의 약속도 지켜야 한다는 것이 로마인들의 생각이었다. 기원전 255년 1차 포에니전쟁 때 집정관 레굴루스는 포로가 되었다. 카르타고에서는 레굴루스를 강화 사절단으로 로마에 보내어 "시칠리아를 완전히 포기하라"는 강화 조건을 수락받게 하는 임무를 부여했다.

로마에 카르타고의 감시단과 함께 돌아온 레굴루스는 로마 원로원에서 카르타고의 기대와는 정반대로 "강화를 절대 맺어서는 안 된다"고 주장했다. 그리고 카르타고로 다시 돌아가 처참하게 처형되었다. 그가 죽을 줄 알면서도 적지로 다시 돌아간 이유는 신의와 명예를 중시하는 로마인의 가치관 때문이다. 그렇기에 레굴루스는 신의를 목숨보다 소중히 여기는 로마인으로 기억되고 있다.

신의를 중시하는 가치관은 자연스럽게 명예 존중으로 연결된다. 명예란 로마인임을 자랑스럽게 여기는 자긍심이다. 명예와 자긍심은 동전의 앞뒷면처럼 함께하며, 신의와 명예와 자긍심이 어우러져 조국애로 발전한다. 명예는 또한 용기로 나타난다. 앞의 레굴루스의 사례처럼, 죽을 줄 알면서도 적지로 다시 돌아가는 것은 놀라운 용기가 아닐 수 없다. 전쟁터에서의 용기는 공동체를 위한 헌신으로 이어졌다. 로마인들은 전쟁의 승패는 다른 사람이 아니라 바로 자신의 용맹함에 따라 결정된다는 주도적인 생각을 가졌다. 자신의 행동이 곧 로마 전체의 행동이라는 공동체 의식이 로마를 성장하는 국가로 만든 원동력이 된 것이다.

로마에서는 전쟁에서 패한 장수를 처벌하지 않았다. 왜 그랬을까? 이는 명예를 존중하는 전통과 관련이 있다. 전쟁에서 패한 것은 곧 자신의 잘못이고 책임이라고 생각했기 때문에, 장수는 전쟁에서 패하는 순간 명예가 이미 땅에 떨어진 셈이다. 그러니 두 번 처벌할 이유가 없다. 대신에 명예를 회복할 기회를 한 번 더 주었다. 실패하면 반드시 실패로부터 배우려 했던 로마인이었던 만큼, 기회가 주어지면 감사하게 생각하면서 명예 회복을 위해 목숨을 걸고 싸웠다.

하지만 카르타고나 다른 나라는 달랐다. 전투에 실패한 장군은 본국에 소환되어 사형에 처해졌다. 1차 포에니전쟁에서도 패전 장군은 사형을 당했다. 이는 로마와의 차이점이었다. 로마는 실패를 용인하는 문화였고, 카르타고는 실패를 부인하는 문화였다. 군대는 사기를 먹고 자란다. 전쟁에 패하면 사형하는 군대와 실패하더라도 만회할 기회를 주는 군대의 동기 부여 수준은 다르지 않을까?

13

법 앞에 평등한 로마법 정신

"법은 멀고 주먹은 가깝다."

사회생활에서 자주 듣는 말이다. 이는 법을 전제로 하는 것이기도 하다. TV 사극을 보면 죄를 문초할 때 "네가 네 죄를 알렸다!"라며 고문한다. 죄를 짓지 않았어도 고문을 견디지 못해 대부분 없는 죄도 있다고 자백할 수밖에 없다.

고대 사회에서 법을 만든다는 것은 사회질서를 유지하고 약자를 보호하기 위한 최소한의 기준을 정하는 일이었다. "그리스는 철학과 예술, 로마는 법"이라고 할 정도로 로마는 법을 만들고 법치주의를 실천한 좋은 모델이다. 로마의 법은 어떤 과정을 거쳐 형성되고 발전되었을까?

로마 최초의 성문법은 기원전 449년에 제정된 '12표법'이다. 필립 마티작은『로마 공화정』에서 "기원전 5세기 중반에 로마의 법을 누구나 볼 수 있도록 성문화하기로 귀족 계급과 평민 계급이 합의했다"며 법이 제정되기까지의 과정과 내용을 소개한다. 법이 불문율로 되어 있으면 법을 말로 전하는 역할을 독점하고 있는 귀족 계급이 유리하다. 평민들의 힘이 강화되면서 평민들은 성문법의 제정을 요구했다. 법을 글로 표현하면 누구나 읽고 알 수 있기 때문이다. 이렇듯 평민의 권리가 신장되는 것은 흔히 법의 성문화를 요구하는 데서 시작된다.

당시 로마의 지도층은 법치국가 선진국인 아테네에 시찰단을 1년간 파견하여 시찰하도록 했다. 시찰단의 보고를 토대로 '10인 위원회'를 구성하여 12표법이 제정되었고, 이 법을 동판에 새겨 포로 로마노 광장 한쪽에 발표했다. 이 법은 모두 12조였기 때문에 12표법이라고 불렀는데, 돈과 재산권, 가족과 상속, 공중의 행동 등에 관한 내용을 담고 있다.

이 법이 발표되었을 때 평민들의 반응은 부정적이었다. 귀족과 평민과의 결혼을 금지하는 규정 등이 포함되어 있어서 기대에 미치지 못했기 때문이다. 그러나 로마인은 법을 개정할 때 현행법을 고치는 방법을 택하지 않고, 법조문을 새로 제정하는 방법을 택했다. 신법은 구법에 우선하므로 신법에 어긋나는 구법은 자동적으로 효력을 상실했다. 예를 들면 12표법이 발표된 지 4년 후에 귀족과 평민의 결혼을 인정하는 법률이 제정되었다. 이후 로마는 필요할 때마다 새로운 법을 만들었다.

사회가 발전하면서 로마는 필요한 법을 제정해나갔다. 대표적인 사례가 앞에서 설명한 기원전 367년에 제정된 리키니우스 법이다. 이 법을 통해 평민도 공화국 정부의 모든 요직에 진출할 기회가 주어졌다. 귀족과 평민 사이에 갈등이 생기면 갈등을 해소하고 구성원의 힘을 결집시키기 위해 법 제정은 필수적이었다. 사회가 발전하면서 법은 계속해서 변화의 과정을 겪게 된다. 법을 통해 귀족과 평민에게는 로마 시민이라는 공동체 의식이 생겼고, 이를 기반으로 도시국가를 벗어나 이탈리아반도를 통일하고 지중해 세계로 나가는 발판을 마련했다. 귀족과 평민이 혼연일체가 되었기에 포에니전쟁에서 승리하여 지중해의 패권 국가로 떠오를 수 있었다.

로마가 지중해의 강자로 등장하자 이해관계가 다른 주변 동맹시와의 갈등이 생겼다. 로마 시민권의 가치가 높아지면서 대다수의 동맹시 사람들이 로마 시민권을 원하게 된 것이다. 그 결과 동맹시와 로마 사이에 시민권을 둘러싼 사건이 발생했는데, 바로 기원전 91년에 터진 동맹시전쟁이다. 전쟁의 의미를 수용하여 로마는 기원전 90년 법을 제정하여 이탈리아반도의 동맹시에 시민권을 부여했다. 이를 통해 이탈리아반도는 로마 시민과 동등한 권리를 취득하여 명실공히 통일국가가 되었다. 이탈리아반도의 모든 자유인에게 시민권을 부여함으로써 시민법과 만민법이 융합되었다. 시민법은 민족 내의 시민 상호간의 관계를 규율하는 법이고, 만민법은 민족과 민족 사이의 관계에 대한 법이기 때문이다.

프리츠 하이켈하임은 『로마사』에서 시민법과 만민법의 관계를 설명하고 있다. 로마법이라는 것은 로마 건국 초기에 로마 시민에게 적용되었던 시민법과 로마가 지배했던 이민족에 적용되었던 만민법을 통틀어 이르는 말이다. 성문화된 법은 국가에 대한 신뢰를 높여 로마 시민이 미래를 향해 나아가도록 함으로써 세계 국가로 발돋움하는 계기가 되었다. 로마가 제국을 건설했더라도 법이 뒷받침하지 않으면 어떻게 되었을까? 속주를 관리할 때 로마법이 공통항이 되어 소통할 수 있었기에 로마가 오랫동안 제국을 유지할 수 있었다.

로마가 기원전에 법을 제정하고, 법의 이름은 제안자의 이름을 따서 붙이고, 변호사가 있어서 법정에서 변론을 담당했다는 사실은 상상할 수 없을 만큼 놀라운 일이다. 법이 지배하는 사회, 법을 존중하는 사회였기에 로마는 세계를 지배하고 문화가 다른 나라에도 전파될 수 있었다.

로마가 공화정을 거쳐 제정으로 전환한 뒤 로마법은 더욱 발전하여 세계법이 되었다. 3세기 무렵까지 로마에는 위대한 법학자가 많이 탄생하여 법학이 눈부신 발전을 이루었다. 서로마가 멸망한 뒤에도 동로마제국 테오도시우스 2세, 유스티니아누스 1세에 의해 로마법대전의 편찬이 이루어졌다. 그 후 로마법은 중세 유럽으로 계승되어 각국에 영향을 미쳤고, 근대 시민법의 형성에도 결정적인 영향을 미쳤다. 로마가 멸망한 후에도 로마법이 계속해서 영향을 미치고 있는 셈이다. 법학자인 예링은 "중세는 로마법의 계승에 의해 법을 통일했다"며 로마법이 후세에 미친 영향력을 평가했다.

로마법 역시 로마인의 개방성의 산물이다. 법이 없으면 민족과 문화가 다른 사람들이 공통의 잣대를 마련할 수 없었을 것이다. 로마인은 감정에만 치우치지 않고 법을 통해 문제를 해결하는 시민의식이 체화될 수 있었다. 로마의 법체계는 민족과 국가를 뛰어넘어 공통의 언어로서 다양성을 조화시키는 역할을 해왔다. 몸젠은 『몸젠의 로마사』에서 로마 공동체를 이렇게 설명한다.

"로마 시민은 자유를 누리는 한 법에 복종할 줄 알았으며, 모든 미신을 단호히 거부했다. 법 앞에서, 그리고 그들 상호간에 무조건 평등이 보장되었으며, 외국에 대해서도 관대하고 개방적이었다. 이런 국가 체계는 만들어지거나 차용된 것이 아니라 로마 시민 가운데 그들과 함께 성장한 것이었다."

14
노블레스 오블리주, 성장의 원동력이 되다

노블레스 오블리주는 높은 사회적 신분에 상응하는 도덕적 의무를 뜻하는 말이다. 로마의 성공 요인을 논의할 때 빠짐없이 등장하는 말이고, 리더십을 설명할 때도 반드시 등장하는 말이다.

사회적 신분이 높은 사람들에게는 높은 도덕성과 함께 남다른 의무가 지워졌다. 지도자는 평민과는 달리, 특권을 양보하고 자신을 희생하고, 솔선수범하면서 사회에 부를 환원할 때 존경받을 수 있었다. 지금까지 앞에서 소개한 많은 사례들이 노블레스 오블리주의 좋은 모델이라고 할 수 있다.

기원전 509년 로마 공화정이 출범할 때 브루투스는 노블레스 오블리주의 모범이 되었다. 공화정을 반대하는 젊은 사람들이 반기를 들고 추방된 왕을 복위시키려는 음모를 꾸몄다. 그러자 음모에 가담한 두 아들을 냉정하게 신문한 후 사형을 집행하도록 명령했다. 최고 권력자가 아들을 법대로 처리하는 모습을 보고 로마 시민들은 법 앞에 평등한 공화정 건설에 믿음과 확신을 갖게 되었다.

또한 브루투스는 해외로 추방된 왕이 군대를 몰고 쳐들어오자 전선으로 달려가 맨 앞에서 싸우다 장렬하게 전사하여 승리를 이끌어냈다. 이후 최고 권력자인 집정관은 전쟁터에서 항상 앞장서서 목숨을 걸고 싸웠다. 공화정 500년 동안 전쟁터에서 전사하는 집정관은 수없이 많았고, 노블레스 오블리주의 리더십 전통이 수립되는 계기가 되었다.

2차 포에니전쟁 중 한니발과 싸운 17년 동안 최전선에 나가 싸운 집정관 25명 중 전사자 수만 해도 8명에 달한다. 로마 건국 이후 500년 동안 원로원에서 귀족이 차지하는 비중은 15분의 1로 급격히 줄어들었는데, 전쟁이 계속되면서 수많은 귀족들이 희생되었기 때문이다. 리더의 솔선수범과 희생에 힘입어 로마는 고대 세계의 맹주로 자리매김할 수 있었다.

지도자가 특권을 양보하는 것도 노블레스 오블리주의 중요한 덕목이다. 귀족과 평민은 대립과 갈등을 겪은 후에 서로 타협하여 새로운 법을 탄생시키곤 했다. 기원전 367년에 제정된 리키니우스 법은 모든 공직을 평민층에 개방했다. 기원전 287년의 호르텐시우스 법은 평민회에서 의결된 사항은 그대로 국법으로 삼는다고 결정하여 귀족과 평민 간의 갈등을 해소하는 데 기여했다.

로마가 가진 또 하나의 전통은 유력자가 공공건물을 자비로 건축하여 헌납함으로써 부의 사회 환원을 실천한 점이다. 전쟁터에서 강적을 물리치고 개선장군이 될 정도의 인물은 공공건물을 지어서 국가에 기증하는 것을 당연하게 생각했다. 로마의 공공건물들 가운데는 이렇게 지어진 것들이 많았다.

예를 들면 포로 로마노 북서쪽에 있는 아이밀리우스 회당은 기원전 179년에 마케도니아 왕 페르세우스를 물리친 아이밀리우스 파울루스가 기증한 것이다. 그 맞은편에 있는 셈프로니우스 회당은 기원전 170년 그라쿠스 형제의 아버지인 셈프로니우스 그라쿠스가 기증했다. 기원전 80년 독재자 술라도 공문서 보관소인 타불라리움을 카피톨리노 언덕에 건설했다. 이처럼 유력자가 공공건물을 기증하는 전통은 공화정시대와 제정시대까지 이어졌다. 노블레스 오블리주야말로 로마 사회를 하나로 통일한 이데올로기라고 할 수 있다.

로마 최초의 간선도로인 아피아 가도는 기원전 312년 아피우스가 사유재산을 들여 건설한 도로다. 공화정의 노블레스 오블리주 전통은 카이사르와 아우구스투스와 후임 황제와 유력자에게도 전승되어 로마 지도자의 훌륭한 덕목이 되었다. 아우구스투스는 재산의 사회 환원을 국가 정책으로 만들어 스스로 솔선수범했고 유력자들에게도 동참할 것을 권유했다. 고대 로마의 역사가 수에토니우스에 따르면 아우구스투스는 "내가 물려받은 로마는 벽돌로 되어 있었지만, 내가 남기는 로마는 대리석으로 되어 있을 것이다"라고 공언했고, 실제로 사재를 털어 공공건물을 지어 희사하는 데 앞장섰다. 콜로세움 원형경기장의 정식 명칭은 플라비우스 경기장으로, 플라비우스 베스파시아누스 황제가 세운 것이다. 이렇게 자신의 사재를 내놓아 공공건물을 건설하여 희사한 리더들에게 돌아가는 혜택은 무엇이었을까? 건물의 명칭에 가문의 이름을 새기거나 송덕비에 이름을 남기는 게 전부였다.

지도층에서 노블레스 오블리주 정신을 통해 솔선수범하고 시민들에게 신뢰를 심어주었기에 로마 시민들은 전쟁터에서 목숨을 걸고 싸울 수 있었다. 노블레스 오블리주야말로 로마 성장의 원동력이 되었다.

15

군복무는 의무가 아니라 권리

로마는 전쟁을 통해 성장했다. 로마군은 반드시 이긴다는 신념은 로마군의 강점이었고, 정신력과 전투 수행 능력이 탁월했다. 물론 로마군도 실패할 때가 있었지만, 이길 확률이 높았다. 그래서 "로마는 전투에서 지는 경우는 있어도 전쟁에서는 지지 않는다"는 말도 생겼다.

로마군의 정신력이 남다른 이유가 무엇일까? 로마군에게는 로마인의 공동체 정신이 밑바탕에 깔려 있었다. 로마인들은 건국 초기부터 타 민족의 침입과 척박한 환경과 싸우며 공동체 의식을 키워왔다. 국가는 레스 푸블리카(res publica), 즉 공공의 것이라는 공공정신이 투철했다. 국가는 모두의 공공재라는 인식이 강해 개인이나 특정 집단의 이익보다 공익을 우선시하는 시민정신이 축적된 것이다.

이런 공동체 정신은 자발적인 것이었다. 로마 시민들의 자발성은 권리뿐 아니라 의무를 수행하는 데도 남달랐다. 로마 시민의 의무는 크게 병역과 납세였다. 로마군은 상비군 제도가 없기 때문에 현역은 17세에서 40세까지, 예비역은 40세 이후 60세까지 군무에 종사했다. 이들은 "로마는 나 자신에 의해 지켜진다"는 자부심을 가지고 병역 의무를 권리처럼 받아들였다.

왕정 초기의 로마의 군대는 주로 귀족들로 구성되었다. 그러나 왕정 말기 세르비우스의 군제 개혁 이후 시민들을 징병하여 군대를 보충함으로써 귀족 군대에서 시민 군대로 변신했다. 이들은 시민군이기 때문에 군대를 생계 수단으로 삼는 직업 군인인 상비군은 아니었다. 평상시에는 생업에 종사하다가 전쟁이 일어나면 모집 명령을 듣고 전쟁의 신을 모시는 마르스 광장에 모여 가족과 조국을 위해 목숨 바쳐 싸울 것을 맹세했다.

로마는 그 짧은 시간에 어떻게 제국을 건설할 수 있었을까? 전쟁터에서 총사령관인 집정관에게 주어진 절대 지휘권이 큰 역할을 했다. 원로원은 전쟁터로 떠나는 총사령관에게 언제나 전권을 부여하도록 결의했는데, 마키아벨리는 『로마사 논고』에서 절대 지휘권이 가지는 강점을 다음과 같이 설명했다.

"전쟁터에서 로마의 지휘관이 원로원의 지시와 결정에 따라 행동해야 했다면, 지휘관은 전력을 다하지 않았을 것이다. 빛나는 전과도, 승리의 영광도, 오로지 개인의 영예가 아니라 조언을 통해 그를 지도한 원로원과 나눠야 하기 때문이다. 게다가 원로원은 자신들이 잘 알지도 못하는 문제까지 지시해야 한다는 위험 부담을 졌을 것이다. 물론 원로원 의원들도 전쟁 경험은 풍부하지만 그들은 현장에 있지 않고, 따라서 세부 사항이나 살아 있는 정보를 알지 못한 채 조언해야 한다. 이러한 이유로 로마는 지휘관이 스스로 알아서 행동하고 모든 영광을 차지하도록 했다. 이것이 지휘관으로 하여금 최선을 다하게 만드는 처방이라고 판단한 것이다."

지휘관에는 최고 사령관인 집정관뿐만 아니라 장교, 백인대장도 포함된다. 장교와 백인대장은 어떻게 구성되는가? 장교는 천인대장으로 불리었고, 집정관을 보좌하면서 병사를 직접 관리하는 간부들이기 때문에 6명 가운데 4명은 민회를 통해 선출되었고, 2명은 사령관이 뽑았다. 이들은 능력과 연공을 고려하여 각 군단에 골고루 배치된다. 소대장격인 백인대장은 소대원들의 투표로 뽑혔다. 장교는 명문가 자제나 유명한 장수가 선출되는 반면에, 백인대장은 경험이 풍부하고 전술을 구사할 수 있는 베테랑이 선출되었다. 백인대장은 병사들이 신뢰하여 뽑은 사람들인지라 부하들과 소통이 잘되었다.

또한 로마군은 훈련을 중요시했다. 전쟁은 용기만으로 되는 것이 아니다. 훈련을 통해 몸에 배어야 실전에서 역량을 발휘할 수 있다. 장군들은 직접 훈련장에 나가 시범을 보임으로써 훈련의 중요성을 실천했다. 신병은 아침저녁으로 훈련을 받았다. 고참병들도 숙달한 내용을 매일 반복해서 훈련하고 또 훈련했다. 고대 역사가 요세푸스는 『유대 전쟁사』에서 로마군에 대해 이렇게 평가했다.

"군사 훈련의 격렬함은 실전과 전혀 다르지 않았다. 실제로 전투를 할 때와 똑같은 기백으로 혹독한 훈련을 거듭한다. 그 때문에 실제 전쟁터에서도 평정을 잃지 않고, 지쳐서 비명을 지르는 일도 없고, 전투 대형을 무너뜨리는 일도 없다. 그래서 언제나 승리를 얻는다. 그들에게 군사 훈련은 피 흘리지 않는 실전이고, 실전은 피 흘리는 훈련이라고 해도 과언이 아닐 것이다."

로마군의 또 다른 특징은 엄격한 규율이다. 군대는 명령에 죽고 명령에 사는 조직이다. 로마인은 "군인이 지켜야 할 규율을 어기는 것은 전쟁에서 패배한 것과 마찬가지다"라고 생각했다. 게다가 병사들 간의 팀워크를 중시했다. 전투장에서 열심히 싸우지 않거나 너무 일찍 등을 보이면 개인이 아니라 집단 전체의 죄로 여기고 군단이나 부대 전체에 벌을 내렸다.

또 명령 불복종자는 가혹한 처벌을 받았다. 총사령관에게 반기를 드는 경우 받는 벌이 가장 혹독했다. 총사령관은 사형 선고권을 가지고 있었고, 백인대장은 체형 등의 징벌을 내릴 수 있는 권한이 있었다. 그래서 로마군 사이에서도 "적군보다 상관이 더 두렵다"는 말이 퍼졌다. 군대에서 잘하면 상을 주고 죄를 범하면 벌로 다스려 신상필벌을 엄격히 적용했다.

　로마군은 조국애와 명예심을 정복욕이나 재산욕보다 중요하게 여기는 전통이 수립되었다. 반면에 카르타고 군대는 어떠했을까? 이들은 돈을 받고 싸우는 용병인 까닭에 마음가짐이 달랐다. 애국심보다는 돈과 두려움 때문에 싸웠다. 2차 포에니전쟁 때 로마군과 카르타고군의 차이가 바로 여기에 있었다. 용병인 카르타고군에게는 돈과 보상이 중요했다. 하지만 로마군은 군복무를 의무가 아니라 권리라고 생각하면서 조국과 가족에 대한 사랑을 앞세웠다. 자긍심과 명예와 주인 의식이 충만한 군대였던 것이다.

16

그라쿠스 형제, 죽어서 영웅이 되다
(기원전 134~122)

로마가 지중해의 주인이 되자 전쟁할 필요가 사라졌고, 귀족과 평민의 노골적인 싸움이 시작되었다. 개혁의 불씨를 지핀 인물은 그라쿠스 형제다. 즉, 명문 귀족 출신으로 기원전 2세기 로마 공화정에서 활동한 형 티베리우스 그라쿠스와 동생 가이우스 그라쿠스였다.

아버지는 개선식을 두 번 올렸고 집정관을 지냈으며, 어머니는 2차 포에니전쟁의 영웅인 스키피오 장군의 딸이다. 이들 형제는 아버지가 죽은 후에도 어머니 밑에서 훌륭한 교육을 받으며 자랐다. 어머니 코르넬리아는 남편이 죽은 후 자녀 교육을 위해 이집트 왕의 청혼마저 거절했다. 그녀는 '현숙한 어머니의 대표'로 칭송받으며 로마 사회에서 존경받았다. 명문가 출신인 이들이 어떻게 평민을 위해 개혁의 선봉에 서는 인물이 되었을까? 플루타르코스는 『영웅전』에서 형제의 변화 과정을 구체적으로 설명한다.

티베리우스 그라쿠스는 최상의 교육을 받고 고귀한 성품을 지닌 사려 깊은 인물이었다. 기원전 137년 티베리우스 그라쿠스는 에스파냐에서 호스틸리우스 만키누스 밑에서 회계감사관으로 일했다. 만키누스의 군대는 막강한 켈트이베리아족을 맞이해 거듭 패배하면서 고전을 면치 못하다가 졸지에 전군이 통째로 생포될 위기에 처했다.

만키누스는 사절단을 보내 평화협정을 시도했지만 이들은 로마를 신뢰할 수 없다며 협정에 응할 기미를 보이지 않았다. 그러다가 로마 진영에 셈프로니우스 그라쿠스의 아들 티베리우스가 있다는 소식을 듣고 그와 단독 협상을 요구하여 협상이 진행되었다. 티베리우스의 아버지가 과거에 누민티아와 휴전을 맺어 조건을 잘 지켜 신뢰가 쌓여 있었던 덕택이다. 티베리우스는 평화협정을 체결하는 데 성공했다.

하지만 로마로 돌아왔을 때 로마인들의 반응은 냉담했다. 평소 큰 승리에 익숙했던 로마인들은 아군을 적진에서 구한 업적은 공적으로 인정하지도 않았다. 원로원은 티베리우스가 체결한 조약문을 재가하지 않고 부결시켜버렸다. 그의 친척인 스키피오 아이밀리아누스가 주축이 된 로마 귀족들은 이번 기회에 켈트이베리아 문제를 완전히 해결할 것을 주장했다. 스키피오는 군대를 이끌고 에스파냐로 쳐들어가 켈트이베리아를 함락시켰다.

이 사건은 티베리우스에게 큰 상처를 남겼다. 에스파냐의 전쟁에서 패하여 개인의 명예에 금이 갔을 뿐만 아니라 자신의 명예를 걸고 맺었던 평화협정이 귀족들에 의해 무참하게 유린당한 것이다. 이 일을 계기로 귀족 출신인 티베리우스는 로마 공화정의 실상을 느끼고 개혁의 필요성을 절감하게 되었다.

티베리우스는 원로원이 주도하는 공화정 체제에 의문을 품고, 기원전 134년에 호민관에 출마하여 당선되었다. 그는 공화정의 문제점을 깨닫고 개혁의 선봉에 섰다. 농지 개혁은 개혁의 핵심 주제였다. 한니발과의 전쟁 이후 로마의 자작농들은 오랫동안 군대에 차출되어 농지가 줄어들었다. 자작농들은 토지를 제대로 경작할 수 없어 농경지는 황폐화되었다. 또 시칠리아, 이집트 등에서 밀이 싼값에 공급되는 바람에 타격을 입었다. 이런 상황에서 귀족들의 횡포는 더욱 심해졌다. 주인 잃은 땅을 자기 것으로 착취하고, 욕심나는 땅이 있으면 수단과 방법을 가리지 않고 강탈했다. 더욱이 전쟁 포로나 노예를 활용하여 라티푼디움(latifundium)이라는 대규모 농장을 운영하여 빈부 격차가 걷잡을 수 없이 커졌다. 이는 농업의 위기를 가져왔고 로마군의 원동력인 자작농의 붕괴를 재촉했다.

로마 공화정이 후기로 접어들면서 부익부 빈익빈 현상이 커지는 총체적인 위기를 맞자 티베리우스 그라쿠스는 기원전 134년 호민관에 출마하여 당선되어 농지 개혁 법안을 제출했다. 로마 시민이 점유하여 임차할 수 있는 국유지의 상한선은 500유게라(125헥타르)로 한정했다. 그 이상 점유할 경우에는 국가에서 몰수하여 빈민에게 분배하는 법안을 평민회에 제출하여 통과시켰다. 젊은 호민관인 티베리우스는 시민들에게 감동적인 연설을 했다. 플루타르코스가 『영웅전』에서 소개한 내용을 살펴보자.

"숲의 들짐승도 머리를 둘 보금자리가 있습니다. 조국을 위해 목숨을 바쳐 싸운 로마 시민에게는 공기와 햇빛밖에 없습니다. …… 로마 시민은 세계의 지배자로 불리고 있습니다. 하지만 로마 시민들은 자기 것이라고는 땅 한 조각도 없습니다."

농지 개혁 법안은 민회에서 압도적인 다수로 통과되었다. 티베리우스는 재원 마련을 위해 원로원에 도전적인 발언도 서슴지 않았다. 티베리우스에 우호적이었던 의원들도 반대파로 돌아섰고, 원로원파와 민중파가 확연히 갈라졌다. 기원전 133년, 티베리우스는 개혁을 완수하기 위해 호민관에 재선되어야겠다고 생각했다. 티베리우스에 대한 민중들의 평판은 더욱 높아졌다. 반면에 원로원 의원들 중 강경파 의원들은 티베리우스에 대한 반감이 끓어오르기 시작했다.

호민관 선거 당일, 이들은 티베리우스와 지지자 300명을 살해한 후 "시체를 거두게 해달라"는 유족들의 간청을 뿌리진 채 시신을 테베레 강에 던져버렸다. 로마 역사에서 반대파를 죽이는 숙청의 불행한 서막이 오른 것이다.

형이 살해된 10년 후에 동생 가이우스 그라쿠스가 호민관에 당선되어 개혁의 불씨를 이어갔다. 그러나 동생 역시 개혁의 목소리를 높이다가 숲속에서 시체로 발견됨으로써 개혁은 중단될 수밖에 없었다.

그라쿠스 형제는 살아 있을 때보다 죽어서 영웅이 되었고, 로마 천년 역사에서 개혁의 상징으로 떠올랐다. 정적들에 의해 죽임을 당하지 않았다면 어떻게 되었을까? 시민들 사이에서 곧 잊혔을지도 모른다. 그러나 금수저를 물고 명문가에서 태어난 그들이 평민들의 삶을 개선하기 위해 목숨을 걸고 비극적인 죽음을 맞이했기에 육신은 죽었지만 개혁 정신은 살아남았다. 공공장소에 그들의 조각상이 세워지고, 그들의 스토리가 있는 곳과 죽은 장소는 성지가 되었다. 아무리 거만한 귀족일지라도 자신의 견해와는 달리 이들 형제를 말할 때는 존경과 경의를 표현하는 것이 기본 예의가 되었다.

17
원로원파와 민중파의 살생부 대결
(기원전 107~78)

그라쿠스 형제의 개혁 실패로, 로마 역사는 공화정 말기의 진영 싸움과 내란의 수렁으로 깊이 빠져들었다. 원로원을 중심으로 하는 귀족파와 호민관을 중심으로 한 민중파가 조직화된 양상으로 싸움이 전개되었다. 그라쿠스 형제의 죽음으로 물거품이 되었던 개혁의 바통은 민중파의 기수 마리우스에게 넘어갔다.

마리우스는 이탈리아 중부 아르피눔의 부유한 기사 계급 가문에서 태어나 군인으로 성공하여 로마의 정치 지도자로 등장했다. 기원전 107년 집정관에 당선된 이후 총 7번이나 집정관을 역임했다. 당시에는 한번 집정관을 지내면 10년이 경과해야 다시 집정관에 출마할 자격이 주어졌는데, 국가 비상사태의 경우에는 예외였다.

마리우스가 그만큼 출중한 인물이었던 것이다.

마리우스는 군사적 능력을 발휘하여 북아프리카에서 뛰어난 전공을 세웠다. 나아가 이탈리아 북부의 켈트족을 상대로 싸운 전쟁에서 승리를 거둠으로써 명성을 얻었다. 이 같은 성취 덕분에 마리우스는 귀족이 아닌 신인이면서도 집정관에 당선될 수 있었다. 그는 율리우스 카이사르 명문 가문과 혼인하여 귀족과의 유대 관계도 강화해나갔다. 마리우스의 부인이 훗날 등장하는 카이사르의 고모다.

마리우스는 군사 제도를 개혁했다. 로마군의 모집 방법을 징집제뿐만 아니라 지원제를 도입하여 보완했다. 과거에는 재산이 있는 시민만이 군인이 될 수 있었다. 재산이 없는 무산계급은 아예 군인이 될 수 없었다. 마리우스는 무산계급도 군인이 되는 길을 열어놓았던 것이다. 마리우스가 원로원 의원들에게 군사 제도의 필요성을 역설한 내용을 콜린 매컬로의 『로마의 일인자』에서 살펴보자.

"이제 이탈리아에는 최하층민이 바닥났다는 소문이 들립니다. 전부 노예로 전락했기 때문이죠. 원로원 의원 여러분, 이탈리아의 최하층민에게는 농지에서 노예로 일하는 것보다 더 나은 임무가 있습니다. 이제 우리는 전통적인 형태의 군대를 조직할 수 없습니다. 군에 복무할 만큼 재산을 가진 남자들은 너무 늙었거나 너무 어리고, 적당한 나이의 남자들은 다 죽었기 때문입니다! 이제 군에 복무할 수 있는 것은 최하층민뿐입니다."

마리우스는 군사 재원의 충원이 어려운 때 군사 제도를 개혁함으로써 군사 자원을 안정적으로 공급할 수 있었다. 특히 용병의 고용 관계를 국가가 아닌 장군과 맺게 함으로써 장군들은 경쟁적으로 우수한 병사를 모집하기 위해 노력하게 되었다. 이제 로마의 병역은 시민의 의무에서 직업으로 바뀌었다. 장군과 군사가 피호 관계가 되어 장군은 파트로네스가 되고 병사는 클리엔테스의 관계가 된 것이다.

동시에 군사 제도 개혁의 문제점도 나타났다. 프리츠 하이켈하임은 불안 요인을 다음과 같이 지적하고 있다. "지휘관직의 가치가 높아졌고, 좀 더 높은 지위를 얻기 위해 해외에서 군사적 분쟁을 일으키려는 유혹도 커졌다. 더 불길한 것은 실전 경험이 많고 개인적으로 충직한 군대의 뒷받침을 받는 전쟁에서 승리한 군사령관은 헌법의 테두리 안에서 정상적인 방법이 통하지 않으면 내전을 일으켜서라도 정적들을 누르고 일어설 만한 힘 있는 자리에 서게 되었다는 점이다."

이런 마리우스에게 반기를 들고 대항한 사람이 술라다. 그는 코르넬리우스 가문에 속하는 귀족 집안에서 태어났지만, 가세가 기울어 가난했다. 하지만 쾌활한 성격에 대인관계가 좋았고, 주변 여인들을 통해 많은 재산을 축적하여 정계에도 진출할 수 있었다. 그는 집정관 마리우스의 부하로 아프리카 전쟁에 참여하여 큰 공을 세웠다.

　그러나 술라는 민중파인 마리우스와 정치 노선이 달라 결별하고 원로원파를 대변하는 정적으로 변했다. 기원전 82년, 술라는 민중파를 상대로 한 내전에서 승리하자 살생부를 만들어 피의 숙청을 단행했다. 술라가 작성한 살생부에는 90명의 원로원 의원, 15명의 전직 집정관, 2,600명의 기사 계급이 포함되었다고 한다. 그 살생부에는 18세의 젊은이 카이사르의 이름도 들어 있었다. 민중파의 대부인 마리우스의 처조카이며 킨나의 사위라는 이유로 인해 제거되어야 할 인물로 지목되었던 것이다.

　하지만 술라의 부하들이 카이사르가 아버지도 없는 집안의 후계자로서, 아직 나이가 젊고 정치적인 활동을 하지 않았다는 이유를 들어 살려줄 것을 요청했다. 그때 술라가 측근들에게 했던 말을 수에토니우스는 『열두 명의 카이사르』에서 이렇게 전한다.

　"기억하라. 그대들이 이토록 간절히 살려내고자 하는 이 젊은이가 언젠가는 우리가 진심으로 수호하고자 했던 귀족 정치를 무너뜨릴 것이다. 카이사르 안에 여럿의 마리우스가 보인다."

　기원전 81년, 술라는 로마 역사상 최초로 무기한 임기의 독재관이 되어 전권을 가지고 호민관 및 민회의 권한을 축소하고 원로원 지배 체제를 회복하기 위해 각종의 개혁을 단행했다. 하지만 술라는 기원전 79년 돌연 독재관을 사임하고 은퇴하여 이듬해 죽었다.

　공화정 말기의 민중파와 원로원파의 두 주역 마리우스와 술라는 여러 가지 면에서 대조적이다. 마리우스는 기사계급 출신이고 술라는 귀족 출신이다. 또한 마리우스는 기사계급이라 경제력이 풍부했고 술라는 귀족이지만 돈이 없었다. 로마에서 정치로 성공하려면 재력이 중요하다. 젊었을 때 돈이 없어 고민하는 술라의 모습을 콜린 매컬로는 『로마의 일인자』에서 실감나게 묘사하고 있다.

"아, 내년에 감찰관 심사가 열리는 포로 로마노에서 자신을 소개하고 연 100만 세스테르티우스(로마의 화폐 단위)의 수입을 내는 자산을 가졌다고 입증할 수만 있다면! 이는 원로원 의원으로서 갖춰야 할 최소한의 재산이었다. 그게 안 된다면 연 40만 세스테르티우스의 수입이라도! 이는 기사로서 갖춰야 할 최소한이었다. 그러나 실제로 그는 자산이 전혀 없었다."

로마 공화정의 후기 역사는 그라쿠스 형제, 마리우스, 술라를 거치면서 민중파가 권력을 잡으면 원로원파를 숙청하고 원로원파가 권력을 잡으면 민중파를 숙청하는 식으로 보복의 악순환이 계속되는 혼미한 역사였다.

18
노예가 일으킨 스파르타쿠스 전쟁
(기원전 73~71)

원로원파와 민중파의 갈등 속에서 사회가 혼란한 가운데 노예 반
란도 일어난다. 영화 〈스파르타쿠스〉를 보았는가? 스파르타쿠스는
검투사다. 발칸반도의 트라키아 출신으로, 로마군의 보조병으로
근무한 경험이 있다. 검투사가 되어 로마에서 200킬로미터 떨어져
있는 도시 카푸아의 검투사 양성소에서 일했다. 그는 기원전 73년
가혹한 대우에 반기를 들고 70여 명의 검투사와 함께 훈련소 막사
를 탈출했다. 이들은 베수비우스 화산 분화구에 요새를 만들고 카
푸아 일대를 누비며, 검투사들뿐 아니라 농장 노예, 광산 노예에
게도 합류하길 권유하여 수만에 달하는 대병력을 이루었다. 노예
는 원래 태어나면서부터 노예도 있지만 전쟁 포로가 대부분이었다.

로마는 반란군을 진압하기 위해 로마군을 투입했으나 실패했다.

원인이 무엇일까? 로마군의 주력 부대가 에스파냐에서 일어난 반란을 진압하기 위해 폼페이우스 지휘하에 본국에서 군대를 차출했기 때문에 남아 있는 군인이 많지 않았던 것이다. 로마 군대에서 훈련받은 경험이 있는 스파르타쿠스는 로마군의 강점과 약점을 모두 잘 알고 있었기에 그의 리더십도 중요한 역할을 했다.

모여든 반란군의 숫자가 5만 명을 넘었다. 이들은 2년 동안 로마 사회의 근간을 흔들었다. 스파르타쿠스 군단은 공격의 방향을 놓고 내부에서 의견이 갈렸다. 게르만족 출신인 크릭시스는 로마로 진격할 것을 주장했으나, 스파르타쿠스는 반대 입장이었다. 크릭시스는 3만 명을 이끌고 로마와 저항하다 궤멸당했다. 스파르타쿠스는 서남단 레기움으로 가서 배를 이용하여 최초에 노예 반란이 일어났던 시칠리아 섬으로 가려고 했으나, 선박 주인들의 배신으로 뜻을 이루지 못했다.

로마는 반란군을 진압하기 위해 당시 최고의 부자인 크라수스에게 반란군 진압의 임무를 맡겼다. 크라수스는 풍부한 재력을 바탕으로 군대를 모집하여 스파르타쿠스 반란군을 진압했다. 물론 처음에는 패했으나, 엄한 군율과 막대한 지원군을 배경으로 승리를 거두었다. 스파르타쿠스는 동쪽으로 가던 끝에 실라루스 강가에서 크라수스군을 맞아 최후의 전투를 벌이다가 전사했다. 스파르타쿠스와 크라수스의 만남과 결말은 많은 여운을 남긴다. 인간을 돈으로 사는 일에 분개하여 홀연히 일어섰던 노예가 돈으로 가장 많은 인간을 살 수 있는 최고의 부자에게 패했기 때문이다.

그러나 승자인 크라수스에게도 아픔이 있었다. 해외 원정 중이던 폼페이우스가 돌아와 마지막에 소탕하는 일을 거들었다. 크라수스가 다 이루어놓은 전공에 숟가락을 얹은 격이었지만, 그는 화려한 개선식까지 거행했다. 크라수스는 억울하게도 반란군 진압의 공적을 폼페이우스와 나누어야 했다.

폼페이우스에게 당한 억울함을 화풀이라도 하듯 크라수스는 반란군 6,000명을 로마가도에서 십자가형으로 다스렸다. 물론 이처럼 가혹한 처사는 노예들이 다시는 반란을 꿈조차 꾸지 못하게 하려는 의도도 있었다. 스파르타쿠스 반란군은 진압되었으나 스파르타쿠스는 역사에 살아남아 영향력을 발휘했다. 미국의 작가 하워드 패스트는 『스파르타쿠스』에서 다음과 같이 노예 반란에 의미를 부여하고 있다.

"가끔, 아주 오랜 시간이 흐른 후, 몇 백 년 만에 한 번 온 세상을 향해 외치는 사람이 나타나는 것이다. 그리고 몇 세기가 또 지나가고, 세상이 계속 돌아가도, 이 사람은 결코 잊히지 않는다. 바로 얼마 전, 이 사람은 노예에 지나지 않았다. 그러나 이제 스파르타쿠스라는 이름을 모르는 사람이 어디 있는가? ⋯⋯ 지금 그는 거의 5만 명에 이르는 군대를 지휘하고 있다. 그리고 어떤 면에서 그 군대는 역사상 최강의 군대다. 가장 단순하고 소박한 의미에서, 자유를 위해 싸우는 군대다."

노예들의 반란이 전쟁 수준으로까지 확대되었다는 것은 당시의 정치, 사회현상과 맞물려 있다. 지중해 세계에서 제국을 이룩한 로마는 점령지에서 약탈한 보물, 속주에서 오는 세금, 막대한 전쟁포로 등으로 전례 없는 풍요를 누리며 번영을 구가했다. 하지만 급속한 부의 성장은 동시에 빈부의 격차를 확대시켜 문제점이 노출되기 시작했다. 노예무역이 성행하고 무역을 통해 돈을 번 졸부들이 늘어났다. 이들은 부동산을 사들이고 전쟁에 참여하느라 버려진 소규모 자영농의 농지를 헐값에 사들였다. 이들은 대규모 농장을 만들어 노예들 위에 군림하며 왕처럼 살았다. 농지를 잃은 참전용사들이 도시로 흘러들어왔고, 외국에서 끌려온 노예들이 사회의 불만 세력으로 자리 잡았다.

이처럼 공화정이 과도하게 번영하여 오히려 문제점이 노출되면서 서민으로도 대우받지 못했던 노예들이 반란을 일으켜 로마군을 압도하면서 전쟁을 치른 것이다. 산발적인 노예 반란은 있었으나 전쟁이라고 이름을 붙일 만큼 대규모 반란은 세 차례에 걸쳐 일어났다. 기원전 135년과 104년에 시칠리아에서 제1, 2차 노예전쟁이 일어났고, 기원전 73년 세 번째 전쟁이 바로 스파르타쿠스 반란이다. 이는 로마에 충격과 공포를 안겨주었다. 동시에 시민들의 노예를 대하는 태도에도 변화가 일어났다. 노예의 보수가 늘어났고, 가혹했던 처우도 개선되었다. 베리 스트라우스는 『스파르타쿠스 전쟁』에서 스파르타쿠스가 후세에 끼친 영향력을 설명했다.

"마르크스가 가장 존경하며 레닌과 스탈린이 프로레타리아 혁명의 본보기로 삼은 인물. 로자 룩셈부르크 등 독일의 마르크스주의 혁명가들은 그의 이름을 딴 조직인 스파르타쿠스단을 만들어 봉기를 일으켰다. 역사상 유일하게 성공한 민중 노예 봉기인 아이티혁명의 영웅 투생 뤼베르투르도 그를 본보기로 삼았다. 프랑스 계몽주의 사상가 볼테르는 그가 일으킨 반란이 역사상 유일하게 정의로운 전쟁이라고 평가했다."

공화정 말기는 원로원파와 민중파의 살생부 대결로 혼미를 거듭했다. 노예 반란까지 일어나 혼란이 가중되고 있었다.

집정관 2명이 1년 동안 통치하다

기원전 509년, 브루투스에 의해 왕정이 폐지되고 공화정이 시작되었다. 왕의 역할은 매년 민회에서 선출되는 2명의 집정관에게 옮겨갔다. 1년 임기의 집정관을 민회에서 직접 선출하여 민심을 그때그때 반영하도록 했다. 또 2명의 집정관을 선발함으로써 서로 협력하고 견제할 수 있도록 제도화했다. 이를 위해 각 집정관에게는 상대방의 결정을 거부할 권한이 주어졌다. 집정관은 군통수권을 가졌고, 민회를 소집했으며, 민회에 입법안을 제안할 수 있다.

　원로원의 기능과 역할도 강화했다. 원로원은 왕의 자문 기구에 불과했으나 권위 있는 기관으로 격상시키고, 의원 수도 공화정이 출범할 때 200명에서 300명으로 늘어났다. 민회는 시민권을 가진 사람은 누구나 참석할 수 있었고, 선거와 입법을 통해 통치권을 행사하는 중요한 의사결정 기관이 되었다. 이와 같이 집정관, 원로원, 민회가 권력의 3각 구조를 형성하여 공화정을 위한 시스템이 구축되었다.

공화정 체제에서는 평민의 힘 역시 강화되었다. 귀족 계급의 지도자들은 기원전 494년에 평민들의 대표인 호민관 제도를 도입했다. 호민관은 평민만이 참석하는 평민회에서 선출되었다. 호민관의 임기는 1년이고 처음에는 2명이 선출되었지만 차츰 늘어나 최종적으로는 10명까지 확대되었다. 호민관은 집정관의 결정에 대해 거부권을 행사할 수 있을 뿐 아니라, 면책특권도 부여되었다. 로마인들이 지혜를 모아 만든 법률이 바로 기원전 367년에 제정된 '리키니우스 법'이다. 이 법은 평민 출신이 공화국 정부의 모든 요직에 참여할 수 있는 길을 열어놓았다.

그러나 공화정 후기에 로마가 지중해의 주인이 되자 전쟁의 목표가 사라졌다. 로마를 위협하는 민족도, 나라도 없었다. 외부의 적이 사라지니 기다렸다는 듯이 내부의 적이 나타났다. 로마 사회의 구조적인 문제인 귀족과 평민의 갈등이 본격화된 것이다.

여기서 공화정 시대에 정무직에 해당하는 관직의 사다리를 정리해보자. 프리츠 하이켈하임은 『로마사』에서 "수세기 동안 귀족들의 정치 역정의 특징을 이룬 관직들의 승진 코스, 즉 쿠르수스 호노룸(Cursus Honorum)은 콰이스토르(회계감사관), 아이딜리스(관리관),

프라이토르(법무관), 콘술(집정관), 켄소르(감찰관) 순이었다"고 소개한다. 이 승진 코스에서 호민관과 독재관은 배제되었다. 호민관은 국가 전체의 정무관이 아니라 평민만의 관리이고, 독재관(딕타토르)은 평상시의 관직이 아니라 비상시의 관직이었기 때문이다.

회계감사관은 30세가 되면 출마할 자격이 생긴다. 도시에서는 국고 관리자와 조세 사건 담당 검찰관의 역할을 수행했고, 전쟁터에서는 재무를 담당했다. 회계감사관으로 선출되어 1년 임기를 마치면 원로원 의원이 된다. 관리관은 회계감사관과 마찬가지로 30세 이상에서 선출되는 까닭에 젊은 세대에게 열려 있었다. 관리관의 임무는 축제 행사의 연출, 치안 유지, 식량 공급 등이었다. 법무관은 40세 이상이 되어야 출마할 수 있다. 법무관은 전략 단위인 2개 군단 1만 5,000명 이상의 병력을 지휘할 수 있는 '절대 지휘권(임페리움)'도 얻는다. 법무관에 당선되어 임기 1년을 마치면 총독으로 파견된다. 속주의 총독으로서 정치와 방위를 2년 동안 경험하고 42세가 되어야 로마 최고의 관직인 집정관에 출마할 자격이 주어진다. 감찰관은 집정관을 지낸 사람 중에서 선출되고 임기는 5년이다. 감찰관은 원로원의 자격을 감독하고 관리하며, 인구조사를 수행하고 자산 조사와 세금 징수 및 공공사업의 발주 및 계약을 관장하는 최고위직 자리다.

독재관은 국가 비상사태에 임명되는 임기 6개월의 관직으로, 임시 독재 집정관이었다. 독재관은 2명의 집정관 가운데 한 사람이 지명하기만 하면 성립되었다.

관직의 사다리는 '명예로운 경력'이라고 부르기도 한다. 군인이나 행정 사무직은 유급이지만 정무직은 무급인 까닭에 봉사하는 자리라는 뜻이었다. 또한 한 개인이 고위 관직들을 독점하는 것을 방지하기 위해 공직자가 1년에 하나 이상의 고위직을 보유하거나 10년 내에 동일한 관직을 2번 맡는 것을 불법으로 규정했다.

공화정 체제는 창업과 승계의 관점에서 어떻게 평가할 수 있을까?

공화정 체제의 창업자는 기원전 509년 왕정을 무너뜨리고 공화정을 출범시킨 브루투스였다. 집정관은 매년 선거를 통해 '정통성'과 '역량'을 평가받았다. 정통성은 매년 민회에서 선거를 통해 부여되었다. 해마다 선거로 우수한 사람이 선출되는 만큼 역량도 뛰어났다. 공화정 체제에서 로마가 번영할 수 있었던 원동력은 집정관 제도를 통해 우수한 인재를 매년 안정적으로 공급받을 수 있었기 때문이다.

에드워드 기번을 비롯한 역사가와 정치가가 공화정 체제를 높이 평가하고 동경하는 이유는 민주적인 절차와 인재 공급 시스템에서 찾을 수 있다. 매년 선거를 치르므로 역량이 있으면 계속해서 선출되고, 역량이 부족하면 다음 선거에서 자연스럽게 교체되었다. 공화정시대에 로마는 집정관, 원로원, 민회가 상호 협력하면서 건전한 긴장 관계를 유지하며 발전했고, 3차에 걸친 포에니전쟁에서 승리하여 로마는 지중해의 주인이 되었다. 공화정 체제가 고도성장의 견인차 역할을 담당한 것이다. 몽테스키외는 "견제와 균형의 공화정 체제가 로마를 성공하게 한 핵심적인 요소"라고 진단했다.

　로마 공화정 후기의 역사는 그라쿠스 형제, 마리우스, 술라를 거치면서 민중파와 원로원파가 서로를 숙청하고 보복하는 악순환이 계속되었다. 게다가 스파르타쿠스 노예전쟁까지 일어나 혼란을 가중시켰다. 살생부가 난무하고 노예 반란까지 일어난 공화정 말기의 처절한 모습을 지켜보면서 악순환의 고리를 끊어야겠다고 결심했던 인물이 바로 율리우스 카이사르다.

III

로마제국의 창업자
카이사르의 급진적인 개혁

기원전 60~44년

OI

카이사르는 누구인가?
(기원전 100~81)

율리우스 카이사르는 기원전 100년 7월에 태어났다. 카이사르의 영어 이름이 바로 시저(Caesar)다. 율리우스 가문은 로마의 건국 시조로 트로이의 영웅으로 추앙받아 알바롱가 왕조를 창건한 조상까지 거슬러 올라가는 유서 깊은 가문이다. 그는 명문 귀족 출신이었으나 그가 태어났을 때는 위세를 떨치는 가문은 아니었다. 기원전 2세기에 로마가 한니발을 상대로 싸울 때, 그의 조상 중 율리우스 씨족에 속하는 사람이 카르타고 군대를 무찔러 공을 세워 카이사르라는 별칭을 얻었다. 카이사르는 카르타고 말로 '코끼리'를 뜻하는데, 그 별칭이 가문 이름이 된 것이다.

카이사르의 정식 이름은 '가이우스 율리우스 카이사르'다. 가이우스는 남자에게 흔히 붙이는 개인 이름이고, 율리우스는 씨족 이름이며, 카이사르는 가문 이름에 해당한다. 그러니까 율리우스는 카이사르 가문이 속한 씨족이다. 로마의 귀족들은 대체로 3개의 이름으로 자신의 신분과 정체성을 드러냈다. 평민의 경우는 이름이 2개여서, 이름만 보아도 귀족과 평민이 구별되었다.

카이사르의 아버지는 법무관을 지내고 속주 총독으로 부임하기 전에 세상을 떠났기 때문에 더 이상의 명성을 쌓지 못했다. 그러나 어머니의 친정이 명문 집안으로, 어머니인 아우렐리아는 저명한 법학자로서 집정관을 지낸 아우렐리우스 코타의 누이동생이었다. 또 민중파의 영웅인 마리우스의 부인이 바로 카이사르의 고모다.

이처럼 카이사르의 집안은 뼈대 있는 명문가였지만 검소하게 살았다. 위세를 떨치는 인물이 오랫동안 배출되지 않아 경제적으로 풍요롭지 못했던 것이다. 그가 태어난 곳이 로마에서 서민층이 모여 사는 동네 '수부라'라는 사실이 이를 입증해준다. 하지만 카이사르는 명문가 출신인 어머니의 교육을 받으며 야망을 품은 인물로 성장했다. 카이사르의 낙천적인 성격과 자신감 넘치는 행동은 어머니의 교육 덕택이었다. 어머니는 홀로 된 후에도 당시에 일반적이었던 재혼도 하지 않은 채 오직 자식 교육에 전념한 헌신적인 어머니의 전형이었다.

어머니는 카이사르를 누구와 결혼시켰을까? 수에토니우스는 『열두 명의 카이사르』에서 카이사르의 파혼과 결혼을 가장 먼저 소개한다. "그는 어렸을 때 정해진 코수티아라는 여성과의 약혼을 파기했다. 그녀의 집안은 부유했지만 기사 계급에 지나지 않았다. 그는 대신 코르넬리아와 결혼했다. 그녀는 네 차례나 집정관의 자리에 올랐던 킨나의 딸로, 나중에 그와의 사이에서 율리아라는 딸을 낳았다."

어머니는 돈 대신 정치적인 배경을 선택하여 아들을 민중파의 지지를 받고 있는 킨나의 딸과 결혼시켰다. 킨나는 민중파의 영웅인 마리우스의 후계자를 자처하고 있었다. 세상 사람들은 카이사르가 마리우스의 처조카인 까닭에 민중파로 분류하고 있었는데, 킨나의 딸과 결혼시키면서 민중파로 그 노선을 확실하게 했다. 그래서 카이사르의 도전적이고 승부사적인 기질은 어머니로부터 유전되었다고 평가받는다.

민중파를 선택한 불이익은 원로원파의 선봉에 서 있는 술라가 권력을 잡으면서 현실로 나타났다. 앞에서도 살펴본 바와 같이 카이사르는 자칫 술라의 살생부에 희생될 뻔했다. 술라는 목숨을 살려주는 대신, 킨나의 딸과 이혼할 것을 요구했다. 그러나 카이사르는 이혼을 거절했다. 절대 권력자 앞에서 거절은 죽음이나 다름없는 상황이었는데 말이다. 분개한 술라는 카이사르를 당장 잡아들이라고 명령했다. 카이사르는 수배령이 내려진 가운데 로마에서 달아나 이탈리아 전역을 도망 다니는 신세가 되었다. 포위망이 좁혀 오자 카이사르는 이탈리아를 벗어나 소아시아로 도망친 후에야 술라의 추격에서 벗어났다.

카이사르는 해외로 망명한 후 자원하여 군에 입대했다. 19세의 카이사르, 57세의 술라. 카이사르는 건장한 술라가 죽기 전에는 귀국할 수 없는 입장이었다. 다행히 3년 후에 술라가 죽었다. 기원전 78년, 카이사르는 군대에서 제대하고 즉시 귀국했다. 귀국 후 변호사로 개업했다. 하지만 변호사 생활 중 술라의 측근을 잘못 건드려 카이사르의 신분이 노출되고 말았다. 로마의 술라파 유력자들이 4년 전에 술라의 명령을 거부한 젊은이가 카이사르라는 점에 주목하는 바람에 위험한 상황에 처하게 되었다. 다시 해외 망명을 결심하고 로도스 섬에 가서 공부할 목적으로 배를 타고 떠났다. 당시 젊은 로마인들에게 최고 인기 학부는 아테네와 로도스 섬에 있는 대학이었다. 그곳에 유학 가서 수사학과 변증학 및 철학을 공부했다.

그런데 카이사르는 로도스 섬으로 가는 도중에 해적선의 습격을 받아 포로가 되었다. 해적들은 카이사르의 몸값으로 20달란트를 매겼다. 당시 20달란트는 4,300명의 병력을 모집할 수 있는 거액이었다. 자신의 몸값이 20달란트라는 말을 듣고 카이사르는 비웃으면서 몸값을 올리라고 요구했다. "당신들은 내가 누군지를 모르는구먼. 내 몸값이 겨우 20달란트밖에 안 된다니 말이 되는가. 내 몸값을 50달란트로 올려라."

돈을 마련하기 위해 함께 왔던 수행원들을 보낸 뒤 카이사르는 해적들 사이에 남았다. 해적들은 스스로 몸값을 올린 사람은 처음 보는 터라 특별대우를 했다. 당시의 해적들은 기분에 따라 사람 죽이기를 밥 먹듯이 하는 사람들이었는데, 카이사르의 몸값이 높은 덕택에 수행원들이 돈을 가지고 돌아올 때까지 죽음의 공포 없이 편하게 지낼 수 있었다.

　수행원이 가져온 돈으로 몸값을 치르고 자유의 몸이 된 카이사르는 가까운 밀레토스로 달려가 배를 빌리고 사람을 모아 해적을 붙잡으러 갔다. 정박해 있던 해적선을 발견하고 기습하여 모두 생포하는 데 성공했다. 그는 해적들을 감옥에 가두어놓고 소아시아 속주 총독에게 보고하여 해적들 처리에 대한 권한을 위임받아 모두 십자가에 못 박아 처형했다.

협상과 타협의 산물, 3두정치가 시작되다
(기원전 60)

27세의 카이사르 제사장.

떠돌이 신세인 카이사르에게 당당히 고국으로 돌아갈 명분이 생겼다. 이런 일이 어떻게 가능했을까? 술라의 개혁은 원로원 계급의 강화를 목표로 했기 때문에 원로원 의원의 자제를 우선하는 경향이 있었다. 에이드리언 골즈워디는 『가이우스 율리우스 카이사르』에서 "15명의 제사장들은 동료의 죽음으로 결원이 생기자, 투표를 통해 카이사르를 지명했다. 죽은 사람은 카이사르의 외삼촌인 가이우스 아우렐리우스 코타였다"며 카이사르가 제사장으로 선출된 과정을 밝히고 있다.

로마의 성직자 계급은 최고 제사장, 제사장, 사제, 점술사 순서였다. 카이사르는 13세 때 사제로 임명된 적이 있었다. 제사장은 제의를 집행하는 역할을 맡을 뿐, 다른 역할은 맡지 않았다. 로마에서는 독자적인 성직자 계급을 두지 않은 까닭에 제사장은 제의에 관한 역할을 제외하면 보통 시민과 마찬가지였다.

공직 경력은 30세부터 시작하기 때문에 27세의 카이사르는 관직이 아닌 군단의 고위 장교에 해당하는 대대장에 입후보했다. 대대장은 6명의 백인대장을 부하로 거느리므로 600명의 병사로 이루어지는 대대를 지휘하는 자리다. 카이사르는 대대장에 당선되었다.

기원전 70년, 카이사르는 30세 때 20명을 뽑는 회계감사관에 선출되어 정계 진출의 첫 관문을 무사히 통과했다. 카이사르는 에스파냐에서 회계감사관으로 근무했는데, 그가 에스파냐의 한 신전에 안치된 알렉산드로스 대왕의 초상화 앞에서 탄식한 말이 전해온다. "알렉산드로스는 갓 서른도 안 되어 세계의 지배자가 되었는데, 서른을 넘긴 내 꼴은 지금 뭐란 말인가?" 카이사르는 35세에 관리관으로 당선되었다.

이때 카이사르는 술라의 쿠데타 당시에 파괴된 채 16년이 지난 마리우스의 승전 기념비를 복원시키는 모험을 감행한다. 낡은 건물을 복원하는 일은 관리관의 임무였지만 원로원으로서는 달갑지 않은 일이었다. 반면 로마의 평민들은 민중의 영웅인 마리우스의 승전 기념비가 복원되면서 민중파의 복원 역시 간절히 바랐다. 민중들은 이때부터 카이사르를 자신들의 희망으로 여기기 시작했다.

37세에는 종신직인 최고 제사장에 도전하여 집정관 출신의 경쟁자들과 겨루었고, 예상을 뒤엎고 승리를 거두었다. 플루타르코스는 『영웅전』에서 선거날 카이사르가 배웅하는 어머니에게 "어머니, 오늘 어머니의 아들은 최고 제사장이 되거나 아니면 귀양살이를 시작할 겁니다"라고 어려운 심경을 토로했다고 전한다. 최고 제사장에게는 관저가 제공되기 때문에 카이사르는 로마 도심의 포로 로마노로 거처를 옮겨 암살당할 때까지 이곳에서 살았다.

이어서 법무관에 당선되었고, 다음해에는 전직 법무관 자격으로 먼 에스파냐 속주의 총독으로 임명되었다. 이렇게 카이사르는 로마의 중요한 관직인 회계감사관, 관리관, 법무관, 총독의 출세 코스를 하나하나 밟아갔다.

이제 카이사르 앞에는 최고 권력의 상징인 집정관 자리만 남았다. 집정관으로 카이사르가 선출되리라는 보장이 없었다. 카이사르는 당시에 가장 영향력 있는 인물로 추앙받는 폼페이우스와 접촉했다. 두 사람 사이에는 이해관계가 서로 맞아떨어져 비밀 협정을 맺었다.

폼페이우스가 옛 부하들을 동원하여 카이사르의 당선을 돕는 대신에, 카이사르는 폼페이우스의 옛 부하들에게 농지를 분배하고 폼페이우스가 조직한 오리엔트 재편성안을 도와주기로 한 것이다. 당시에 폼페이우스는 시민들에게 영웅으로 대접받고 있었다. 그래서 카이사르는 폼페이우스와 협상한 것이다. 하지만 폼페이우스의 영향력이 워낙 커서 두 사람만 연합할 경우 세력이 약한 카이사르에게 불리했다. 힘의 균형을 맞추기 위해 카이사르는 최고의 부자인 크라수스를 경제계의 대표로 끌어들였다. 폼페이우스와 크라수스는 서로 앙숙이었다. 그러나 폼페이우스도 재정 후원 차원에서 크라수스를 받아들임으로써 기원전 60년에 이른바 '3두정치'가 시작되었다. 폼페이우스의 군대, 크라수스의 돈, 카이사르의 인기가 결합한 까닭에 아무도 대적할 수 없었다. 특히 카이사르는 자기 딸 율리아를 20세나 많은 폼페이우스와 결혼시켜 관계를 더욱 돈독히 했다.

3두정치의 효과에 힘입어 카이사르는 집정관에 어려움 없이 당선되었다. 자신의 부족한 부분을 인정하고 상대방의 협조로 꿈을 펼칠 기회를 잡은 카이사르는 역시 유연한 정치인이었다. 협상과 타협을 알았기에 가능한 일이다. 이때 카이사르의 나이는 40세였다. 그런데 사람들은 그의 출세를 '대기만성'이라고 부른다. 왜 그럴까? 폼페이우스 때문이다.

폼페이우스는 25세 때 개선식을 했고 35세 때 집정관에 당선된 파격적인 인물이었다. 로마 사회에서는 30세가 되어야 정치에 입문할 수 있는데 전쟁에서 세운 공로에 힘입어 약관 25세에 개선식을 했다는 것은 엄청난 특례가 아닐 수 없다. 폼페이우스는 그만큼 출중한 인물이었다. 카이사르보다 6살 많은 폼페이우스가 너무 일찍 출세한 까닭에 상대적으로 카이사르는 정상적인 길을 가고 있었는데도 대기만성으로 보였던 것이다. 이렇게 해서 카이사르와 폼페이우스는 정치 무대의 주인공으로 등장하여 협력과 경쟁의 줄다리기를 시작한다.

3두정치는 카이사르가 집정관의 임무를 수행하는 과정에서도 위력을 발휘한다. 카이사르는 두 가지 개혁을 단행했다. 먼저 원로원 일보를 통해 원로원에서 이루어진 모든 논의, 토론, 결의의 내용을 이튿날 포로 로마노의 한쪽 벽에 써 붙여 공고했다. 또 하나, 뜨거운 감자였던 농지법을 통과시켰다. 이에 대해서는 다음에 좀 더 상세히 다루기로 한다.

집정관 1년 동안 카이사르는 개혁의 의지를 분명하게 보여주었고 중요한 개혁을 실천에 옮겼다. 집정관 임기가 끝난 후 갈리아 총독으로 부임했다. 이곳에서 갈리아전쟁을 8년 동안 치르는데, 갈리아 총독 시절이 카이사르의 운명을 가른 시기가 된다.

O3
『갈리아 전쟁기』, 지식경영의 모델이 되다
(기원전 58~51)

카이사르는 지금의 서유럽에 해당하는 갈리아에서 기원전 58년부터 51년까지 8년 동안 전쟁을 수행했다. 이 전쟁을 승리로 이끌어 카이사르는 국민적인 영웅으로 떠올랐다. 역설적인 가정을 해보자.

"카이사르에게 갈리아 전쟁이 없었다면 어떻게 되었을까?"

아마도 카이사르가 역사적인 인물로 평가받기는 어려웠을지 모른다. 갈리아전쟁은 그의 운명을 바꾸어놓았다. 로마 시민 입장에서 갈리아는 큰 관심의 대상이었다. 북방의 국경선에 접해 있는 까닭에 국가 안보상 중요했기 때문이다. 카이사르가 갈리아를 정복하게 된 직접적인 동기는 국방의 불안을 제거하기 위해서였다.

카이사르 입장에서도 갈리아는 지도자로서의 입지를 굳힐 수 있는 적임지였다. 경쟁자인 폼페이우스는 이미 지중해에 출몰하는 해적을 소탕하여 제해권을 장악했고, 소아시아와 동방을 정복하여 명성을 떨친 당대의 영웅이었다. 폼페이우스와 비교할 때 공적이 적었던 카이사르가 자신의 공적을 세울 목표물로 서북쪽의 갈리아 지역을 선택한 것은 전략적인 결정이기도 했다.

카이사르는 『갈리아 전쟁기』 첫 페이지에서 "갈리아족 중에서는 헬베티족이 가장 용감하다. 그들은 자신들의 영토에서 게르만족을 물리치거나, 적의 영토로 쳐들어가 거의 날마다 게르만족과 교전을 벌이고 있기 때문이다"라고 소개했다.

카이사르의 갈리아 속주 방어 작전으로 시작된 갈리아 진입은 갈리아 지역의 여러 부족과 맞대결하면서 갈리아 지역 전체의 정복 사업으로 확장되었다. 그 과정에서 카이사르는 가장 용맹하고 전투력이 강한 헬베티족을 제압하고, 다수의 부족을 회유하거나 무력으로써 전 지역을 평정해나갔다.

그런데 갈리아 전쟁은 단기간에 끝나지 않고 무려 8년이나 걸렸다. 왜 그랬을까? 보이지 않는 갈리아인들의 저항 정신 때문이었다. 카이사르에게 최대의 위기는 전쟁의 막판에 운명처럼 다가왔다. 갈리아 전쟁 7년째인 기원전 52년이었다. 갈리아 한 부족의 왕족 출신인 베르킨게토릭스가 나타나 탁월한 리더십을 보이며 로마에 대한 갈리아인들의 반감과 저항을 최고조로 끌어올렸다. 그는 오랫동안 분열되어 있던 갈리아인들에게 자유의 쟁취를 호소하며 놀라운 리더십으로 여러 부족을 설득하여 대다수 갈리아 부족의 군사력을 연합시키는 데 성공했다.

카이사르에게 최대의 위기이자 도전이었다. 최후의 결전은 부르고뉴 지방의 작은 성채 도시 알레시아에서 일어났기에 '알레시아 전투'로 이름 지어졌다. 카이사르는 5만 명도 안 되는 병력으로 성 안 8만 명, 성 밖 26만 명을 합하여 무려 34만 명이나 되는 적을 무찔렀다. 앞뒤로 포위된 상태에서 승리를 거둔 것은 역사상 처음 있는 일이었다. 카이사르는 역사적인 전투의 마지막을 담담하게 기록했다.

"아군들은 창을 던져버리고 칼로 싸웠다. 갑자기 배후에 아군 기병대가 나타나고 더 많은 대대가 앞에서 다가오자 적군은 등을 돌려 도주했다. 그러자 아군 기병대가 추격하여 도주하는 적군을 도륙했다. 그 많던 군사들 가운데 무사히 진지로 돌아간 자는 소수에 불과했다. 도시 안에 포위되어 있던 자들은 전우들이 도주하다가 도륙당하는 것을 보고 승산이 없다고 보고 방어 시설에서 군대를 철수시켰다. 갈리아족이 패했다는 소문이 퍼지자 원군으로 와 있던 자들은 곧바로 진지를 떠났다."

갈리아의 젊은 총사령관 베르킨게토릭스는 최후의 결전인 알레시아 공방전에서 패배하여 항복함으로써 로마군을 축출하려던 갈리아인의 꿈은 좌절되었다. 그는 후일 로마에 포로로 끌려가 투옥되었다가 끝내 교수형에 처해졌다. 살려두기에는 너무나 위험하고 뛰어난 인재였기에 어쩔 수 없었다. 하지만 베르킨게토릭스는 갈리아인의 후손인 프랑스인들에게 특별한 영웅으로 기억된다. 그가 추구하던 자유와 자치에 대한 열망의 가치가 프랑스인들의 자유 정신과 맥이 닿는다고 믿는 까닭이다.

카이사르가 부하들을 복종시키는 남다른 비책은 소통이었다. 부하들이 막연하게 적을 두려워할 때, 그는 연설을 통해 그 두려움의 실체를 구체적으로 규명하여 그 허상을 일깨워주었다. 나아가 로마군이 용감하게 난관을 극복한 사례를 상기시켜 승리에 대한 확신을 심어주고 용기를 북돋웠다.

또 아군이 밀리는 위태로운 상황이 되면 자신이 병사의 방패를 빼앗아 들고 최전선으로 나섰고, 주변의 백인대장의 이름을 일일이 부르며 그들을 독려했다. 카이사르의 솔선수범하는 모습은 병사들에게 희망과 용기의 불씨를 되살렸고 전세를 역전시켰다. 이런 리더십이 바탕이 되었기에 전투를 벌일 때마다 카이사르의 상징이 된 진홍색 망토가 휘날리면 장병의 사기가 올랐다.

플루타르코스가 카이사르에 대해 "카이사르는 군사들에게 충성심을 심어주고 호감을 사는 데 남다른 재능이 있었다. 지금껏 전투에서 별로 두각을 나타내지 못하던 군인들도 카이사르의 명예를 높이기 위해서라면 저항할 수 없는 불패의 용사가 되었으며, 어떤 위험이든 무릅쓸 각오가 되어 있었다"고 평가했다.

카이사르는 첫해부터 '갈리아 전쟁기'를 직접 기록해서 매년 본국에 보냈다. 현지의 출장 보고서인 셈이었다. 그리고 전쟁이 끝나갈 무렵 기원전 52년에 『갈리아 전쟁기』 7권을 모아서 한 번에 발간했다. 이 책에서 카이사르는 갈리아 지역(오늘날의 프랑스, 벨기에, 룩셈부르크, 네덜란드, 독일 서부, 스위스)에서 벌어진 전투와 정복 상황, 군사적 전략과 기술에 얽힌 이야기들을 생생하게 적었다. 전쟁을 직접 수행한 장수가 실제 작전 상황과 전쟁 수행 과정을 기록했다는 점에서 희귀한 사례다. 이 책은 최고의 전쟁 회고록이고, 보고문학의 백미이며, 라틴 문학의 걸작이라는 평가를 받는다. 또한 기록을 통해 암묵지를 명백지로 만든 지식경영의 모델이라고 할 수 있다.

카이사르의 『갈리아 전쟁기』는 출판되자마자 당시 로마인들에게 베스트셀러로 인기를 모았다. 용감하지만 야만적인 갈리아인과 두려움의 대상이었던 게르만인에게서 용맹스럽게 로마를 구해낸 이야기, 알지 못했던 나라 브리타니아(영국)에 대한 호기심, 이국적인 나라와 신, 로마 정신의 승리담 등이 로마 시민들을 매혹시켰다. 로마 대중은 이 책에 푹 빠져 로마 시민으로서 자긍심과 자부심을 갖는 계기가 되었다. 특히 젊은이들이 열광했다.

04
주사위는 던져졌다
(기원전 49)

"카이사르는 정해진 날짜 이전에 군대를 해산해야 한다. 만약 군대를 해산하지 않으면 반역을 꾀하는 것으로 간주할 수밖에 없다."

"로마 근처에 있는 모든 집정관, 법무관, 호민관, 전직 집정관은 공화국이 피해를 입지 않도록 만반의 조치를 취해야 한다."

기원전 49년 1월 7일에 발동된 '원로원 최종 결의'의 내용이다. 원로원 최종 결의는 국가가 긴급한 위기에 처했다고 판단할 경우 공포되는 비상사태 선언이다. 비상사태는 오늘날 계엄령과 같은 것으로, 원로원의 최종 결의에 따르지 않는 자는 국가의 적인 반역자로 규정되어 재판도 받지 못하고 사형당하는 운명을 맞게 된다.

당시 갈리아 총독인 카이사르를 제거하기 위해 원로원에서 폼페이우스와 카이사르 반대파들이 칼을 빼든 것이다. 이미 카이사르의 후임도 결정되었다. 이들은 카이사르에게 로마로 돌아와 직접 집정관 후보로 등록할 것을 명령했다. 카이사르가 명령에 복종하여 귀국하면 사실상 그에게는 사형선고였고, 귀국하지 않고 명령에 따르지 않으면 반역자가 되는 진퇴양난에 빠지고 만 것이다.

이 소식을 전해 들은 카이사르는 병사들을 집합시켜 자신의 반대파들이 자신에게 저지른 부당한 행위에 대해 낱낱이 설명했다. 카이사르가 『내전기』에서 원로원의 최종 결의가 자신을 제거하기 위해 발동되었다는 점을 강조하면서 "카이사르의 명성을 지켜달라"고 호소하며 연설을 마무리했다.

"본인은 9년 동안 그대들의 총사령관이었다. 로마를 위한 그대들의 노고는 본인의 지휘와 하늘의 도움으로 빛나는 전과를 만들어냈다. 그대들은 수많은 전투를 승리로 이끌었고 갈리아와 게르마니아 전 지역을 평정했다. 이제 나는 그대들에게 카이사르의 명성을 지켜주고 적들의 공격을 물리쳐줄 것을 요구하는 바이다."

연설을 마친 후 카이사르는 "주사위는 던져졌다"는 말과 함께 국경선인 루비콘 강을 건넜다. 기원전 49년 1월 12일 루비콘 강을 건너는 순간, 카이사르의 운명과 함께 로마의 운명도 바뀌었다. 그가 결단을 내리기까지에는 많은 고뇌의 시간들이 있었다. 8년 동안 치른 갈리아전쟁은 이민족과의 싸움이었기에 명분이 있고 실리도 있었다.

그러나 루비콘 강을 건너는 순간 싸움의 대상은 동족이었고, 이는 내전을 의미한다. 공화정 로마에서는 개선장군이어도 원로원의 허가가 없으면 국경인 북쪽의 루비콘 강과 남쪽의 브린디시에서 군대를 이끌고 국내에 들어올 수 없도록 법으로 규정되어 있기 때문이다. 그런데 카이사르가 칼을 겨누는 대상은 폼페이우스와 원로원 의원들, 로마 병사들이었다. 폼페이우스는 3두정치를 이끌었던 정치적 파트너였고, 자신의 외동딸과 결혼하여 사별하긴 했지만 한때 사위이기도 했다. 원로원 의원은 카이사르의 동료이며, 로마 병사들은 얼마 전까지 갈리아전쟁에서 자신을 위해 목숨 걸고 싸웠던 부하들이 포함되어 있었다. 하지만 그는 고뇌에 찬 결단을 내렸다. 공화정 체제의 근본적인 문제를 해결하기 위해서는 획기적인 발상의 전환이 필요한 시점이라고 생각했기 때문이다.

카이사르가 국경을 넘었다는 말을 듣고 폼페이우스를 비롯한 원로원파는 로마를 빠져나가는 실수를 범하고 말았다. 카이사르는 그들을 추적하여 남쪽의 국경선인 브린디시까지 내려갔다. 원로원 의원들은 폼페이우스를 믿고 원로원 최종 결의를 내렸지만, 폼페이우스는 우왕좌왕하면서 카이사르에게 기선을 제압당했다. 이때 공화정의 신봉자인 카토는 시칠리아에서 군대를 모집하는 데 열중하고 있었다. 그런데 카이사르 군대가 시칠리아로 진군하고 있다는 소식을 듣고 폼페이우스에게 배신당했다며 공개적으로 비난하고 나섰다. "폼페이우스는 전혀 준비가 되어 있지 않은 때에 불필

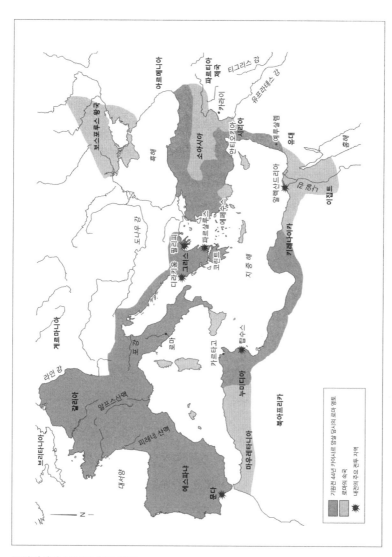

공화정시대 로마의 영토 확장

요한 전쟁을 시작했고, 나를 비롯한 원로원의 여러 의원들이 이의를 제기하는데도 전쟁 준비가 끝났다고 선언했다."

카이사르는 그리스의 디라키움에서 격전을 벌였으나 패배했다. 이후 카이사르는 교묘한 철수 작전과 기발한 전략으로 기원전 48년 8월 9일, 그리스 테살리아 지방의 파르살루스 평원에서 벌어진 '파르살루스 전투'에서 승리를 거두었다. 폼페이우스군은 5만 4,000명인 반면 카이사르군은 2만 3,000명에 불과했다. 절반도 안 되는 전력으로 승리를 거둠으로써 내전은 사실상 마침표를 찍었다. 간신히 목숨을 건진 폼페이우스는 알렉산드리아로 도망쳤다. 이집트 왕의 고문들은 상륙 허가를 해주었으나, 한 로마인 변절자가 그를 칼로 찔러 살해했다. 사흘 후 카이사르가 도착했을 때 폼페이우스의 머리를 선물로 제시하자, 카이사르는 눈물을 흘리면서 정중히 매장하도록 지시하고 살해 가담자들을 처형하도록 명령했다.

기원전 48년 가을, 카이사르가 알렉산드리아에 머루를 때 이집트의 권좌는 클레오파트라의 남동생이 쥐고 있었다. 카이사르는 매혹적인 클레오파트라에게 빠져 그녀에게 독단적으로 권좌를 돌려주었다. 남동생의 고문들은 국왕 군대를 동원하여 카이사르에게 도전했지만, 카이사르는 도착한 원군과 합류하여 이집트 군대를 격파했다. 클레오파트라와 숱한 염문을 남긴 채 기원전 47년 봄, 카이사르는 이집트를 떠났다.

카이사르는 시리아, 킬리키아, 카파도키아를 지나 폰투스로 갔다. 그는 젤라(터키의 질레)에서 폰투스 왕 파르나케스를 격파하고 그의 군대를 궤멸시켰다. 전투가 끝난 뒤 로마 원로원에 "왔노라, 보았노라, 이겼노라"고 간단히 보고했다.

기원전 46년, 카이사르는 아프리카로 건너가 탑수스(오늘날의 튀니지)에서 폼페이우스의 잔류병들을 섬멸했다. 아프리카 탑수스에서 승리를 거둔 뒤 카이사르는 기원전 46년 로마에 도착한 후 오랫동안 기다려온 개선식을 거행했다.

개선식은 치렀으나 또 한 차례의 원정이 남아 있었다. 에스파냐에서 폼페이우스의 두 아들 그나이우스와 섹스투스 그리고 아프리카에서 도피한 라비에누스가 대대적인 반란을 일으켰기 때문이다. 카이사르는 기원전 45년, 문다에서 폼페이우스파의 마지막 저항을 분쇄했다. 문다 회전은 카이사르가 치렀던 가장 힘겨운 전투이자 마지막 전투였다.

05

원로원 의원이 알면 평민도 알아야 한다
(기원전 59)

카이사르는 기원전 59년 3두정치에 힘입어 처음으로 집정관이 된 후 아무도 상상하지 못했던 두 가지 개혁을 단행했다. 즉, 원로원 의사록의 공개와 농지법 개혁이다. 이 내용은 앞에서 간단하게 언급했으나 좀 더 자세히 살펴보자.

카이사르는 '집정관 통달'이란 형태로 원로원에서 이루어진 논의, 토론, 결의한 내용 등을 이튿날 포로 로마노의 한쪽 벽에 빠짐없이 실었다. 원로원 의사록은 매일 공개되었기 때문에 일보(日報)라고 불렀다. 그래서 훗날 학자들은 이 일보를 '신문의 시초'라고 평가하기도 한다.

이전에는 원로원 내부에서 논의된 회의 내용은 원로원 의원이 아니면 알 수 없었다. 원로원 회의는 '회원제 클럽' 같은 성격으로 운영되었기 때문이다. 폐쇄된 공간에서 일어난 일이라 회의장에서 나온 의원들의 입을 통해서나 민회에 제출되었을 때 비로소 일반인에게 알려졌다. 그래서 내용이 부분적이고 생동감이 없었다. 하지만 하루 전에 일어났던 일을 전부 기록해서 다음 날 모든 정보를 공개하면서 일반인들도 오늘날 신문을 보는 것처럼 생생한 뉴스를 접할 수 있게 되었다.

카이사르는 유권자는 정보를 얻을 권리가 있기 때문에 집정관 통달을 감행했다고 말한다. 시민의 알 권리를 위해 제공된 일보는 시민들의 마음을 흡족하게 했다. 이는 원칙에 관한 문제였기에 원로원 의원 누구도 공개적으로 이의를 제기할 수 없었다.

필립 프리먼은 『카이사르』에서 카이사르가 "모든 원로원은 회의와 민회 과정을 매일 기록하고 발표하도록 지시했다. 이로써 민중파나 보수파 모두 비밀과 부정이라는 장막 뒤에 숨을 수 없게 되었고, 로마 전체가 지켜보는 가운데 말하고 행동할 수밖에 없었다"라고 그 효과를 평가했다.

매일 정보가 공개됨으로써 누가 타격을 받았을까? 원고를 준비하고 수정을 많이 하는 사람들이 큰 타격을 입었다. 특히 당대의 석학이자 원로원 의원인 키케로가 가장 큰 피해자였다. 키케로는 글을 쓰거나 발언할 때 퇴고를 많이 한 것으로 유명하다. 이와 관련하여 재미있는 에피소드가 있다. 키케로에게 변론을 맡겼다가 패소하는 바람에 외국으로 망명한 어떤 인물이 변론집에 실린 키케로의 글을 읽고 다음과 같이 개탄했다. "이 변론집에 쓴 것처럼 나를 변호했다면 나도 이런 데서 물고기만 먹으며 살지는 않았을 것이다."

카이사르가 공개한 일보 덕택에 이제 일반 시민들도 원로원에서 무슨 일이 일어나고 있는지 하루만 지나면 자세히 알게 되었다. "원로원 의원이 알면 시민도 알아야 한다"는 언론의 자유가 실현된 덕분이다.

로마 시민들은 2,000년 전에 언론의 자유를 누린 것이다. 우리나라에도 군사 정부 시절에 정부의 언론 통제가 있었다. 민감한 내용은 보도할 수 없도록 통제했던 것이다. 그래서 극히 일부의 사람들만 진실을 알 수 있었다. 그때 유행했던 말이 '유비통신'이었다. 유비통신은 유언비어가 통신의 역할을 한다는 뜻이다. 언론을 통제하면 유언비어가 진실을 더욱 왜곡시켜 민심을 흉흉하게 만들었다.

그러나 지금은 어떤가? 이제 진실을 숨기는 것은 불가능한 시대가 되었다. 언론의 자유는 그만큼 중요하다. 카이사르의 개혁 조치가 주목받는 이유는 무려 2,000년 전에 언론 자유의 중요성을 깨닫고 오늘날의 신문과 같은 조치를 취했기 때문이다. 원로원 의사록을 다음 날 공개한 것은 신선한 충격이었다.

또한 카이사르는 '공직자 윤리법'을 제정하여 공직자의 행동 강령을 100여 항목에 걸쳐 규정했다. 그 내용을 시오노 나나미는『로마인 이야기』4권에서 상세히 소개한다. 우선 공직자는 1만 세스테르티우스가 넘는 선물을 받지 못하도록 규정했다. 이 법률을 위반하면 수뢰죄로 재판을 받을 뿐 아니라, 유죄로 결정되면 원로원 의석을 박탈당했다.

나아가 이 법은 세제의 공정성과 투명성을 위한 조항도 만들었다. "속주에 근무하는 공무원은 납세자 명단을 공표해야 할 의무가 있었다. 각 속주의 주요 도시 2개와 수도 로마를 합하여 3곳에 납세자 일람표를 벽에 써 붙여, 그 내용을 누구나 일목요연하게 알 수 있도록 했다."

왜 그랬을까? 총독을 비롯한 관리들이 속주민의 납세 의무를 결정하는 단계에서 뇌물이나 정실이 개입할 여지를 배제하기 위해서다. 이는 담당자가 마음대로 세금을 매기지 못하게끔 방지하는 효과가 있었다. 동시에 세금을 내기 어려운 사람들을 상대로 하는 고리대금업자의 횡포를 막기도 했다. 당시에 공인된 연리는 12%였으나 48%까지 받는 원로원 의원도 있었기 때문이다. 시오노 나나미는 이 법의 효과를 이렇게 밝혔다. "이 법률은 그로부터 600년 뒤에 로마의 모든 법률을 집대성한 유스티니아누스 황제의『로마법대전』에도 수록된 사실이 보여주듯, 로마 국가가 존속하는 동안 계속 효력을 갖게 되었다."

06

뜨거운 감자, 농지법을 개혁하다
(기원전 59)

정치인들이 정말로 손대고 싶지 않은 정책이 하나 있었다. 토지 소유를 제한하는 농지 개혁에 관한 법, 즉 '농지법'이었다. 이 법안이 제출될 때마다 로마 사회는 원로원파와 민중파가 양분되어 혼란에 빠지고 유혈 사태가 일어났고, 제안자가 살해되는 경우도 있었다. 기원전 133년에 호민관 티베리우스 그라쿠스가 살해되었고, 기원전 100년에도 호민관 사투르니누스가 목숨을 잃었다. 그 후에는 아무도 농지법안을 제출할 용기를 내지 못했다.

　기원전 59년, 카이사르는 집정관 취임 3개월이 되면서 이 법안을 원로원에 무모할 정도로 용감하게 제출했다. 공화정 체제하에서 법안을 제출하는 데는 두 가지 방법이 있었다. 하나는 원로원에서 가결하고 민회가 승인하는 방법이고, 다른 하나는 원로원이 반대해도 민회의 가결을 통해 정책화하는 방안이다.

농지법 개혁이 정치권에서 뜨거운 감자가 된 데는 법안 제출 방법과도 관련이 있다. 지금까지 제안자들은 주로 두 번째 방법에 호소했다. 호민관이 앞장서서 법안을 제출하면 원로원의 극렬한 반대에도 불구하고 민회에 올려 법안을 통과시키려고 시도했다. 농지법은 원로원파에서 보면 체제에 반대하는 것으로 여겨졌기 때문에 자객을 시켜 제안자를 살해함으로써 법안 통과를 무산시키곤 했다.

카이사르는 첫 번째 방법을 선택했다. 그라쿠스와 사투르니누스는 원로원 의원이 아니고 호민관이었기에 두 번째 방법을 선택할 수밖에 없었다. 그러나 카이사르는 집정관으로서 원로원 의장이므로 원로원을 통해 법안을 통과시키려 했다. 카이사르가 원로원에 제출한 '율리우스 농지법'은 그라쿠스 형제가 제출한 '셈프로니우스 농지법'을 보완하여 원로원의 자극을 최소화하기 위해 각별한 주의를 기울였다. 먼저 두 법안의 공통점과 농지법이 통과되는 과정을 시오노 나나미는 『로마인 이야기』 5권에서 자세히 설명하고 있다.

"사유재산권은 기본권이라는 로마법의 정신에 따라, 사유지는 아무리 광대해도 재분배 대상으로 삼지 않는다. 재분배 대상은 국유지에 한정한다. 빌릴 수 있는 국유지의 상한선은 호주인 경우

500유게라다. 아들 명의로 1인당 250유게라를 추가하되 가족 전체가 1,000유게라를 초과하지 못한다. 그리고 현재 1,000유게라 이상의 땅을 임차하고 있는 가족은 잉여분을 국가에 반환하고, 국가는 반환한 땅의 면적에 따라 보상금을 지불한다."

카이사르는 원로원과의 충돌을 피하기 위해 재원 마련과 원로원의 참여를 유도했다.

첫째, 1,000유게라 이상의 부정 임차지를 국가가 환수하는 데 필요한 보상금과 새로 분배될 토지에 대한 선행 투자비로 폼페이우스가 오리엔트에서 귀국하여 국고에 납입한 2억 세스테르티우스를 사용한다. 지금까지 원로원은 농지법이 제안될 때마다 재원 마련의 어려움을 문제 삼아 반대해왔는데, 이번에는 재원 문제가 해결되었기 때문에 더 이상 반대할 명분이 없었다.

둘째, 부정 임차지 반환에 따른 보상금 액수를 결정하는 것은 감찰관의 권한으로 하여 원로원이 주도하도록 했다. 감찰관은 공화정 때부터 있던 관직으로 집정관을 지낸 사람이 선출되는 까닭에 집정관보다 더 존귀한 자리로 평가되었다.

셋째, 임차 농지 재분배를 실시하는 상설 위원회는 20명의 위원으로 구성하고, 법안 제출자는 그 위원회에 참여하지 않도록 했다. 그라쿠스 형제의 농지법에서는 위원을 3인으로 하고 호민관인 형제가 위원에 직접 참여하여 호민관 주도의 반체제 운동임을 분명히 했다. 하지만 카이사르는 위원회에 참여하지 않았고 위원 수도

20명으로 대폭 늘렸으며 원로원파의 거물인 키케로를 참여시켜 당파성을 배제하기 위해 노력했다.

이와 같은 노력에도 불구하고 원로원 토의에서 대다수 의원들은 농지법에 반대하는 입장을 보였다. 카이사르는 첫째 날은 원로원 의원들이 마음껏 소신을 밝히도록 내버려두었다. 그런 다음 의원들에게 법안 통과를 강행할 것임을 비장한 어조로 밝혔다.

"원로원 의원 여러분, 나는 여러분에게 국가에 중요하기 이를 데 없는 농지법의 재판관이자 심판자가 되어달라고 부탁했습니다. 원로원에서 철저한 토론을 거친 뒤에 민회에 회부할 수 있으리라고 기대했기 때문입니다. 하지만 여러분은 그렇게 할 의지도 없고, 그럴 능력도 없다는 것을 보여주었습니다. 그러므로 이제는 시민들의 결정에 맡길 수밖에 없습니다."

카이사르는 포로 로마노 광장에서 민회를 소집하여 법안 통과의 수순을 밟았다. 첫 번째 발언자로 카토를 지명했다. 카토가 연설하면서 법안 통과를 저지하려 하자, 시민들이 고함을 지르며 필사적으로 반대하는 바람에 카토는 연설을 중단한 채 퇴장하고 말았다. 다음에는 동료 집정관인 비불루스를 발언자로 지명했다. 비불루스는 겁에 질린 나머지 몇 마디 언급하고 스스로 연단에서 내려와버렸다.

세 번째 발언자로 지명받은 사람은 3두정치의 일원인 크라수스였다. 크라수스는 짧은 연설로 "법안에 찬성한다"는 뜻만 밝히고 발언을 마무리했다. 크라수스의 찬성은 경제인인 기사 계급을 대표하므로 큰 의미가 있었다.

카이사르는 네 번째 발언자로 폼페이우스를 호명했다. 연설 솜씨가 시원치 않은 폼페이우스를 배려하여 처음에는 문답식으로 진행했다. 카이사르가 율리우스 농지법의 항목을 하나씩 낭독하고 폼페이우스가 그 항목에 찬성하는지 반대하는지를 물었다. 묻는 항목마다 폼페이우스가 "찬성한다"고 크게 외치면 군중들의 환호와 뜨거운 박수 소리가 장내를 뒤흔들었다. 폼페이우스는 연설을 시작했고 흥분한 목소리로 마무리했다. "집정관과 시민 여러분께서 저를 이렇게까지 믿어주는 것은 더없는 명예입니다. 농지법은 반드시 제정되어야 합니다. 만약 누군가가 이 법안에 칼을 들이댄다면, 이 폼페이우스가 방패가 되어 막아설 것입니다."

이렇게 해서 농지법은 카이사르가 제안한 대로 의결되어 통과되었다. 농지법을 둘러싸고 원로원파와 민중파 간에 70여 년 동안 벌어졌던 피로 얼룩진 갈등은 마침내 종지부를 찍었다.

07

1년 365일의 태양력 달력을 만들다
(기원전 49~44)

로마가 사용한 달력은 왕정시대의 2대 왕 누마가 만든 태음력으로, 1년이 355일이었다. 남는 날수는 몇 년마다 한 달을 늘리는 방법으로 조정했다. 이렇게 조정하다 보니 때로는 달력상의 계절과 실제 계절 사이에 3개월 가깝게 차이가 나기도 했다. 필립 프리먼은 『카이사르』에서 "어느 해는 추수 감사제가 곡식이 여물기도 전에 시작되었고, 카이사르가 내전을 벌일 당시에는 미처 날짜를 추가하지 않아 계절과 달력이 두 달 이상 차이가 나기도 했다"면서 불편한 사례를 구체적으로 소개하고 있다.

카이사르는 이러한 불편을 극복하기 위해 정확한 달력을 만들 필요성을 느꼈다. 동시에 로마의 속주에서도 동일한 달력을 사용하면 생활 리듬이 어디에서나 같아지리라고 믿었다. "로마 세계는 문화는 다양해도 문명은 공통이어야 한다"고 생각한 카이사르에게 달력을 공유하는 것은 문명 통합의 첫걸음이기도 했다. 카이사르는 로마의 달력을 태양력으로 바꾸는 작업을 시작했다.

달력 개정 작업은 이집트에 머무르는 동안 알게 된 이집트의 천문학자와 그리스인 수학자에게 맡겼다. 로마에 온 과학자들은 심혈을 기울여 지구가 태양을 한 바퀴 도는 데 걸리는 시간을 365일 6시간으로 계산해냈다. 이렇게 해서 365일은 1년이 되고, 1년은 열두 달로 나뉘었다. 1년마다 생기는 오차는 4년에 한 번씩 하루를 더하는 방식으로 윤년을 만들어 2월이 29일이 되도록 했다. 마침내 기원전 45년, 태양력이 탄생했다. 이 태양력은 카이사르의 이름을 따서 율리우스력(曆)이라고 불렸다.

율리우스력은 교황 그레고리우스 13세가 1582년에 다시 개량하여 '그레고리우스력'이 탄생할 때까지 무려 1,600년 이상 지중해 세계와 유럽 및 중근동에서 사용되었다. 그레고리우스가 달력을 개량한 것은 지구의 공전에 정확하게 365일 5시간 48분 46초가 걸린다는 사실을 알았기 때문이다. 율리우스력이 1년을 365일 6시간으로 계산한 것과 비교할 때 11분 14초의 오차밖에 생기지 않았다. 그레고리우스력은 시간만 정확해졌을 뿐 달력의 개념은 율리우스력을 그대로 따르고 있다. 오늘날 우리가 사용하는 달력이 카이사르 때 만들어졌다니 놀라운 일이 아닐 수 없다.

또 하나 로마 세계의 통합을 위해 통화를 개혁했다. 카이사르는 로마 세계 전체의 경제 활성화를 위해 어디서나 통용이 가능한 기축통화를 구상했다. 이를 위해 국립조폐소를 신설했다. 국립조폐소는 원로원이 가지고 있던 조폐권을 넘겨받아 금화, 은화, 동화를 주조하는 업무를 담당했다. 이민족이 자신들의 화폐도 동시에 사용할 수 있게 함으로써 로마 화폐와 지방 화폐를 병용하도록 했다. 이러다 보니 환전상이 생겼다.

카이사르는 해방노예에게도 공직에 진출할 수 있는 길을 열어주었다. 국립조폐소의 소장에 해당되는 '조폐 3인 위원회'의 초대 위원은 3명 모두 카이사르 집안에서 경제통으로 소문난 노예들이었다. 카이사르는 이들을 노예에서 해방노예로 신분을 바꾼 후 임명했다. 이로써 해방노예가 행정 분야로 진출할 수 있는 길을 열어놓았다. 해방노예가 지방의회 의원이나 지방자치단체의 공무원이 될 수 있도록 문호를 개방하자 행정 분야에 대거 등용되었다.

또한 카이사르는 교사와 의사라는 직업 자체에 로마 시민권을 부여했다. 수도 로마에서 교양 과목을 가르치는 교사와 의료에 종사하는 의사에게 일괄적으로 시민권을 주기로 결정한 것이다. 인종, 피부색, 민족, 종교도 따지지 않고 로마에서 교사나 의사로 일하는 조건만 충족시키면 된다.

항소권과 배심원 문제는 로마의 사법 제도에서 가장 중요한 과제였다. '셈프로니우스 법'은 항소권을 보장한 법이다. 즉, 어떤 죄를 지었든 재판을 하지 않고 항소할 기회도 주지 않은 채 사형에 처하는 것을 금지했다. 카이사르는 셈프로니우스 법을 부활시킴으로써 원로원 최종 결의라는 무기를 원로원으로부터 회수해버렸다. 카이사르 자신이 원로원 최종 결의의 희생자였기에 그 문제점을 너무나 잘 알고 있었던 까닭이다. 이제 로마 시민권 소유자는 누구든지 재판도 받지 않고 항소권도 인정받지 못한 채 사형당하는 일은 없었다.

이 법의 혜택을 본 대표적인 사람이 『신약성경』에 나오는 사도 바울이다. 바울은 유대인이지만 로마 시민권자였기 때문에 상소해서 이스라엘에서 로마로 재판 받으러 가는 장면이 나온다.

"내가 가이사(카이사르)께 상소하노라 한대, 베스도가 배석자들과 상의하고 이르되 '네가 가이사에게 상소하였으니 가이사에게 갈 것이라' 하니라."

나아가 재판의 생명은 공정성이다. 공정한 재판을 위해서는 배심원 구성이 중요하다. 그라쿠스 형제 이후 배심원 구성 비율 문제를 가지고 원로원파와 민중파가 끊임없이 대립해왔다.

카이사르는 계급투쟁의 성격을 띠며 권력에 따라 바뀌는 배심원 제도를 폐지하고, 그 대안으로 배심원을 맡을 수 있는 자격을 정했다. 자격 요건은 40만 세스테르티우스 이상의 재산을 가진 로마 시민이다. 이 정도면 중산층 중에서도 상위권에 속한다. 안정된 경제력을 가지고 있으면 노예였던 사람도 배심원이 될 수 있도록 한 것이다. 이렇게 함으로써 배심원 구성을 둘러싸고 끊임없이 제기된 계급투쟁을 마무리했다.

카이사르는 로마법의 집대성을 구상하기 시작했다. 로마법은 성문법의 전통을 가지고 있어 많은 법이 만들어졌지만, 오랫동안 쓰이지 않으면 잊혀지는 법도 많았다. 제정된 법을 집대성해놓으면 만들어진 법이 사장되지 않고 일관되게 적용될 수 있는 장점이 있다. 로마법 역시 로마 세계를 통치하는 데 기준이 되기 때문에 로마법을 집대성할 필요가 있었다.

광활한 제국은 다인종·다민족·다문화·다종교·다언어의 특성을 가지고 있다. 이 모두에 통할 수 있는 것을 만들고 보급할 필요가 있었다. 카이사르는 제국을 관통할 수 있는 공통분모로 로마 달력, 로마 통화, 로마법, 로마가도를 구상하고 실천해나갔다.

08

퍼주는 복지에서 엄격한 복지로 전환하다
(기원전 49~44)

복지 문제는 동서고금을 막론하고 중요한 이슈다. 카이사르의 정치적 기반은 민중파였지만, 최고 권력자가 된 카이사르는 자신의 지지자들만을 위한 편협한 정책을 추진하지 않았다. 국가 전체를 위한 길이 무엇인지를 염두에 두면서 정책을 펼쳐나갔다. 대표적인 사례가 복지 정책이다.

기원전 123년, 가이우스 그라쿠스는 곡물법을 만들어 국가가 밀을 사들인 후 빈민층에 곡물을 싼값으로 배급하는 복지 정책을 시행했다. 원로원파인 술라는 이 제도를 폐지했으나, 아우렐리우스 코타에 의해 다시 부활되었다. 카이사르 당시에도 곡물법을 둘러싸고 정쟁이 끊이지 않았다. 원로원파인 카토는 빈민층의 지지를 얻기 위해 배급 인구의 상한선을 철폐하고 밀을 값싸게 공급했다. 이에 자극받은 민중파 출신 호민관 클로디우스는 빈민층에게 밀을 무상으로 공급하여 가난한 유권자들의 표를 겨냥했다. 원로원파와 민중파 사이에 복지 경쟁이 불붙자, 공짜로 밀을 배급받는 사람의 숫자가 32만 명까지 증가하면서 국가의 재정 압박이 심각한 상태에 이르렀다.

필립 프리먼은 『카이사르』에서 카이사르가 도시의 총인구조사를 실시한 내용을 소개한다. 카이사르는 정확한 조사를 위해 집집마다 조사원을 파견했다. 인구조사가 모두 끝나자, 도시에서 식량 배급을 받을 사람은 32만 명이 아니라 절반 수준인 15만 명이라는 사실이 드러났다. 공짜로 배급받는 수혜자수를 15만 명으로 줄이고, 이를 상한선으로 정하고 증원하는 것을 금지시켰다. 공정한 자격 심사를 위해 이 일만 전담하는 2명의 관리관을 두었다.

카이사르는 "복지는 무조건 퍼주는 것이 아니라 일자리를 얻을 수 있을 때까지 일시적으로 생계비를 지원해주는 것"이라고 생각했다. 심사의 공정성을 확보해야 곡물법을 정치 투쟁에서 지키고 진정한 복지를 실천할 수 있었기 때문이다. 그래서 자신의 지지 기반인 민중파의 이익에 끌려가지 않고 원칙을 가지고 장기적인 관점에서 대응했다.

실업 문제 역시 중요한 과제였다. 실업 문제는 복지로 해결할 수 없으며, 일자리를 주는 것만이 유일한 해결책이다. 카이사르가 농지법을 개혁한 것도 실업 대책의 일환이었다. 로마 군단은 실업 문제를 흡수하는 좋은 창구였다.

그러나 이것만으로는 부족했다. 카이사르는 적극적인 일자리 창출 전략을 구사했다. 그래서 속주에 신도시를 개발하여 실업자나 제대 군인을 이주시켰다. 그러면 이탈리아 안에서 토지를 확보하는 문제로 골치 아플 필요가 없었다. 게다가 로마 시민인 이들이 속주 전역에 이주하여 정착하면 로마화의 선봉에 설 수 있다는 점에서 고무적이었다. 심지어 카이사르는 포에니전쟁이 끝난 후 로마가 소금을 뿌려서 폐허로 만들었던 카르타고와 코린트까지도 다시 개발하여 도시로 회생시켰다. 카르타고는 북아프리카의 수도였고, 코린트는 그리스의 수도였다. 카이사르는 역사와 전통이 있는 도시를 과거의 감정만으로 방치하는 것은 바람직하지 않다고 생각했다. 이렇게 해서 기원전 146년에 멸망한 뒤 폐허가 되었던 카르타고와 코린트는 100년 만에 새로운 모습으로 되살아났다. 카이사르가 카르타고와 코린트를 포함하여 속주에 이주시킨 로마인은 세대주 기준으로 8만 명에 이르렀다.

당시에 수도 로마의 인구는 얼마나 되었을까? 연구자들은 여자, 어린이, 노예, 외국인까지 합쳐서 약 100만 명이었다고 추정하고 있다. 100만 명을 수용한 로마에는 치안과 교통, 청소와 상하수도 문제 등 다양한 문제들이 발생했다. 어떻게 대처했을까?

카이사르는 수도 경찰을 창설하여 치안 유지에 정성을 쏟았다.

치안 유지는 세계의 수도가 된 로마의 얼굴과 같은 역할을 하기 때문이다. 교통은 어떠했을까? 2,000여 년 전에 100만 명이라면 정말 많은 인구였으므로, 도심인 포로 로마노나 시장이 들어서는 테베레 강 일대는 넘쳐나는 사람들로 혼잡하기 이를 데 없었다. 그래서 교통규제가 뒤따랐다. 낮에 가마를 탈 수 있는 사람들은 기혼 부인과 여사제로 제한한 것이다. 짐수레도 교통 혼잡의 주범이기 때문에 야간에만 통행할 수 있도록 했다. 카이사르도 시내에서는 수레를 타지 않고 걸어 다녔다.

카이사르는 로마가 제국의 수도인 까닭에 도로포장, 상하수도 등에 있어서 기능뿐만 아니라 운영 면에서도 쾌적함을 갖추어 삶의 질을 높일 수 있도록 재설계했다. 시오노 나나미는 소아시아 태생인 인문지리학의 선구자 스트라보를 인용하여 수도 로마의 모습을 다음과 같이 설명했다.

"그리스인은 아름답고 안전하며 수출입에 필요한 항구까지 갖춘 도시를 건설하면, 그것으로 도시는 완성되었다고 생각했다. 한편 로마인은 그리스인이 소홀히 한 것까지 정비하지 않으면 도시가 아니라고 생각한다. 예를 들면 도로포장과 상하수도 설비 등이 그렇다. 특히 로마인의 하수도는 훌륭해서 로마 시가지의 지하에 그물처럼 뻗어 있다. 아치 모양의 석조 하수도이기 때문에 하수도 위는 그대로 도로로 쓰이고 있다. 도시 전체에서 나오는 하수는 모두 테베레 강으로 흘러나가도록 되어 있다. 도로포장도 선진화되어 있어서, 시내 도로만이 아니라 모든 지방을 연결하는 가도까지 포장되어 있다. 로마가도는 언덕을 깎아내어 지형의 높낮이를 고르게 만든 뒤에 건설된다. 이렇게 만들어진 로마가도는 평탄하기 때문에 짐수레에 짐을 더 많이 실을 수 있다. 상수도 설비도 완벽해서 어느 집이든 음료수가 부족하지 않다. 저수조를 갖추고 있는 집도 많고, 개중에는 온종일 물을 뿜어 올리는 분수까지 갖춘 집도 있다.”

카이사르는 복지 정책, 실업 대책, 치안 유지, 상하수도 관리 등 사회복지 개혁을 단행했다. 특히 카이사르가 자신의 정치적 지지 기반인 민중파에 끌려다니지 않고, 포퓰리즘을 배격하면서 엄격한 복지 정책을 실시한 점은 오늘날 복지 정책을 추진할 때도 시사하는 바가 크다.

09
종신 독재관이 되어 제정의 길을 열다
(기원전 44)

집정관, 원로원, 민회는 로마 정치 체제의 핵심이다. 이 체제를 카이사르는 어떻게 변화시켰을까? 먼저 카이사르는 원로원 의원의 정원을 600명에서 900명으로 늘렸다. 원로원 의원의 정원은 초대왕 로물루스 시대의 100명에서 시작하여 300명을 유지해오다가 술라가 600명으로 증원했다. 그리고 카이사르가 다시 900명까지 확대시켰다.

술라와 카이사르는 똑같이 300명씩 의원수를 늘렸다. 하지만 목적은 달랐다. 술라는 새로운 피를 수혈하여 원로원의 역할을 강화하기 위해서였고, 그 대상은 본국에 사는 로마 시민으로 국한시켰다. 반면에 카이사르가 증가시킨 의원수는 속주에 사는 시민권 소유자와 군단의 백인대장이 대부분이었다. 심지어 최근에 정복한 중북부 갈리아의 부족장에게도 의석을 제공했다. 도널드 R. 더들리는 『로마 문명사』에서 "원로원은 로마와 이탈리아뿐만 아니라 속주들에서 선발된 그의 지지자들로 채워졌다. 그것은 카이사르가 제안한 조치들을 추인하는 고무도장이 되었다"며 "원로원 수의 증가는 원로원 약화에 목적이 있다"고 설명했다.

카이사르는 원로원의 역할을 보조적인 기능으로 한정했다. '원로원 최종 결의'와 같은 형태의 계엄령을 선포할 수 있는 주도적인 정치 기능을 해서는 안 된다는 입장이었다. 원로원은 단순히 행정관들을 모아두는 역할을 하면서 집정관의 정치를 보좌하는 기능으로 전락했다. 이에 대해 본국 출신 원로원 의원들은 부정적으로 여겼다. 숫자가 많아지는 것은 희소성이 떨어지기 때문에 의원의 몸값을 떨어뜨렸다. 또 자신들이 야만족이라고 여기는 갈리아인에게도 의원 자리를 주었으니 품격이 저하된다고 생각해서 불쾌하게 여기는 사람들도 적지 않았다.

이 무렵 로마 시민권자는 100만 명이 넘었다. 로마에서는 기원전 90년에 이탈리아반도에 사는 모든 자유민에게 로마 시민권을 허용했다. 시민권을 가진 유권자는 본국 이탈리아반도 전역에 흩어져 있을 뿐만 아니라, 로마가 패권 국가가 되면서 지중해 전역으로 퍼져나갔다. 이런 경향은 앞으로 점점 확대될 전망이었다.

유권자가 100만 명을 넘으면 직접민주주의가 가능할까? 이제 수도 로마에 유권자를 모아 민회를 개최하는 것은 물리적으로 불가능한 상황이었다. 사실상 기원전 91년 동맹시 전쟁의 결과 이탈리아반도 전역의 자유민이 시민권자가 된 후로, 민회의 본래 기능은 사라진 것이나 마찬가지였다. 카이사르는 민회가 형식적 기관으로 떨어졌지만 로마 공화정의 상징인 까닭에 폐지하지는 않았다. 민회는 독재관 카이사르가 결정한 일을 추인하고, 민회에서 선출하는 정부 요직에 대한 인물을 선거를 통해 추인하는 역할을 위해 존재했다.

민회가 형식적인 기관으로 전락하면서 호민관 역시 유명무실해졌다. 그러나 호민관에 대한 카이사르의 생각은 술라와 같은 원로원파와는 달랐다. 술라는 호민관이 항상 반체제 운동의 기수였다고 판단하고 호민관의 권한을 억제하려고 했다. 하지만 카이사르는 민중의 힘을 바탕으로 권력 기반을 구축했기 때문에 호민관의 역할에 대해서는 긍정적인 입장이었다. 다만 그 역할을 호민관이 독자적으로 하는 것이 아니라 집정관이 동시에 할 수 있는 방안을 구상하기 시작했다. 그것이 바로 독재관의 형태로 나타났다.

카이사르 정치 개혁의 핵심은 종신 독재관이 되는 것이다. 종신 독재관은 공화정의 종말을 의미하고 제국으로 가는 길을 열었다. 그러나 공화정에 익숙한 로마 시민들은 왕정에 대해 알레르기 반응을 보였다. 로마 공화정의 뿌리를 흔든다고 보았고, 1인에게 모든 권력이 모이는 것을 경계했다. 그래서 '임페라토르'는 개선장군에게 경의를 표하기 위해 붙여졌고, 그 의미는 총사령관일 뿐이었다. 또한 '프린켑스'는 원로원 의장을 뜻하고 그 이상의 의미를 가져서는 안 된다는 생각이 지배적이었다.

그러나 기원전 46년에 내전에서 승리한 카이사르는 임기 10년의 독재관에 스스로 취임했다. 독재관만이 로마 국법이 인정하는 유일한 단일 행정직인 까닭이다. 독재관 제도는 집정관 체제에서 긴급사태가 일어났을 때 신속하게 결정을 내리기 위해 만들어진 제도다. 독재관은 2명의 집정관이 분담했던 권력을 독재관 한 사람이 독점적으로 행사하게 함으로써 대내외적인 위기 상황에 슬기롭게 대응하기 위한 위기관리 시스템이었다. 독재관의 임기는 6개월에 불과했으나 이 기간 동안 독재관의 결정에 집정관도 이의를 제기할 수 없을 만큼 전권이 주어졌다. 다른 관직은 선거로 뽑혔지만, 독재관은 2명의 집정관 중 한 사람이 지명하면 성립되었다.

독재관은 대체로 전시와 같은 비상사태 때 지명되었지만, 평화시에라도 전염병이 발생하여 심각한 피해를 입거나 질서의 빠른 회복이 필요한 경우에도 지명되었다. 호민관의 거부권도 독재관에게는 통하지 않았다. 기원전 202년 이후 아무도 독재관에 임명된 적이 없었으나, 기원전 81년에 술라가 무기한 임기의 독재관에 취임하면서 독재관직이 부활되었다.

카이사르는 독재관을 임시직이 아니라 상설직으로 바꾸려 했다. 독재관은 집정관의 역할과 호민관의 역할을 한 사람이 동시에 하므로, 원로원파와 민중파의 결합, 체제와 반체제의 통합 역할을 단독으로 하는 셈이었다. 이를 통해 국내 계급투쟁을 일소하고, 광대한 로마 세계를 효율적으로 통치할 수 있다고 생각했다.

수에토니우스에 의하면 카이사르가 "술라는 정치를 모르는 정치가였다"며 2년 만에 스스로 독재관에서 물러난 것을 폄하했다고 전한다. 이는 독재관을 스스로 물러나지 않겠다는 뜻이기도 했다. 기원전 44년 1월, 카이사르는 원로원과 민회의 추대로 종신 독재관에 취임했다. 독재관은 상설직이 되었고 평시 공화정의 최고위직이었던 집정관은 독재관을 보좌하는 부독재관으로 전락했다. 드디어 황제 체제인 제정(帝政)으로 가는 길이 열린 것이다.

IO

브루투스 너마저!
카이사르의 암살
(기원전 44)

"로마가 낳은 유일한 창조적 천재."

공화정시대의 로마사를 쓴 몸젠이 카이사르를 평가한 말이다. 카이사르는 최고 권력자가 되고 5년 동안 쉬지 않고 빠른 속도로 정치, 경제, 사회 등 각 분야에서 개혁을 거듭했다. 앞에서 소개한 개혁 내용은 대표적인 사례일 뿐이다. 그는 마치 최고 권력자의 임기가 5년 단임제인 것처럼 개혁을 추진했다. 급진적인 개혁은 원로원파를 불안하게 만들었다. "이대로 가면 공화정은 끝난다. 왕정이 시작된다"고 믿었던 보수적인 원로원파는 카이사르에 대한 불안한 마음을 숨길 수 없었다. 숨 가쁘게 몰아치는 개혁의 광풍과 함께 카이사르에게 주어진 특권은 점점 늘어만 갔다. 도널드 R. 더들리는 『로마문명사』에서 "국가의 모든 유효한 권한들이 카이사르 개인에게 집중되었다"면서 그가 받은 특권을 소개했다.

"가장 큰 특권은 독재관이다. 기원전 49년에 독재관직이 주어졌고, 기원전 46년에 10년 임기의 독재관, 기원전 44년 1월에 종신 독재관이 되었다. 호민관에게만 인정되는 거부권과 신성불가침권의 권리도 받았다. 개선장군에게만 일시적으로 부여되는 임페라토르 칭호를 언제나 사용할 수 있는 권리, 개선장군이 입는 자줏빛 망토를 평소에도 입을 권리, 원로원에서 먼저 투표할 권리, 평소에도 월계관을 쓸 수 있는 권리, 달력에 카이사르가 태어난 달을 기념하여 명칭을 율리우스(July)로 바꾸는 권리 등이 파격적으로 주어졌다."

카이사르가 가진 중요한 특권들을 보면 이미 황제의 위치에 오른 것이나 다름없었다. 사실상 제정이 시작된 셈이다. 군중 속에서 카이사르를 향해 "왕이여, 만수무강하소서!"라고 인사하자 "나는 카이사르이지 왕이 아니오"라고 대답했을 정도다.

로마 시내에는 파르티아(오늘날의 이란) 원정을 발표하고 종신 독재관에 취임한 카이사르에 대해 "왕위를 노리고 있다"는 소문이 파다하게 퍼져나갔다.

기원전 44년 3월 15일, 드디어 운명의 날이 밝았다. 수에토니우스는 운명의 날에 일어난 일을 소개하고 있다. 원로원 회의는 평소와 마찬가지로 오전 10시 폼페이우스 회랑에서 시작되었다. 카이사르가 회의장으로 가고 있을 때 한 점술가가 가로막고 "카이사르여, 3월 보름을 조심하시오" 하고 경고했다고 한다. 하지만 그의 말을 무시하고 걸어갔다. 무기를 가지고 원로원 회의장에 들어가는 것은 금지되어 있었다. 사실 경호도 무방비 상태였다. 카이사르는 에스파냐와 게르만 병사로 이루어진 호위대를 원로원 의원들의 서약을 받은 후 해산해버린 상태였기 때문이다. 독재관은 24명의 수행원이 같이 행동하지만, 무기를 든 경호원은 아니었다. 더욱이 회의 중에는 가까이 갈 수 없고 멀리 떨어져서 대기하고 있었다.

암살자들은 회의가 시작되기 직전에 거사를 실행에 옮겼다. 암살 음모에 60명이 넘는 원로원 의원들이 가담했다고 한다. 이들은 카이사르를 마구 찔러 무려 23군데나 상처를 입혔다. 카이사르는 자신이 총애했던 브루투스를 보자 "브루투스, 너마저!"라고 외치면서 숨을 거두었다. 공교롭게도 그가 쓰러진 곳은 오랜 정적이었던 폼페이우스의 조각상 발치였다.

암살에는 주동자와 얼굴마담이 있는 법이다. 주동자는 카시우스 롱기누스이고, 얼굴마담은 마르쿠스 브루투스였다. 카시우스는 기원전 54년 크라수스의 파르티아 원정에 회계감사관으로 종군했다. 이 전투에서 카시우스는 총사령관 크라수스를 버리고 500명의 기병과 함께 도망쳐서 목숨을 건졌다. 내전이 일어났을 때는 폼페이우스 진영에 가담했다가 카이사르에게 투항했고 적극적으로 협조했다. 카시우스는 카이사르의 충성파로 여겨지던 브루투스의 누이를 아내로 맞이했다. 기원전 44년에 카시우스와 브루투스는 동시에 법무관에 취임했다.

그런데 카시우스에게 불만이 생겼다. 브루투스는 수도 담당 법무관으로서 수석 법무관에 임명되었다. 반면에 카시우스는 본국 로마에 거주하는 외국인 담당 법무관에 임명된 것이다. 카시우스는 자신보다 경력이 떨어지는 브루투스를 오히려 좋은 자리에 앉힌 것이 불만이었다. 이런 전력 때문에 카시우스가 암살을 주도하면 따라올 사람이 거의 없었다.

그래서 얼굴마담으로 내세운 인물이 바로 마르쿠스 브루투스다. 그는 로마 왕정을 타도하고 공화정을 출범시킨 브루투스의 후손이다. 더욱이 카이사르의 애인으로 알려진 세르빌리아의 아들이었다. 세르빌리아는 미망인은 재혼하는 것이 관례였던 시대에 재혼도 하지 않은 채 카이사르를 일편단심 사랑했다. 카이사르는 애인의 아들인 브루투스에게 관용을 베풀었다. 내전 때 브루투스는 어머니의 반대를 뿌리치고 폼페이우스 진영에 가담하여 포로가 되었다. 그러나 세르빌리아의 부탁을 받은 카이사르가 "브루투스만은 무슨 일이 있어도 절대 죽이면 안 된다"고 명령한 덕분에 목숨을 건지고 석방될 수 있었다.

카시우스는 브루투스를 얼굴마담으로 내세울 때 어떻게 설득했을까? 아마도 남자의 자존심에 호소했을 것이다. 필립 프리먼은 『카이사르』에서 그 과정을 실감나게 묘사했다.

"카시우스와 불만 가득한 원로원 의원들은 수백 년 전 브루투스 가문의 조상이 로마의 마지막 왕을 권좌에서 끌어내렸듯이, 지금의 브루투스 역시 행동에 나서야 한다고 압력을 넣었다. 매일 밤 로마의 옛 영웅 브루투스의 조각상에는 선동적인 내용의 낙서가 등장하곤 했다.

오! 당신이 살아 있다면! 당신의 후손은 기대를 저버렸다오. 우리는 새로운 브루투스가 필요하오."

브루투스는 압력을 견디지 못하고 굴복하고 말았다. 그는 카이사르가 지금껏 베풀어준 호의에도 불구하고 카이사르 살해 음모를 지휘하기로 결심했다. 결국 브루투스가 일을 저질러 카이사르가 쓰러졌다. "브루투스, 너마저!"라는 외마디비명과 함께.

II

역사를 바꾼 카이사르의 유언장
(기원전 44)

"우리가 카이사르를 죽인 것은 그를 미워했기 때문이 아니라 그보다 로마를 더 사랑했기 때문이다. 카이사르를 그대로 두면, 카이사르를 제외한 모든 로마인은 노예가 될 것이다. 우리는 로마인의 자유를 빼앗으려 한 카이사르를 쓰러뜨렸다."

브루투스가 카이사르 암살 다음 날 포로 로마노 광장에서 연설한 내용이다. 암살의 정당성을 알리려 한 것이었지만, 군중의 싸늘한 반응에 오히려 당황했다. 다른 암살자들이 카이사르를 비난하자 군중의 분노가 폭발했고, 암살자들은 생명의 위협을 느낀 나머지 피신하지 않으면 안 되었다. 군중의 분노는 "당신들은 애국적인 행동을 한 것이 아니라 살인적인 행동을 했다"는 응답이었다.

이 무렵 카이사르의 유언장이 유족과 집정관 안토니우스와 측근들이 지켜보는 가운데 공개되었다. 시오노 나나미는 『로마인 이야기』 5권에서 암살되기 6개월 전에 작성된 유언장의 내용을 소개했다.

1. 카이사르 소유 재산의 4분의 3은 가이우스 옥타비우스와 아티아의 아들인 옥타비아누스에게 남긴다.
2. 나머지 4분의 1은 루키우스 피나리우스와 퀸투스 페디우스에게 절반씩 나누어준다.
3. 제1상속인인 옥타비아누스가 상속을 사양할 경우, 상속권은 데키우스 브루투스에게 돌아간다.
4. 옥타비아누스가 상속할 경우 유언 집행 책임자로 데키우스 브루투스와 마르쿠스 안토니우스를 지명한다.
5. 제1상속인 옥타비아누스는 상속과 동시에 카이사르의 양자가 되고, 아들이 된 뒤에는 카이사르라는 성을 이어받는다.
6. 수도에 사는 로마 시민에게는 1인당 300세스테르티우스씩을 주고, 테베레 강 서안에 있는 카이사르의 소유 정원도 시민들에게 기증한다. 이 일을 실행할 책임자는 제1상속인으로 한다.

"도대체 옥타비아누스가 누구인가?"
유언장이 공개되었을 때 제일 먼저 터져 나온 질문이다. 당시 그의 나이는 18세에 불과했다. 아버지 가이우스 옥타비우스는 기사 계급 출신으로 원로원 의원을 지냈고, 어머니 아티아는 카이사르의 누이동생의 딸이었다. 그러니까 옥타비아누스는 카이사르의 누이의 외손자다.

유언장의 핵심은 무엇인가? 카이사르는 옥타비아누스를 양자로 삼아 율리우스 카이사르라는 성을 주어 후계자로 지명한 것이다.

반면에 유언장을 보고 실망한 사람이 둘 있었다. 클레오파트라와 안토니우스였다. 클레오파트라는 카이사르와의 사이에 아들을 낳았으나, 카이사르는 야속하게도 아무런 언급이 없었다. 카이사르는 합법적인 결혼을 통해 낳은 아들이 없기 때문에 클레오파트라는 자신이 낳은 아들이 후계자가 되리라고 기대했다. 당시 로마에 머물던 클레오파트라는 유언장이 공개되자 크게 낙담한 나머지 아들을 데리고 서둘러 로마를 빠져나갔다.

안토니우스 역시 참담한 심정이었다. 카이사르의 최측근이라고 생각한 그는 후계자는 당연히 자신이 되어야 한다고 믿었다. 더욱이 그는 현직 집정관이었다. 안토니우스가 전쟁터에서는 능력이 탁월하지만 나라를 통치할 만한 인물로 보지는 않았다는 뜻이다.

그러면 옥타비아누스를 후계자로 지명한 배경은 무엇일까? 유언장을 작성할 당시 카이사르는 암살당하리라고 상상도 못했을 것이다. 18세인 옥타비아누스가 정치 무대에 등장할 수 있는 30세가 될 때까지 개혁을 단행하여 로마 세계를 반석 위에 올려 안정된 정치

체제를 만든 후 후계자로서 물려주려 했는지도 모른다.

카이사르는 누이의 외손자인 옥타비아누스와 함께 살았기에 성격과 장단점을 잘 알고 있었다. 옥타비아누스의 아버지는 지방 소도시 출신으로 원로원 의원을 지냈으나 일찍 세상을 떠났고, 어머니는 그 후 곧 재혼했다. 로마에서는 재혼하면 자녀를 데리고 가지 않는 관례 때문에 옥타비아누스는 누나와 함께 외할머니 슬하에서 자랐다. 외할머니 율리아는 과부가 되자 친정으로 돌아와 카이사르 어머니와 함께 살았다. 이렇게 해서 옥타비아누스는 카이사르 집에서 자라게 되었다.

어려서부터 옥타비아누스의 자질과 능력을 꿰뚫어본 카이사르는 그를 자신의 후계자로 삼았다. 카이사르는 옥타비아누스가 전쟁 수행 능력은 떨어지지만, 평화 시에 통치할 능력이 있다고 평가했다. 반대로 안토니우스는 전쟁 수행 능력은 있지만, 평화 시의 통치 능력은 떨어진다고 생각했다. 전쟁 수행 능력이 부족한 부분은 동갑내기인 군사적인 천재 아그리파를 붙여 보완하도록 했다. 실제로 카이사르는 옥타비아누스를 아그리파와 함께 파르티아 원정군이 집결해 있는 그리스 아폴로니아로 보냈다. 그래서 카이사르가 암살당했을 때 옥타비아누스는 로마에 없었다.

한편 카이사르가 미리 유언장을 작성한 선견지명에 놀라지 않을 수 없다. 최고 권력자로서 아무것도 두려울 게 없는 상황인데도 유언장을 남겨 후계자를 밝혀둔 것이다. 암살은 전혀 예측하지 못한 일이었다. 어린 옥타비아누스는 카이사르의 유언장 덕택에 14년간의 권력투쟁을 거쳐 훗날 로마제국 최초의 황제인 아우구스투스가 되었으니, 카이사르의 안목이 돋보인다.

카이사르와 아우구스투스는 역사상 창업과 승계의 대표적인 성공 모델이다. 창업자의 리더십과 수성자의 리더십은 다르다. 산에 오르는 리더십과 내려오는 리더십은 다르기 때문이다. 개인이든 기업이든 국가든, 창업과 승계는 중요한 과제다. 우리가 2,000년 전의 로마 역사에 관심을 갖는 이유 역시, 시간과 공간을 뛰어넘어 오늘날에도 시사점이 많은 까닭이다. 카이사르는 기원전 100년에 태어나서 기원전 44년에 암살을 당해 55세로 삶을 마감했다. 아우구스투스는 카이사르가 암살당한 후 14년 동안 권력투쟁을 거쳐 기원전 27년에 로마제국의 초대 황제가 되어 서기 14년에 76세를 일기로 세상을 떠났다.

카이사르와 아우구스투스가 활동하던 시절 우리나라에서는 무슨 일이 일어나고 있었을까? 김부식의 『삼국사기』에 의하면 신라는 기원전 57년, 고구려는 기원전 37년, 백제는 기원전 18년에 국가가 세워졌다고 전한다. 카이사르가 갈리아전쟁을 시작한 해가 기원전 58년, 루비콘 강을 건넌 해가 기원전 49년, 암살당한 것은 기원전 44년, 아우구스투스가 황제가 된 것은 기원전 27년이다. 신라, 고구려, 백제를 창건한 박혁거세와 주몽과 온조가 카이사르 및 아우구스투스와 동시대의 인물이다. 또 서로마가 쇠망하는 5세기는 한반도에서 고구려의 광개토대왕과 장수왕이 만주벌판을 휘저으며 최고의 전성기를 구가하게 된다. 이처럼 로마와 한반도를 비교해본다면 역사를 공부하는 기쁨과 즐거움은 더욱 배가되리라.

12

카이사르는 영웅인가, 재앙인가?
(기원전 49~44)

카이사르에 대한 평가는 관점에 따라 달라진다. 시오노 나나미는 로마인 이야기 15권 중에서 카이사르에 관한 내용을 두 권에 걸쳐 집필했는데, 4권은 『율리우스 카이사르 상』, 5권은 『율리우스 카이사르 하』로 이름 붙였다. 그는 카이사르에 대해 이탈리아 고등학교 역사 교과서에 실린 글을 인용하면서 100점 만점을 주었다. "지도자에게 요구되는 자질은 다음의 5가지다. 지성, 설득력, 지구력, 자제력, 지속적인 의지. 카이사르만이 이 모든 자질을 두루 갖추고 있다." 그녀는 카이사르에 심취하여 카이사르를 지나치게 미화하고 제국주의를 정당화했다는 비판을 받는다.

플루타르코스는 『영웅전』에서 카이사르를 "인류에게 가져다줄 재앙"이었다고 가혹하게 평가한다. 카이사르가 일으킨 내전의 마지막 전투로, 폼페이우스의 아들들이 아버지의 복수를 위해 벌인 전쟁에서 카이사르는 저항하던 로마 군인 3만 명을 무참하게 살해한 후 거창한 개선식을 올렸다. 그래서 플루타르코스는 카이사르를 몰염치하고 부도덕한 인간으로 평가했다.

"이것이 카이사르가 벌인 마지막 전쟁이다. 이 전쟁을 기념하기 위해 치러진 개선행진은 로마인들을 그 어느 때보다 불쾌하게 만들었다. 타국의 장군이나 이방 민족의 왕과 싸워 얻은 승리를 기념하는 자리가 아닌, 로마 최강 집안의 아들들과 혈육들이 불행을 만나 처참히 절멸한 것을 기념하는 행사였기 때문이다. 조국의 재앙을 축하하며 개선행진을 한 행위는 카이사르답지 않았다. 어쩔 수 없는 일이었다는 평계를 대는 것 외에 신들 앞에서나 다른 사람들 앞에서나 도저히 항변할 수 없는 행위를 저지르고도 카이사르는 자랑스러워하고 있었다."

수에토니우스는 『열두 명의 카이사르』에서 카이사르의 관용에 대해 극찬을 아끼지 않았다. "기회가 있을 때면 불구대천의 원수라 하더라도 기꺼이 화해를 청했다." "카이사르는 천성적으로 원한을 품는 사람이 아니었다." "폼페이우스가 공화국 편에서 카이사르와 적극적으로 싸우지 않는 자는 모두 공공의 적으로 간주하겠다고 선언한 반면, 카이사르는 자신에게 적극적으로 대항하지 않는 자는 모두 자기편으로 여기겠다고 말했다."

그런 다음 카이사르에 대해 비판적인 글을 실었다. "그가 암살될 만했다는 주장도 이런 말과 행동에 따라 정당화되고 있다"며 카이사르에게 주어진 영예와 특권을 나열했다. 그리고 "그는 이런 영예나 특권을 사양한 적이 거의 없었다"고 마무리했다. 결국 카이사르의 교만이 불행을 자초했다는 뜻이다.

카이사르에 관한 '빚쟁이 에피소드'도 카이사르 평가에 있어서 흥미로운 부분이다. 법무관 임기를 끝내고 에스파냐 총독으로 떠나려는 카이사르에게 불상사가 생겼다. 빚쟁이들이 몰려와 "빚을 갚지 않으면 못 떠난다"며 농성을 벌이는 바람에 임지로 떠날 수 없게 된 것이다. 사실 카이사르는 이미 30세 때부터 빚쟁이로 소문이 나 있었다. 카이사르가 회계감사관에 취임할 때까지 진 부채 총액이 1,300달란트나 되었다고 한다. 이 돈은 11만 명 이상의 병력을 1년 동안 유지할 수 있는 거금이었다. 이때부터 빚쟁이로 유명했던 카이사르는 계속해서 빚을 지고 있었고, 그러다가 총독으로 부임하려는 결정적인 순간에 발목이 잡힌 것이다. 다행히 그 시절 최고 부자인 크라수스가 빚을 갚아야 할 기한을 연장해주고, 다른 빚에 대한 보증까지 서줘서 간신히 떠날 수 있었다.

빚이 소액일 때는 채권자가 강자이지만, 그 액수가 많아지면 관계가 역전되는 법이다. 하기야 우리 속담에도 "돈은 앉아서 빌려주고 서서 받는다"고 하지 않는가. 카이사르에게 돈을 빌려준 크라수스는 채권자에서 재정 후원자로 그 위치가 바뀌었다.

그러면 카이사르는 왜 이렇게 많은 빚을 졌을까? 우선 책을 사느라 빚을 졌다. 또 친구들한테 아낌없이 돈을 썼고, 애인들에게 빚을 내서 선물했다.

카이사르에 대한 평가는 학자들 사이에서도 엇갈리고 있다. 『가이우스 율리우스 카이사르』의 저자인 에이드리언 골즈워디는 카이사르 평가의 상반된 입장을 이렇게 정리한다.

"오늘날 학자들은 과거사를 연구할 때 냉정하고 객관적인 자세를 지니도록 훈련받는다. 하지만 고대 역사가들 거의 대부분은 카이사르라는 인물에 대해 강한 개인적 견해를 보였다. 어떤 사람들은 그에게 감탄하고 그를 숭배했으며, 공화정이 직면한 거대한 문제점들을 인식하고 이를 해결하고자 한 통찰력 있는 이상주의자라고 평했다.

반면 다른 이들은 그에게 지극히 비판적이었으며, 법률과 관습을 무시하고라도 권좌에 오르려 했고 그 권력을 가지고 무엇을 할지에 대한 명확한 목표도 없었던 일개 귀족에 불과했다고 평했다. 그런 평론가들은 그가 기회주의적인 방식으로 권력이라는 목표를 이루었다고 강조하는 경향이 있다. 카이사르에게는 분명 기회주의적인 요소가 있었다. 하지만 그것은 모든 성공한 정치인들에게 공통적이다."

인간은 불완전한 존재이기에 어느 쪽을 바라보느냐에 따라 다른 평가를 내릴 수 있다. 이러한 관점은 2,000년이 지난 오늘날의 인물에 대한 평가에서도 마찬가지다. 하지만 카이사르가 천년제국 로마의 초석을 깔았다는 점을 부인하기는 어렵다. 카이사르는 원로원파와 민중파 간에 피비린내로 얼룩진 악순환의 고리를 단절시키고 클레멘티아(clementia), 관용을 외치며 실천하기 위해 노력한 점은 결코 과소평가할 수 없다.

개선인가? 개혁인가? 혁명인가?

로마 역사는 끊임없이 기득권을 유지하려는 원로원파와 이를 타파하려는 민중파의 대립이었다. 공화정 체제의 문제점을 근본적으로 지적한 최초의 사람은 바로 그라쿠스 형제였다. 그라쿠스 형제는 농지법 개혁을 추진하다가 기득권의 희생양이 되어 목숨을 잃었다. 그러면서 농지법은 개혁의 상징이 되었다. 그래서 카이사르도 집정관이 된 후 첫 번째 개혁으로 농지법을 들고 나온 것이다.

　농지법은 개혁의 신호탄이었다. 기원전 509년에 시작된 공화정 체제의 문제점에 대해 근본적인 질문이 시작된 것이다. 이는 정책 하나를 바꾼다고 해서 해결될 문제가 아니었다. 공화정 체제 자체를 깊이 들여다보고 보완하지 않으면 안 될 만큼 절박한 것이다.

이런 고민과 갈등이 원로원파와 민중파의 혼란으로 표출되었다.

문제는 바라보는 시각과 방법에 따라 "개선이냐? 개혁이냐? 혁명이냐?"의 세 갈래로 구분할 수 있다. 대표적인 인물이 바로 술라와 키케로와 카이사르다. 먼저 로마 공화정의 발전 과정을 살펴보자.

공화정 체제는 한니발과 전쟁을 치르는 포에니전쟁 때까지는 효율적인 제도였다. 즉, 로마가 지중해의 패권 국가로 부상한 것은 전적으로 공화정 체제의 우수성에 힘입은 바 크다. 그래서 포에니전쟁 시대의 그리스 역사가인 폴리비오스는 "로마의 정치체제는 집정관으로 대표되는 군주정치의 이점, 원로원으로 상징되는 귀족정치의 이점, 민회로 구현되는 민주정치의 이점을 조합한 이상적인 정치체제"라고 높이 평가했다.

문제는 카르타고를 무찌르고 지중해의 최강자가 되면서 생겨났다. 외부의 적이 사라지자 내부에서 문제가 노출되기 시작한 것이다. 로마 정치체제의 위기라는 동일 현상에 대한 세 사람의 각기 다른 시각과 처방을 살펴보자.

술라는 기원전 81년 독재관에 취임하여 위기관리 내각을 조직하고 절대 권력을 휘두르면서 원로원파 중심의 개혁을 추진했다. 반대파는 살생부를 만들어 살해했고, 생존자는 공직에서 추방시키거나 재산을 몰수하는 등 피비린내 나는 숙청을 단행한 것이다. 숙청 작업을 마무리한 후 정치 개혁의 목표를 "원로원 체제를 보강함으로써 통치 능력을 회복하는 것"으로 정했다. 이를 위해 엄격한 연 공서열 제도를 실시하여 개인이 특별히 부각되는 것을 경계했다. 원로원 의원의 교육을 강화하고 공직 경험의 기회를 확대하여 지 도층의 리더십을 높임으로써 통치 능력을 향상시키도록 노력한 것 이다. 그러나 술라는 자신과 뜻을 같이하는 코드 인사에 집착하여, 반대파는 무자비하게 제거하며 공포정치를 펼친 까닭에 전체 시민 의 마음을 사로잡는 데는 실패했다.

키케로는 체제의 개선을 선택했다. 그는 술라의 피비린내 나는 공포정치가 사람들의 마음을 황폐하게 만들고 시민들을 양분시켰 다는 문제점을 인식했다. 그래서 지도자들이 노블레스 오블리주를 회복하여 공직 생활을 정화할 것을 주장했다. 언론이 공직 생활의 정화를 가져올 수 있다고 믿었던 것이다. 그가 많은 저서를 발간하 고 기회가 있을 때마다 글을 쓴 것은 지도자들의 리더십을 높이기 위한 전략의 일환이었다. 이 전략은 실행 능력이 뒷받침되지 않아 당시에는 성공할 수 없었다. 하지만 키케로는 근대에 들어 유럽과 미국에서 정치인들의 롤 모델이 되어 오늘날까지 큰 영향을 미치 고 있다.

카이사르는 클레멘티아, 즉 관용을 새로운 정책의 캐치프레이 즈로 내걸었다. 카이사르는 술라의 공포정치를 경험하고 키케로 의 공직 생활 정화도 지켜보면서 현 체제를 뛰어넘을 수 있는 근본 적인 개혁, 즉 체제 자체를 뜯어고치겠다는 혁명적인 발상을 했다.

어느 곳에 가든지 "나는 술라와 다르다"는 점을 강조했다. 우선 반대파들이 건네준 살생부를 불태워버렸다. 반대파에 섰던 사람들도 모두 용서하고 자신의 직무에 종사하도록 관용을 베푼 것이다. 심지어 원로원 최종 결의를 통해 자신을 반역자로 규정했던 전직 집정관 마르켈루스의 귀국도 허락했을 정도였다.

카이사르는 과거의 틀에서 벗어나 정파를 초월하여 조국의 미래를 바라보며 함께 힘을 모으자는 클레멘티아를 추진해나갔다. 내전의 여파를 불안하게 바라보던 시민들은 피의 보복이 멈추고 관용 정책이 지속적으로 실천되면서 안도했다. 물론 일부 세력은 카이사르가 언제 독재자로 변할지 모른다는 불안과 두려움을 갖고 경계심을 늦추지 않았다.

이런 시대적 상황에서 카이사르는 공화정 체제의 개혁이 필요하다고 느꼈고, 원로원파와 민중파의 적대적인 관계를 청산할 수 있는 근본적인 해결 방안에 몰두하기 시작했다. 나아가 광활한 제국을 효율적으로 통치하기 위한 시스템 구축의 필요성을 절감했다. 그래서 민중파와 원로원파의 갈등을 해소하고 제국의 효율적인 통치가 가능한 시스템인 황제 체제의 청사진을 마련한다. 최고 권력자가 된 후 5년 만에 정치, 경제, 사회분야에서 괄목할 만한 개혁을 실시하여 성공을 거두었다. 그렇지만 급격한 개혁은 원로원파를 불안하게 만들었다. 카이사르가 황제가 되려 한다는 소문이 점점 확산되면서 공화정의 위기를 느낀 원로원파는 그를 암살하게 된다.

매년 권력층이 바뀌는 공화정 체제는 내부적으로도 문제가 있을 뿐만 아니라 외부인 속주를 관리하는 데도 효율성 면에서 문제가 있었다. 당시에는 교통과 통신 시설이 발달되지 않아서 중앙정부인 로마와 속주 사이에 메시지 전달이 어려웠다. 그래서 카이사르가 공화정을 폐지하고 황제 체제인 제정을 창안하게 된 것이다. 카이사르가 공화정 지지파들에게 암살당한 후 기원전 27년 아우구스투스가 사실상의 제정을 실시함으로써 482년 동안 유지되었던 공화정은 대단원의 막을 내렸다.

IV

로마제국의 승계자
아우구스투스의 점진적인 개혁

기원전 44~서기 14년

OI

18세 애송이 옥타비아누스의 대담한 행동
(기원전 44)

카이사르의 암살 소식은 어린 옥타비아누스에게 청천벽력이었다. 카이사르는 옥타비아누스의 종조부, 즉 외할머니의 오빠였다. 영웅으로 생각했던 할아버지의 죽음은 충격이었다. 하루라도 빨리 로마로 돌아가는 것이 자손의 도리라고 생각했다. 당시에 옥타비아누스는 카이사르의 지시로 그리스의 아폴로니아에 파견 나가 있었다. 앤서니 에버렛은 『아우구스투스』에서 옥타비아누스가 당차게 대처하는 모습을 다음과 같이 묘사하고 있다.

　암살 소식을 듣고 그는 지체 없이 로마로 향해 길을 떠났다. 도중에 카이사르가 자신을 후계자로 지명하고 양자로 삼아 성까지 물려주었다는 사실을 알았다. 주변에서는 로마에서 이미 권력을 장악한 안토니우스가 살해할 수도 있으니 "로마로 가지 말고 기다리면서 사태를 관망하는 것이 좋겠다"고 조언했다. 하지만 옥타비아누스는 로마로 가서 정면 돌파하겠다는 강한 의지를 보였다.

카이사르의 유언장은 무명의 옥타비아누스를 순식간에 명문 귀족의 후계자로 끌어올렸다. 로마의 정치가들은 그가 "두려움에 벌벌 떨면서 그리스에 처박혀 사태를 관망하고 있으리라"고 생각했는데, 예상을 깨고 단시간에 귀국한 것이다. 국법을 지키기 위해 군대는 데려오지 않았다. 다만 아그리파를 비롯한 수행원들이 그와 함께 왔다.

먼저 옥타비아누스는 당대 최고의 석학인 키케로를 방문했다. 키케로가 이제는 아버지가 된 카이사르와 절친했고 존경하는 원로라는 이유로 찾아가 인사를 했던 것이다. 키케로는 자신을 존중해서 찾아온 옥타비아누스의 방문에 의미를 부여하고 기분이 좋았다. 옥타비아누스는 카이사르가 가지고 있지 않은 장점이 있었다. 바로 부드러운 태도였다. 그는 인사성이 밝기 때문에 만나는 사람마다 호감을 주는 매력이 있었다.

예의 바른 옥타비아누스는 연장자에 대한 예의를 갖추어 카이사르의 2인자인 안토니우스의 자택도 방문했다. 안토니우스는 그를 쌀쌀하게 대했고 비협조적이었다. 옥타비아누스는 안토니우스에게 "카이사르의 유지를 받들겠다. 그리고 가지고 있는 돈을 돌려달라"고 강하게 요구했다. 옥타비아누스는 돈이 필요했다. 로마에서는 존경받는 명사가 죽으면 그 후계자는 고인을 기리는 연극을 상연하고 경기 대회를 주최하는 것이 관례였다. 경기 대회는 무료로 초청하기 때문에 비용이 많이 들었다. 또 카이사르의 유언에 따라 옥타비아누스는 수도에 사는 로마 시민에게 300세스테르티우스를 지급해야 한다. 그러나 안토니우스는 여러 가지 핑계를 대며 돈을 돌려주지 않았다.

안토니우스가 돈을 돌려주지 않자, 옥타비아누스는 카이사르와 가까웠던 재력가들을 찾아가 도움을 청했다. 그중에서도 명망이 있는 마티우스를 찾아갔다. 하지만 키케로가 훼방을 놓았다. 옥타비아누스가 카이사르를 계승하면 카이사르를 제거한 의미가 없다고 생각했기 때문이다. 키케로는 마티우스에게 편지를 보내어 옥타비아누스의 부탁을 거절하라고 당부했다. 이에 대해 시오노 나나미의 『로마인 이야기』 5권에 실린 마티우스가 보낸 답장을 인용한다.

"키케로여, 당신은 카이사르를 추모하는 경기 대회 자금을 내가 책임진다는 소문을 듣고 나한테 편지를 쓴 모양인데, 나는 이것을 개인의 의무로 받아들였을 뿐, 거기에 정치적인 의미는 전혀 없소. 위대한 인물이자 절친한 친구이기도 했던 사람을 기리기 위해, 개인적으로 경의가 담긴 선물을 하는 것뿐이오. 나는 이 젊은이의 진지한 부탁을 뿌리칠 수 없었소. 그 청년이 카이사르의 후계자로 어울리는 인물이라는 것도 나에게는 더없는 기쁨이었소."

카이사르 추모 경기 대회의 준비는 순조롭게 진행되었다. 마티우스와 경제계의 또 다른 거물이 지원하면서 로마 경제계 전체가 지원하게 된 것이다. 대회는 카이사르가 태어난 7월에 성공적으로 개최되었고, 이 소식은 로마에 있는 오피니언 리더들에게 강한 인상을 심어주었다. 아무것도 모르는 철부지라고 여겼던 옥타비아누스가 재정 문제를 해결하고 아버지의 뜻을 받들어 추모 대회를 연 것은 대단한 일이었다.

7일 동안 계속된 카이사르 추모 경기 대회에는 여자들을 포함하여 모든 시민이 초대되었다. 참가한 시민들은 56회 생일을 앞두고 안타깝게 암살당한 카이사르를 그리워하며 암살자들에 대한 원망과 복수심을 불태웠다. 옥타비아누스는 아버지의 유언대로 시민들에게 300세스테르티우스를 나누어주었다. 상상하기 힘든 큰 대회를 애송이라고 생각한 젊은이가 성공적으로 해내자 삽시간에 소문이 퍼져나갔다. 그 소문은 로마 시내를 넘어 이탈리아반도 전체로, 그리고 속주에까지 알려졌다. 옥타비아누스가 카이사르의 아들로서 성공적인 데뷔를 한 것이다.

예상과 달리 옥타비아누스가 당차고 빠른 속도로 카이사르의 후계자로 자리를 굳혀나가자, 안토니우스는 무척 당황스러웠다. 원로원은 8월 초에 회의를 열고 집정관 안토니우스가 제안한 의제를 가결했다. 겉으로 보기에는 집정관인 안토니우스와 돌라벨라가 집정관 임기를 마치면 기원전 43년에 부임할 임지를 정하는 형태를 취했지만, 실제로는 카이사르의 암살자들에게 면죄부를 주는 결정 안을 마무리하는 데 초점이 맞추어졌다. 이 결정은 두 가지 의미를 가지고 진행되었다.

첫째, 안토니우스가 옥타비아누스를 의식하지 않고 카이사르의 후계자가 되겠다는 의지를 공개적으로 밝혔다.

둘째, 암살자들을 사실상 사면시켰다. 마케도니아 속주 총독에 임명된 브루투스와 시리아 속주 총독이 된 카시우스가 공무를 띠고 이탈리아를 떠날 수 있게 되었기 때문이다.

안토니우스는 암살자들과도 손을 잡고 그들을 사면시켜서라도 옥타비아누스의 힘을 약화시키고 자신이 권력을 잡겠다는 의도를 분명히 드러냈다.

O2
2차 3두정치가 시작되다
(기원전 43~42)

정치는 상황의 산물이다. 상황이 변하면 인간관계도 변하고, 어제의 적이 오늘의 동지가 되기도 한다. 안토니우스가 입지를 강화하기 위해 키케로를 비롯한 암살자 지지자들과 손을 잡고 법안을 통과시킨 덕택에 브루투스는 마케도니아로, 카시우스는 시리아로 당당하게 떠날 수 있었다.

키케로는 공화정의 부활을 위해 할 일이 있다고 생각했다. 안토니우스의 전횡을 막기 위해 기원전 44년 9월부터 무려 14회에 걸쳐 '안토니우스 탄핵' 연설을 했다. 하지만 그의 연설은 기대한 만큼의 효과를 거두지 못했다. 그러면 키케로는 왜 안토니우스만을 공격하고, 옥타비아누스는 표적으로 삼지 않으며 오히려 찬사까지 보냈을까? 앤서니 에버렛은 『아우구스투스』에서 키케로의 말을 소개했다.

"가이사르 카이사르는 젊은이, 아니 거의 소년이라고 할 수 있지만 신뢰할 만한 사람입니다. 또 신과 같은 지성과 용기를 겸비했으며, 무적의 퇴역병들로 강력한 군대를 만들었지요. 그는 공화국의 존속을 위해 자신이 물려받은 재산을 아낌없이 쏟아 부었습니다."

이는 안토니우스와 옥타비아누스를 이간질하려 했기 때문이다. 그래서 안토니우스는 공격하고 옥타비아누스는 칭찬하는 전략을 구사했다. 또 옥타비아누스를 어린애라고 과소평가하는 면도 있었다.

이런 상황에서 옥타비아누스는 영향력을 점점 높여나갔다. 그의 주변에는 카이사르의 옛 측근뿐만 아니라 카이사르의 부하였던 고참병도 모여들고 있었다. 옥타비아누스는 독자적으로 전투를 수행할 수 있을 만한 군대를 손에 넣었다. 원로원은 군사력을 등에 업은 옥타비아누스의 압력에 굴복하여 집정관에 출마하는 것을 인정했다. 기원전 43년 8월, 민회는 압도적인 표를 얻은 옥타비아누스를 집정관으로 선출했다.

집정관에 취임한 옥타비아누스가 가장 먼저 한 일은 무엇일까? 지금까지 안토니우스의 방해로 뜻을 이루지 못한 양자 입적이었다. 민회는 두 손 들어 환영하며 통과시켰다. 옥타비아누스는 드디어 '가이우스 율리우스 카이사르 옥타비아누스'라는 긴 이름을 갖게 되었다. 이제 사람들은 그를 카이사르라고 부르기 시작했다. 두 번째로 한 일은 동료 집정관 페디우스가 제안한 '페디우스 법'을 성립시킨 것으로, 카이사르를 살해한 암살자들을 유죄로 선언하고 추방을 결의했다.

기원전 43년 11월, 북이탈리아 속주에 있는 도시 볼로냐에서 카이사르파가 다시 뭉쳤다. 역사상 '2차 3두정치'가 등장한 것이다. 그래서 안토니우스·레피두스·옥타비아누스의 연합정권이 탄생했다. 기원전 60년 카이사르가 주도했던 '1차 3두정치'는 비공인이었으나, 옥타비아누스가 주도한 '2차 3두정치'는 공인된 통치 형태였다. 이들에게는 법을 제정하거나 폐지하고 공직자를 임명할 권리가 주어졌다. 누구도 그들의 결정에 이의를 제기할 수 없었다.

2차 3두정치의 가장 큰 수혜자는 누구일까? 바로 옥타비아누스였다. 우두머리는 나이로 보나 실적으로 보나 안토니우스였다. 안토니우스는 "옥타비아누스가 힘이 있다니, 죽은 카이사르의 이름을 등에 업은 허울뿐인 어린아이에 불과하단 말이야"라고 무시하는 발언을 자주 할 정도로 실질적인 힘을 가지고 있었다.

2차 3두정치는 우선 과제 두 가지를 채택했다. 첫째, 살생부를 작성하여 반대 세력을 철저히 숙청한다. 둘째, 안토니우스와 옥타비아누스는 공동으로 브루투스와 카시우스를 격파한다. 그동안 레피두스는 본국에 남아서 배후를 철통같이 지킨다.

살생부를 불살라버리고 적까지도 포용한 카이사르의 관용 정책이 결국 암살을 불러왔다고 믿었기 때문이었다. 다시 술라의 공포 정치가 부활한 것 같았다. 살생부를 작성할 때 옥타비아누스의 태도에 대해 수에토니우스는 이렇게 전한다.

"그는 처음에는 처형 여부에 대한 동료들의 계획에 반대했지만, 일단 처형 명부를 작성하기로 결정하자 누구보다 가혹했다. 안토니우스나 레피두스는 희생자로 정해진 사람들이 개인적인 영향력을 행사하거나 간청이나 탄원을 하면 종종 마음이 약해졌지만, 아우구스투스 혼자만은 누구도 살려두어서는 안 된다고 고집했다."

살생부에는 원로원 의원 300명과 기사 계급 출신 2,000명의 이름이 올랐다. 원로원 의원 300명 중에 130명은 반역의 죄를 물어 재판도 없이 즉결 처형하기로 결정했다. 이 130명 중 카이사르 암살에 직접 가담한 사람은 소수이고, 대다수는 칼을 휘두른 적도 없고 암살 사건 이후에 암살자들을 도운 것도 아니었다. 하지만 2차 3두정치의 대표자들은 술라를 본받아 정적을 뿌리 뽑는 데 목적을 두고 있었다. 나머지 2,000명의 처벌자는 재산을 몰수당해야 했다. 살생부를 만든 또 다른 속셈은 자금 조달에 있었다. 예나 지금이나 정치를 하기 위해서는 돈이 필요했기 때문이다.

살생부의 맨 위에는 키케로의 이름이 있었다. 죄목은 암살자들의 사상적 지도자였다는 것이다. 키케로는 자신을 잡으러 오는 수색대에 저항하지 않고 순순히 응했다. 안토니우스의 명령에 따라 키케로의 시체는 머리뿐만 아니라 안토니우스에게 고발장을 쓴 오른손까지 잘렸다. 키케로의 목과 손은 로마에 보내져 포로 로마노의 연단에 매달렸다. 이를 본 안토니우스는 "숙청은 이것으로 끝낸다"고 외쳤다.

기원전 42년 1월 1일, 원로원 회의에서 죽은 카이사르를 신격화한다는 결의가 이루어졌다. 카이사르의 신격화 덕택에 안토니우스와 옥타비아누스의 공동 전선이 확고하게 형성되었다.

이제 카이사르 암살의 주모자 카시우스와 브루투스를 처단하는 마지막 복수만이 남았다. 브루투스와 카시우스의 10만 대군과 옥타비아누스와 안토니우스의 12만 대군이 그리스 북부 필리피에서 혈전을 벌였다. 전투에서 패배한 카시우스와 브루투스는 자결로 생을 마감했다. 드디어 카이사르 암살 사건도 2년 만에 막을 내렸다.

03

안토니우스와 클레오파트라의 만남
(기원전 42~37)

"정치 투쟁에서 권력 투쟁으로."

 카이사르 암살에서 브루투스가 죽을 때까지 2년 동안 진행된 로마의 내전은 정치 투쟁이었다. "원로원 주도의 공화정을 유지할 것인가, 한 개인이 통치하는 군주정을 채택할 것인가?" 하는 공화정과 군주정이라는 로마의 국가 시스템을 두고 싸운 정치 대결이었기 때문이다. 정치 투쟁에서 군주정이 승리를 거두었다. 다음 순서는 누가 군주가 되느냐를 놓고 권력 투쟁이 벌어졌다.

 앞으로 10여 년 동안 벌어질 안토니우스와 옥타비아누스 싸움은 권력 투쟁인 동시에 정치 투쟁 성격으로 변질되었다. 카이사르가 설계해놓은 로마 세계의 청사진을 계승하느냐, 마느냐도 쟁점이 되었기 때문이다. 특히 안토니우스는 카이사르의 청사진의 전체 조감도를 이해하지 못했다. 또한 이집트 여왕 클레오파트라의 야심 때문에 정치 투쟁의 성격도 포함하게 되었다. 시오노 나나미는『로마인 이야기』5권에서 안토니우스와 클레오파트라의 사랑과 영욕 그리고 옥타비아누스가 1인자가 되는 과정을 흥미롭게 소개한다.

필리피 회전이 끝난 뒤 안토니우스와 옥타비아누스는 동쪽과 서쪽으로 영역을 분할했다. 카이사르 암살 후 2년 동안 정치 투쟁으로 방치된 로마 세계를 각각 분담하여 복구한다는 것이 표면상의 이유였다. 로마 세계의 동부는 안토니우스가, 서부는 옥타비아누스가 맡기로 한 결정은 안토니우스가 주도적으로 내렸다. 필리피 회전의 사실상 승자는 안토니우스였다. 허약한 체질의 옥타비아누스는 전쟁 기간 중 걸핏하면 앓아누워 전투에 지기도 하면서 가까스로 승리한 까닭이다. 이런 역학 관계에 자신감을 얻은 안토니우스는 카이사르의 후계자가 되겠다는 야심을 다시 불태우게 되었다.

안토니우스가 동부를 선택한 것은 파르티아 원정이 가장 큰 목적이었다. 파르티아 원정은 로마인의 아킬레스건이다. 크라수스가 전쟁에 패하여 목숨을 잃었고, 카이사르가 원정을 앞두고 암살당한 까닭에 미완의 숙제로 남겨진 땅이다. 카이사르가 생전에 이루지 못한 꿈을 이룬다면 옥타비아누스가 카이사르의 양자가 되어 누리는 권위는 물거품으로 만들 수 있다는 계산이 깔려 있었다. 결국 로마 세계는 자신의 손에 들어오리라는 자신감이 있었다. 여기에다 동부의 경제력이 서부보다 월등하다는 점도 작용했다. 속주세만 놓고 볼 때 동부의 징수액은 서부의 징수액보다 규모 면에서 비교가 안 되었던 것이다.

로마 세계의 명실상부한 1인자인 안토니우스 앞에 거칠 것이 없었다. 동쪽으로 가는 그 앞에 제후들은 자발적으로 무릎을 꿇었다. 동방의 제후들은 항상 승자 편에 서왔다. 경제력은 우월하지만 군사력에서 로마를 상대할 수 없는 그들의 생존 방식이기도 했다. 이제 안토니우스 앞에서 복종을 맹세했다. 동쪽으로 가는 안토니우스는 싸움 한 번 하지 않고 행군을 계속하다가 소아시아 남동부의 속주 킬리키아의 수도 타르수스에 당분간 머물렀다. 그곳에서 이집트 여왕 클레오파트라를 소환했다. 강요당했다고는 하지만, 클레오파트라가 브루투스와 카시우스 연합군을 군사적으로 지원한 과오가 있기 때문에, 이를 질책하기 위해 불러들인 것이다.

불리한 상황에서 안토니우스를 만나러 가는 클레오파트라에게는 남다른 면이 있었다. 키케로는 안토니우스를 "독재자요, 깡패요, 주정뱅이요, 겁쟁이"라며 "몸이 건장한 것을 빼고는 아무 장점도, 교양도 없는 사람, 술에 취해 천박한 창녀와 시시덕거릴 줄밖에 모르는 검투사 같은 사내"라고 비난한 적이 있다. 그녀는 안토니우스의 성격과 재능을 파악했다. 안토니우스의 허영심을 자극하여 자기 사람으로 만들어버렸다. 안토니우스를 매혹시킨 클레오파트라는 싸움 한 번 하지 않고 승자가 된 것이다. 그녀는 대범하게 안토니우스를 이집트 왕국의 수도인 알렉산드리아에 있는 자기 집으로 초대했다.

안토니우스는 기원전 41년 가을부터 기원전 40년 봄까지 이집트 궁정에서 여왕이 제공하는 호화로운 생활과 안락한 삶을 누렸다. 반면에 옥타비아누스는 본국에서 악전고투하며 힘든 시간을 보냈다. 설상가상으로 안토니우스의 동생 루키우스와 아내 풀비아가 군대를 모아 반란까지 일으켰다. 이것은 옥타비아누스를 흔들기 위한 안토니우스의 책략이었지만, 옥타비아누스는 반란을 진압해야 했다. 기원전 40년 2월 진압에 성공한 옥타비아누스는 반란 주모자인 풀비아와 루키우스를 그리스로 추방하는 것으로 반란을 마무리했다. 반란에 실패하자 안토니우스는 반란의 책임을 아내에게 전가해버렸다. 이 말을 듣고 화가 난 아내는 도망간 그리스 땅에서 분을 이기지 못해 죽고 말았다.

이런 상황에서 3두정치의 주역인 세 사람이 브린디시에서 다시 만나 각자의 세력권을 3분하는 '브린디시협정'을 맺었다. 로마가 다스리는 지역에서 안토니우스는 동부, 옥타비아누스는 서부, 레피두스는 아프리카를 맡기로 결정한 것이다. 이 협정을 확실하게 하기 위해 안토니우스와 옥타비아누스는 인척 관계를 맺었다. 아내의 죽음으로 홀로 된 안토니우스는 옥타비아누스의 누나인 옥타비아와 결혼했다. 옥타비아누스는 안토니우스의 전처 풀비아와 첫 남편과의 사이에서 태어난 딸 클로디아와 약혼했다. 훗날 옥타비아누스는 이 약혼을 파혼하고 폼페이우스의 아들 섹스투스의 처고모인 스크리보니아와 결혼했다. 여기서 옥타비아누스의 유일한 혈육인 율리아가 태어났다.

재혼한 안토니우스는 아테네에서 신혼살림을 차리고 로마 남자의 일상으로 돌아가 가정에 충실했다. 딸도 태어났다. 클레오파트라를 피하려고 노력하는 모습을 보였다. 안토니우스가 오직 파르티아 원정에 성공하기 위해 몰입하는 것처럼 보여 부하들도 안심할 정도였다.

기원전 37년 가을, 파르티아 원정을 떠나기로 결심한 안토니우스는 둘째 아이의 해산을 앞둔 아내에게 로마로 돌아가 자신이 돌아올 때까지 기다리라고 말했다. 그리고 동쪽으로 떠났다. 동시에 클레오파트라에게 안티오키아에서 재회할 것을 약속하는 편지를 보냈다.

04

클레오파트라 앞에만 서면 착해지는 남자
(기원전 37~31)

클레오파트라는 안토니우스와의 사이에서 태어난 쌍둥이 남매를 데리고 달려왔다. 4년 만의 만남이었다. 그녀는 애인 관계를 청산하고 정식으로 결혼할 것을 요구했다. 클레오파트라 앞에만 서면 안토니우스는 순한 양처럼 착한 남자가 되었다. 클레오파트라가 요구한 대로 안토니우스는 그리스 식 결혼식을 올리고 두 아이를 적자로 인정했다. 나아가 오리엔트 지방의 통치권을 결혼 선물로 주었다. 그 대부분이 로마 속주이거나 로마가 동맹자로 인정한 제후의 영토였다. 안토니우스가 허락하지 않은 것은 헤롯 왕이 다스리는 유대뿐이었다. 여자의 힘은 정말 놀라웠다.

이 소식을 들은 로마인들은 기가 막혔다. 로마법은 2중 결혼을 허용하지 않는다. 또한 로마의 패권 밑에 있는 많은 지역을 로마의 동맹국에 불과한 이집트에 넘겨버린 처사에 격분했다. 그러나 안토니우스는 이런 비판도 파르티아 원정에 성공만 하면 다 덮을 수 있을 것이라는 착각에 빠져 있었다.

파르티아 원정은 기원전 36년 봄에 시작되었다. 안토니우스가 파르티아 원정을 위해 준비한 전력은 크라수스 때의 3배가 넘는 대규모 병력이었다. 병사만 해도 11만 명이나 되었다. 이에 비해 파르티아군은 총병력이 4만 명에 불과했다. 객관적으로 볼 때 로마군의 승리는 의심할 여지가 없었다. 그러나 동방의 제후들은 "원정의 목적이 방어가 아니라 정복에 있다"는 사실을 간파했다. 이집트 여왕이 로마군을 이용하여 야망을 달성하려 하는 것을 도와주기 싫어서 모두 파르티아 편에 섰다. 이는 너무나 당연한 행동이었다. 방어 전략인 경우에 제후들의 지위는 지켜지겠지만, 정복 전략이 성공하여 이집트의 영유권이 확립되면 자신들의 자리에서 쫓겨나야 했다.

여기서 전략의 차질이 빚어졌다. 로마는 로마 군단의 우수성에도 불구하고, 전통적으로 원정지 주변의 제후나 부족을 로마 편으로 끌어들여 싸우는 방식을 채택해왔다. 카이사르도 늘 이러한 전략을 추구했다. 그러나 안토니우스는 이런 외교적인 노력도 기울이지 않았다. 그 결과 로마와 중동 연합군이 파르티아와 대결하는 것이 아니라, 거꾸로 파르티아와 중동 연합군이 로마와 대결하는 양상으로 바뀌어버렸다.

파르티아 원정은 기원전 36년 3월에 출발하여 10월 말에 철수했다. 8개월 동안 로마군은 전투다운 전투 한 번 제대로 해보지 못하고 패배했다. 11월에 안티오키아로 퇴각했을 때 로마군의 상황은 처참했다. 로마군의 주력 군단병은 3분의 1을 잃어버렸다. 본격적인 전투도 해보지 못한 채 전력 손실만 입고 무기력하게 퇴각해버린 것이다. 참 어처구니없는 일이었다.

파르티아 원정의 실패 소식은 한 달도 지나지 않아 로마에 알려졌다. 옥타비아누스는 아그리파와 함께 일리리아 지방이라고 불리는 아드리아 해의 동쪽 연안 일대를 평정하느라 정신이 없었다. 궁지에 몰린 안토니우스에게 지원군을 보낼 여력도 없었고, 그럴 마음도 없었다.

하지만 안토니우스의 아내 옥타비아는 달랐다. 지원 물자를 구입하고, 군자금을 마련하여 2,000명의 병사까지 고용했다. 그리고 그것들을 직접 안토니우스에게 갖다주려고 했다. 옥타비아가 그리스에 도착했을 때 남편 안토니우스에게서 편지가 왔다. "군단병과 물자만 보내고, 당신은 로마로 돌아가라." 아내는 이번에도 남편 말대로 했다. 그러나 이 사실을 안 동생 옥타비아누스는 크게 화를 내며 관계를 끊을 것을 종용했다. 누나를 걱정하는 동생의 분노와 충고도 현모양처인 옥타비아의 마음을 바꾸어놓지 못했다.

이런 사실이 알려지자, 로마의 일반 민중들조차 분개하기 시작했다. 외국 여자인 클레오파트라를 좋아하고 남편에게 순종하며 헌신하는 로마 여자를 무시하는 안토니우스의 처사를 보면서 마치 자신들이 모욕당한 것처럼 느꼈다.

안토니우스는 파르티아 원정을 다시 시도할 의욕을 잃어버렸다. 대신에 다음 원정지를 파르티아보다 쉬워 보이는 아르메니아왕국으로 정했다. 원정 시기는 1년 뒤인 기원전 34년 봄으로 결정했다. 아르메니아 원정은 저항 없이 싱겁게 끝났다. 안토니우스는 아르메니아 왕과 강화를 맺고 군대를 철수시켰다. 클레오파트라는 안토니우스의 사기를 높여주기 위해 개선식을 준비했다. 장소는 이집트의 수도 알렉산드리아였다.

이집트에서 치루어진 개선식은 로마인들을 또다시 격분시켰다. 개선식은 로마에서 해야 한다는 것이 로마인들의 정서였다. 개선식이란 인간끼리는 축하하고 신들에게는 감사를 드리는 신성한 공식 행사였다. 따라서 로마 시민이 있고 그들을 보호하는 신들이 사는 땅인 로마에서 행해져야 했다. 다른 장소에서 실시한 개선식은 의미가 없었다.

곧바로 안토니우스는 옥타비아누스에게 로마 세계 전체를 동서로 양분할 것을 요구했다. 동시에 아내 옥타비아에게는 이혼을 알리는 편지를 보냈다. 옥타비아누스는 집정관으로서 원로원 회의를 소집하여 다음과 같이 의결했다.

1. 기원전 43년에 결성되어 5년 뒤인 기원전 38년에 다시 5년 기한으로 경신된 '2차 3두정치'를 더 이상 경신하지 않는다.
2. 안토니우스가 결정한 사항들은 원로원의 승인을 받지 않았기 때문에 무효로 간주한다.
3. 로마 세계의 양분은 카이사르의 유지에 어긋나기 때문에 의제로 상정할 것도 없이 기각한다.

옥타비아누스는 일리리아전쟁을 끝내고 개선식도 로마의 전통을 따라 실행했다. 이제 안토니우스와의 싸움만이 남았다. 옥타비아누스는 안토니우스가 저지른 실수와 과오를 모두 따져서 이 싸움을 개인 간의 권력다툼이 아니라 국가 간의 전쟁으로 몰고 갔다. "로마의 적은 안토니우스가 아니라, 로마인 장군을 용병대장으로 만들어버린 이집트 여왕 클레오파트라다." 전쟁에서 명분은 중요하다. 권력 투쟁이 아니라 로마와 이집트의 대결로 전쟁의 양상이 바뀌자, 안토니우스 진영의 병사들의 마음이 흔들리기 시작했다. 옥타비아누스는 홍보에 있어서도 탁월했다.

05
옥타비아누스, 마침내 1인자가 되다
(기원전 31~30)

기원전 31년 3월, 옥타비아누스는 모든 전력을 이끌고 안토니우스가 머무르고 있는 그리스로 건너갔다. 마지막 운명의 결투가 기다리고 있었다. 옥타비아누스와의 결전을 준비하던 안토니우스 역시 마지막 전투에 몰두했다. 클레오파트라는 작전 회의에도 참석하여 의견을 개진했다.

작전 회의가 거듭될수록 안토니우스 휘하의 장수들의 절망도 깊어갔다. "우리는 로마에 충성을 맹세했다. 이집트 여왕의 남편에게 충성을 맹세한 적은 없다." 이런 불만들이 쌓여가면서 옥타비아누스가 그리스에 상륙하자 진영을 이탈하는 장수들이 속출하기 시작했다. 장수가 이탈하면 그 휘하의 장병들도 함께 떠나기 때문에 날이 밝으면 숙영지 하나가 텅 비는 일도 있었다. 격분한 안토니우스는 붙잡히는 탈영병은 사형에 처했지만, 이탈 행렬을 막기는커녕 오히려 부채질하고 말았다.

시간이 흐르면서 안토니우스 세력권에 있는 제후들 중에 옥타비아누스 편에 서겠다는 사람들이 늘어났다. 헤롯 왕이 다스리는 유대가 앞장섰다. 그리스에서는 스파르타가 가장 먼저 옥타비아누스에게 사신을 보내 복종의 뜻을 밝혔다. 안토니우스 진영이 스스로 무너지는 모습을 보이자, 옥타비아누스는 서두르지 않았다. 안토니우스 진영을 떠난 장교들은 "비록 안토니우스를 버렸지만, 그와 정면 대결하여 화살을 쏠 마음은 생기지 않는다"고 솔직하게 털어놓았다. 이들의 주장을 받아들여 옥타비아누스는 휘하 부대에 배치하지 않고 귀국을 허락했다. 이런 소식이 전해지자 탈영병의 숫자가 급격히 불어났다.

기원전 31년 9월 2일, 드디어 운명의 날이 밝았다. 역사상 유명한 '악티움 해전'이 시작된 것이다. 날씨는 맑고, 바람은 동쪽에서 미풍이 불어왔다. 프레베자 만에서 안토니우스군은 바람을 등지고 싸우게 되어 출발이 순조로웠다. 안토니우스의 전법은 해군력의 우위를 바탕으로 적을 포위하는 전략이다. 안토니우스군의 해상 전력은 520척이고, 옥타비아누스는 400척이었다. 아그리파는 프레베자 만의 좁은 어귀를 향해 돌진함으로써 그 열세를 극복할 수 있다고 생각했다.

해전의 전반부까지도 안토니우스에게 유리한 상황이었다. 그런데 갑자기 바람의 방향이 바뀌었다. 지금까지 불던 동풍이 북풍으로 변한 것이다. 아비규환이 일어나면서 클레오파트라는 "어서 돛을 올려라"고 소리치면서 도망가고 말았다. 도망가는 클레오파트라를 발견한 안토니우스도 돛을 올리고 뒤따라갔다. 그날 300척이 넘는 함대가 로마군에 붙잡혔다. 옥타비아누스는 배에 타고 있던 사람들의 목숨은 살려주었다. 그러나 이집트 선박은 전리품으로 뱃머리만 잘라내고 모두 불태워버렸다. 파트라스에서 기다리고 있던 안토니우스의 지상군은 8일 동안이나 사령관이 아무 소식도 없이 나타나지 않자, 목숨을 살려주겠다는 옥타비아누스의 약속을 믿고 저항 없이 항복했다.

안토니우스는 이집트로 도망간 클레오파트라를 따라가지 않고 오늘날 리비아에 해당하는 키레나이카에 상륙했다. 함께 따라왔던 수십 척의 군선과 6,000여 명의 군사를 거느린 채였다. 이제 안토니우스는 아무 일도 하고 싶지 않았다. "혼자 살고 싶으니까 나를 그냥 내버려둬달라"는 편지를 클레오파트라에게 보냈다. 하지만 클레오파트라가 "돌아오라"고 애원하는 편지를 계속 보내자, 안토니우스는 마음이 약해져서 다시 돌아왔다.

기원전 30년 봄, 시리아까지 와 있던 옥타비아누스는 안토니우스와 클레오파트라에게서 각각 편지 한 통씩 받았다.

"나는 자결할 테니 클레오파트라는 살려달라."

"나는 퇴위할 테니 아들의 즉위를 인정해달라."

옥타비아누스는 안토니우스에게는 답장을 보내지 않았다. 그러나 클레오파트라에게는 "무장을 해제하는 것이 선결 문제"라고 답장을 보냈다.

7월 31일, 옥타비아누스가 보낸 기병대와 안토니우스 기병대 사이에 전투가 벌어졌다. 그런데 전투 중이던 안토니우스의 기병들이 갑자기 적진에 투항해버렸다. 그때 클레오파트라는 자기가 죽었다고 안토니우스에게 거짓으로 알리게 했다. 안토니우스는 클레오파트라가 죽었다는 소식에 자살을 시도했다. 가슴을 찔러 상처를 입고 괴로워하는 안토니우스에게 클레오파트라가 아직 살아 있다는 소식이 전해졌다. 피투성이가 된 안토니우스는 부하들에게 클레오파트라가 있는 영묘로 데려가달라고 부탁했다. 그리고 클레오파트라의 품 안에서 초라하게 숨을 거두었다.

이제 클레오파트라만 남았다. 옥타비아누스는 영묘에 숨어 있는 그녀를 산 채로 잡아 연행하라고 명령했다. 클레오파트라는 왕궁으로 끌려왔다. 그곳에서 아들 카이사리온이 옥타비아누스의 명령으로 살해된 것을 알았다. 안토니우스와의 사이에 태어난 아이 3명은 살아 있었다. 클레오파트라는 자살을 결심했다. 구차하게 한 여자로서 살아남기보다는 여왕으로서 죽고 싶었던 것이다. "안토니우스가 묻혀 있는 무덤에 술을 따라주고 싶다"며 영묘로 가게 해달라고 부탁했다. 옥타비아누스는 별말 없이 허락했다. 무덤 옆에는 독사가 숨겨진 무화과 열매를 가득 담은 바구니도 반입되었다. 독사는 야심으로 살아온 39세 여왕의 일생을 한순간에 마무리했다. 클레오파트라는 여왕의 정장을 입고 여왕처럼 죽었다.

클레오파트라의 죽음과 함께 300년 동안 지속된 그리스계의 프톨레마이오스 왕조도 막을 내렸다. 그리고 이집트는 동맹국에서 로마의 속주가 아니라 신의 아들인 옥타비아누스의 개인 영지로 전락했다. 이집트에서는 신의 아들이 아니면 지배자가 될 수 없기 때문이다.

마침내 옥타비아누스는 14년 동안의 권력투쟁에서 승리하여 로마 세계의 최고 권력자가 되었다.

06

MBO의 원조, 철저한 목표 관리
(기원전 29~서기 14)

기원전 29년 8월, 승리자 옥타비아누스는 로마에서 사흘 동안 웅장하고 화려한 개선식을 거행했다. 당시 개선식에서 시가행진을 할 때 노예를 시켜 큰 소리로 "메멘토 모리(Memento mori)"를 외치게 했다. 이는 라틴어로 "죽음을 기억하라"는 뜻이다. 오늘 승리했다고 개선식을 치르지만 인간은 언젠가는 죽는다는 것을 기억하고 겸손하게 행동하라는 의미에서 생겨난 전통이다.

카이사르의 유언장이 공개되었을 때 철부지라고 놀림받았던 옥타비아누스가 로마 세계의 최고 권력자로 역사의 전면에 우뚝 섰다. 그 광경을 누가 상상할 수 있었겠는가? 그는 카이사르가 기대한 대로 후계자로서 반석 위에 올라섰다. 만약에 후계자 선정이 잘

못되었다면 카이사르는 역적으로 남아 불우한 사람으로 역사에 기록되었을지 모른다. 후계자가 성공했기에 카이사르의 역사도 성공한 역사가 된 것이다.

화려한 개선식은 끝났다. 이제 현실적인 문제가 기다리고 있다. 1인자가 된 옥타비아누스가 해결해야 할 당면 과제는 무엇일까? 프리츠 하이켈하임은 『로마사』에서 다음과 같이 제시하고 있다.

첫째, 야만족으로부터 로마 세계를 보호해야 하는 안전 보장의 문제다. 제국 내에는 평화가 깃들었지만, 라인 강과 도나우 강 너머에서 부유하고 평화로운 제국 속주를 호시탐탐 노리는 야만족들로부터 변경 지역을 보호해야 했다.

둘째, 50만 명의 군대를 적절한 수준으로 감축하는 문제가 남았다. 야만족들보다는 제국 군대가 내부의 평화와 안정에 훨씬 더 큰 잠재적 위협이었다. 야심차고 무자비한 장군들의 지휘하에 그들은 멀지 않은 미래에 다시 국가를 전복시키고 분열시킬 수 있었다. 악티움 해전 이후에 옥타비아누스는 70개 군단을 거느리고 있었다. 그중에서 30개 군단은 유지하고 나머지 40개 군단은 해산시킬 필요가 있었다. 그런데 군대 해산이 쉬운 일은 아니었다. 전역한 군인들을 어떻게 보상할 것인가 하는 과제가 있었다.

셋째, 정치체제와 행정 개혁을 단행하는 문제다. 강력한 중앙 정부를 수립하고, 카이사르가 약화시킨 원로원의 위신과 권위를 회복시키고, 국가의 수장으로서 군대를 장악하고, 제국 행정 체계를 수립하고, 속주의 공공 재정과 행정을 조절하고, 외교 문제를 감독하고, 적절한 후계자를 발굴하여 키우고, 고대의 도덕률을 되살리고, 국가 종교를 재건해야 했다.

이처럼 산적한 문제들을 어떻게 풀어나갔을까? MBO(Management by objective), 즉 목표 관리였다. MBO는 "조직의 목표를 달성하기 위해 구성원 각자가 자신의 목표를 설정하고, 그 목표 달성을 위해 노력하는 과정"을 말한다. MBO에는 장기 목표와 단기 목표가 있다. 장기 목표는 5년, 10년, 20년도 걸릴 수 있다. 장기 목표를 달성하기 위해서는 단기 목표와 중기 목표를 설정하여 목표를 달성해나가야 한다. 오늘날 경영에서 중시하는 MBO의 원조가 바로 옥타비아누스라고 할 수 있다.

옥타비아누스는 '팍스 로마나(Pax Romana)', 즉 로마에 의한 평화를 정책의 방침으로 내걸었다. 카이사르의 클레멘티아에 이어 팍스 로마나를 제시한 것이다. 시오노 나나미는 『로마인 이야기』 6권에서 이렇게 의미를 부여한다.

"기원전 44년 3월 15일, 카이사르의 육신은 죽었다. 그러나 카이사르가 정말로 죽은 것은 기원전 30년이었다. 이때부터 비로소 옥타비아누스의 시대가 열린다. 아니, 아우구스투스라고 불러도 좋을 것이다. 초대 황제 아우구스투스에 의해, 카이사르가 타도한 공화정 로마를 대신하는 제정 로마가 시작되었기 때문이다."

카이사르는 원로원이 주도하는 공화정으로 돌아가려는 회귀주의자들이 대세를 이루고 있는 상황에서 홀로 모든 개혁을 구상하고 기반을 닦아놓았다. 후계자 옥타비아누스는 카이사르가 깔아놓은 마스터플랜 위에서 카이사르가 꿈꾸었던 세계를 구현해나갔다. 옥타비아누스는 카이사르와 비교할 때 두 가지 이점을 가지고 있었다.

첫째, 내전이 계속된 14년 동안 회고주의자들이 대부분 죽거나 노쇠하여 역사의 무대에서 물러났다는 점이다.

둘째, 아그리파와 마이케나스라는 동년배의 협력자를 얻어 팍스 로마나를 기치로 신생 로마제국을 굳건하게 출발시킨 점이다.

카이사르는 "누구나 모든 현실을 볼 수 있는 것은 아니다. 대부분의 사람은 자기가 보고 싶어 하는 현실밖에 보지 않는다"고 말했다. 그러면서도 그는 뛰어난 재능을 가진 사람들에게 보고 싶지 않은 현실도 보여주려 노력했다. 반면에 옥타비아누스는 보고 싶어 하는 현실밖에 보지 않는 사람들에게 그들이 원하는 현실만을 보여주었다. 그러나 그 자신은 보고 싶지 않은 현실을 냉철하게 직시하면서 치밀한 목표 관리를 통해 목표를 달성해나갔다. 카이사르와 옥타비아누스는 동일한 목표를 가지고 있었다. 하지만 도달하는 수단은 각각 달랐다. 왜 그랬을까? 옥타비아누스가 처한 환경이 카이사르와 달랐기 때문이다.

첫째, 옥타비아누스는 신중한 성격을 타고났다. 그는 몸이 약했고 내성적인 성격이었기에 매사에 돌다리도 두드리며 건너는 스타

일이었다. 대신에 치밀하고 기획력이 뛰어났다.

둘째, 카이사르의 암살을 통해 살해당하면 목표 자체가 물거품이 된다는 교훈을 터득한 까닭에 카이사르처럼 급진적으로 개혁을 서두르지 않았다. 최고 권력자가 되었을 때 카이사르의 나이는 51세였고, 옥타비아누스는 33세였다. 카이사르는 55세에 암살당했고, 아우쿠스투스는 76세까지 장수했다.

2세기 초의 역사가 타키투스가 아우구스투스와 카이사르를 비교한 내용이 흥미롭다. "아우구스투스는 유일한 승자가 된 뒤에도 남들이 눈치채지 못하도록 오랜 시간을 들여 한 가지씩 권력을 수중에 넣어 모든 권력을 장악했다." "카이사르는 유일한 승자가 되자마자 당장 종신 독재관에 취임하고 억지로 혁명을 추진했다." 이런 점에서 많은 연구자들이 정치가로서는 아우구스투스가 카이사르보다 적절한 인물이었다고 주장한다.

07

공화정에서 제정으로
정치체제를 확립하다
(기원전 27)

14년에 걸친 권력투쟁을 마치고 1인자가 되었을 때, 옥타비아누스에게는 카이사르 암살의 원인이었던 정치체제를 정리하는 문제가 우선 과제였다. 카이사르는 공화정을 폐지하고 황제가 되려고 했기 때문에 공화정을 사수하려는 원로원 의원들에게 암살당했다. 옥타비아누스가 할 일은 원로원이 품고 있는 "카이사르처럼 황제 체제를 구축할지 모른다"는 의심과 불안을 해소시키는 것이었다. 동시에 공화정 체제로는 광활한 로마제국을 통치할 수 없는 까닭에 황제 체제를 만들려고 했던 카이사르의 뜻도 존중해야 했다. 옥타비아누스는 공식적으로는 공화정 체제를 받아들이고, 비공식적으로는 황제 체제를 구상하는 전략을 세우고 장기 목표와 단기 목표를 수립했다.

프리츠 하이켈하임은 『로마사』에서 옥타비아누스가 처한 상황을 잘 묘사하고 있다. "그는 안전그물도 없이 아주 가냘픈 밧줄을 타고 균형을 잡는, 대단히 어렵고 미묘한 일을 수행해야 했다. 무엇을 하면 안 되는지, 이미 좋은 사례를 알고 있었다. 술라는 정치체제를 설계할 때 지나치게 반동적이고 시대착오적인 태도를 견지했고, 카이사르는 너무 노골적으로 1인 통치를 추구했다. 폼페이우스와 안토니우스는 귀족들로부터 적절한 신임을 받지 못했다. 그러나 옥타비아누스가 따라야 할 모델은 없었다. 다음 10년 동안 바람직한 정부 형태를 구현하기 위해서는 신중함, 인내, 결단력, 기민함을 남김없이 발휘해야만 했다."

기원전 28년, 옥타비아누스는 아그리파와 함께 집정관에 취임하면서 정치 재건의 첫발을 신중하게 내딛었다. 그리고 원로원의 위상을 높이기 위해 구조 조정을 단행했다. 카이사르와 권력자들이 정치적인 필요에 따라 의원의 숫자를 600명에서 1,000명으로 늘려놓았기 때문에 의원들의 질적 수준이 떨어진 상태여서 1차적으로 200명을 구조 조정했다.

그리고 옥타비아누스는 의원들이 귀를 의심할 만큼 기쁜 결단을 내렸다. 기원전 27년 1월 13일, 옥타비아누스는 원로원 의사당에서 공화정 체제로의 복귀를 선언했다. 그가 집필한 『업적록』에서 밝힌 내용이다.

"내가 일곱 번째 집정관이 된 해(기원전 27)에 그때까지 시민 모두의 동의에 의해 절대 권력을 부여받아 내전을 종식시켰으므로, 이제 나는 그동안 행사했던 권력들을 포기하고 원로원과 로마 시민의 손에 되돌려주었다."

절대 권력자인 옥타비아누스는 공화정 체제로의 복귀를 엄숙하게 선언했다.

"내 한 몸에 집중되어 있는 모든 권력을 여러분에게 돌려주겠소. 무기와 법률, 로마의 패권하에 있는 모든 속주를 원로원과 로마 시민의 손에 되돌려줄 것을 선언합니다."

카이사르 암살의 원인이었던 1인에게 쏠린 권력을 스스로 내려놓겠다는 선언은 공화정을 지지하는 사람들에게 신선한 충격이었다. 예상치 못한 그의 결단에 감격하여 원로원에서는 공화정 복귀 선언이 있고 나서 사흘 후, 회의를 소집하여 아우구스투스라는 존칭을 부여할 것을 만장일치로 결정했다. 아우구스투스는 '존엄한 자'라는 의미다. 그때부터 옥타비아누스는 아우구스투스로 불리게 되었다.

기원전 22년, 로마 시는 전염병과 홍수가 발생하여 심각한 곡물 위기를 겪었다. 원로원이 곡물 위기를 전혀 해결하지 못하고 우왕좌왕하자, 평민들은 아우구스투스가 독재관이 되어 식량 문제를 해결해달라고 간청하고 나섰다. 아우구스투스가 개입하여 곡물 위기가 해결되자 평민들의 신뢰는 더욱 높아졌다. 아우구스투스는

『업적록』에서 "곡물이 아주 부족했을 때 나는 곡물 공급위원직을 사양하지 않았고, 이 직무를 며칠 안에 잘 해결해서 나의 경비로 전 인민을 그들이 처해 있던 두려운 현실과 위험에서 벗어나게 해 주었다"고 밝혔다.

김덕수 교수는 『아우구스투스의 원수정』에서 그 의미와 배경을 다음과 같이 설명하고 있다.

우선, 원수정은 무슨 뜻일까? 원수정은 프린키파투스(principatus) 의 번역어로 원수(元首) 체제를 말한다. 로마 역사는 왕정시대, 공화정시대, 제정시대로 대별되고, 제정시대는 다시 '원수정시대'와 '전제정시대'로 나뉜다. 여기서 원수의 원어인 프린켑스는 제1시민 이라는 뜻으로, 동양의 황제와는 달리 아우구스투스가 자신을 '동 등자들 중에서 1인자'로서 로마 귀족과의 일체감을 강조하며 즐겨 사용한 용어다.

둘째, 귀족과 평민은 원수정을 어떻게 받아들였는가? 공화정과 아우구스투스의 원수정이 권력의 공백 상태에서 자연스럽게 만들어지는 것은 아니었다. 한편에서는 여전히 공화정적 과두 지배 질서와 정치적 자유의 이상을 계속 지키려는 원로원 귀족들이 있었다. 다른 한편에서는 빵의 문제를 현실적으로 해결하려 하고 안정과 평화를 요구하는 평민 대중이 있었다. 그라쿠스 형제의 개혁 이래 서로 대립해온 양 세력은 기원전 22년의 곡물 위기가 잘 보여주듯이 원수정의 형성 과정에서도 서로 대조적인 입장을 보였다.

셋째, 원수정은 언제 확립되었는가? 기원전 18년은 아우구스투스의 원수정이 확고한 틀을 갖춘 해였다. 그해에 아우구스투스는 공화정기에는 여러 정무 관직에 나누어져 있던 권한, 즉 콘술, 호민관, 총독, 켄소르의 권한을 자신에게 집중시키고, 제2차 원로원 숙청을 단행하여 반대 세력이 성장할 수 있는 기반을 철저히 봉쇄했다. 그는 원로원을 적극적으로 활용하기 위해 원로원 귀족들을 특권 신분화했으며, 원로원의 권위를 회복시키고 모든 문제를 원로원을 통해 논의하고 해결했다.

이러한 현실 정치의 긴장 속에서 지배권을 장악하려는 아우구스투스의 의식적인 노력과 그의 정치력이 발휘되면서 원수 체제가 형성된 것이다. 아우구스투스는 공화정 전통의 수호자로 자처하면서 원로원 귀족들을 신체제에 끌어들였고, 다른 한편으로 '빵과 평화'의 해결자로서 능력을 발휘하면서 평민들을 확실히 자기편으로 만들었다. 그 과정에서 그는 권력을 자신에게 집중시키고 후계 체제마저 마련해서 그 체제가 유지되게 한 것이다.

08

50만 명의 군인을 3분의 1로 감축하다

"50만 명이 넘는 군사력을 어떻게 할 것인가?"

기원전 29년, 유일한 승자인 옥타비아누스에게 남겨진 과제였다. 군인은 전쟁터에서 가장 빛나는 존재이지만, 전쟁이 끝나면 군사력의 처리 문제는 동서고금을 막론하고 가장 골치 아픈 과제로 남는다.

임진왜란이 왜 일어났을까? 한영우 교수의 『우리역사』에 따르면 1591년 조선 선조 때 일본의 도요토미 히데요시는 통신사를 보내 정명가도(征明假道), 즉 중국 명나라를 치는 데 필요한 길을 빌려달라고 요구했다. 하지만 조선은 단호히 거절했고, 이를 빌미로 1592년도에 임진왜란을 일으켰다. 사실은 도요토미 히데요시가 일본 열도를 통일한 후 막강한 군사력을 처리하기 위해 전쟁을 일으킨 것이다.

프리츠 하이켈하임은 『로마사』에서 병력 감축과 직업군인 제도의 정착 과정을 다음과 같이 설명한다. 군사력이 넘치는 상황에서 옥타비아누스는 군사력의 대폭 삭감을 결정한다. 50만 명의 군사력을 28개 군단 16만 8,000명까지 감축했다. 군사력을 3분의 1로 줄였으니 엄청난 개혁이다. 무기를 든 군인, 그것도 전쟁에서 승리한 군인들을 축소하는 일은 매우 어려운 일이다. 그런데 어떻게 가능했을까?

우선 군인 감축이 왜 어려운지 살펴보자. 전쟁터에서 생명을 담보로 싸운 군인들을 빈손으로 제대시킬 수는 없다. 그러려면 일자리 제공이 중요하다. 직업을 바꾸는 데 필요한 밑천도 마련해줄 필요가 있다. 이런 노력을 게을리 하면 사회불안 요인이 된다.

문제는 돈이다. 재원 마련이 가장 어려웠다. 클레오파트라에게 빼앗은 '프톨레마이오스 왕가의 보물'을 팔아서 모두 투입했다. 그래도 부족하여 옥타비아누스는 개인 재산까지 내놓지 않으면 안될 상황이 되었다.

이런 이유 때문에 군사력 감축은 뜨거운 감자였다. 아우구스투스는 이 어려운 과제를 군대를 재편성하는 일부터 시행했다. "로마군은 누가 지휘를 맡아도 기능을 발휘하는 조직이어야 한다"는 게 아우구스투스의 생각이었다. 사람이 아니라 시스템에 의해 움직이는 조직을 만들고 체계화해야 했다. 이를 위해 군사 제도를 재편성할 때 기본 방향으로 생각한 것은 3가지였다.

첫째, 군의 목적은 정복이 아니라 방위에 있다.

둘째, 통일국가 파르티아를 제외한 나머지 적들은 모두 개발되지 않고 조직화되어 있지 않은 야만족임을 염두에 둔다.

셋째, 방위가 목적인 만큼 상비군이 필요하다.

최후의 승자가 된 아우구스투스는 로마군을 한 손에 장악하고 있었다. 보통 사람이라면 새로운 공세로 나가기가 쉽다. 그런데 손에 넣은 대병력을 스스로 3분의 2나 줄였다. 아우구스투스는 인간의 본능을 자제하고 현실을 냉철하게 직시하여 자신의 욕심을 자제할 줄 아는 지혜와 용기를 가지고 있었다.

나아가 상비군 제도 설치를 단행한 것도 로마 700년의 전통을 깨뜨린 결과다. 로마의 군사 제도는 기원전 107년 집정관 마리우스에 의해 징병제에서 지원제로 바뀌었다. 병역 기간은 1년이었고, 필요한 경우 기간을 늘릴 수 있었다. 아우구스투스는 병역 기간을 개혁 초기에 16년으로 정했다. 병역을 할 자격은 성년이 되는 17세부터였으니, 만기까지 복무하면 33세가 된다. 33세에 제대할 경우 결혼하여 제2의 인생을 시작할 수 있도록 배려한 조치다. 병역 기간은 말기에는 20년으로 연장되었다.

퇴직금 제도를 확립한 것은 더더욱 획기적인 일이다. 아우구스투스는 병사들이 복무 기간 중에 미래에 대한 걱정 없이 안심하고 근무할 수 있도록 퇴직금을 제도화했다. 퇴역한 뒤에 여생을 여유롭게 보낼 만한 액수는 아니었지만, 제2의 인생을 시작하기 위해 필요한 준비 자금 정도는 됐다.

기원전 7년부터 5년 동안 아우구스투스는 퇴직하는 전역병들에게 자신의 기금에서 4억 세스테르티우스를 지급했다. 하지만 황제의 기금에서 지속적으로 지급할 수 없었기 때문에 군대 기금을 설치하여 국가가 퇴직금을 지급하도록 제도화했다. 다른 직업에 근무 연한 제도가 없던 시대에 병사의 복무 기간을 20년으로 정하고 퇴직금 제도까지 마련한 것은 통찰력과 결단력 없이는 불가능한 일이다.

로마의 군단은 처음에는 28개에서 서기 9년에는 25개로 정착되었다. 1개 군단의 병사가 약 6,000명이니 25개 군단이면 15만 명이 된다. 군단병은 로마 시민권 소유자만이 될 수 있었고, 국방의 주력 부대였다.

아우구스투스는 군단병을 지원하는 보조병도 제도화했다. 보조병의 복무 기간은 25년이었고, 정원은 군단병과 동일한 15만 명이었다. 로마 시민권자인 군단병은 명령에 의해 복무 지역을 이동해야 한다. 하지만 보조병은 출신지와 가까운 곳에 배치하여 만기까지 복무하는 사람이 대부분이었다. 만기 제대한 보조병에게는 로마 시민권이 주어졌다.

아우구스투스는 개혁을 통해 속주민인 보조병을 로마군이라는 조직의 항구적인 일원으로 전환시켰다. 보조병이 로마화의 첨병 역할을 감당한 것이다. 군단병과 보조병, 즉 로마인과 속주민이 함께 병역을 치름으로써 군사 기지를 통한 속주의 로마화가 촉진되었다. 이들 관계는 지배자와 피지배자의 대립적인 관계가 아니었다. 군단병이 현지 여자를 아내로 삼거나, 보조병의 아들이 시민권자가 되어 군단병이 되기도 하여 민족 간 융합이 자연스럽게 이루어졌다.

역사가 타키투스가 전하는 '속주민의 로마화'에 관한 일화가 있다. 라인 강 동쪽에 사는 게르만족이 강 서쪽에 정착하여 속주민이 된 게르만족에게 동포끼리 힘을 합쳐 로마 군단을 습격하자고 제안하자 응답한 내용이 인상적이다.

"우리 땅에 주둔해 있는 로마 병사들 중에는 우리와 인척 관계를 맺은 사람이 적지 않다. 이곳 여자를 아내로 삼은 사람도 있고, 어머니로 둔 군단병도 있다. 그들은 모두 우리 땅도 로마 본국과 같다고 생각하고 있다. 인간의 도리에서 벗어난 당신들의 요구에는 응할 수 없다. 어찌 인간이 제 아버지를, 형제를, 자식을 죽일 수 있겠는가."

09

관료제를 도입하여 행정 개혁을 단행하다

아우구스투스 당시 로마제국의 인구는 약 7천만에서 1억 명으로 추산된다. 이 방대한 인구를 관리하기 위해서는 능률적인 행정 체제가 뒷받침되어야 한다. 공화정시대에는 집정관과 총독의 임기가 1년이다 보니 행정이 주먹구구식으로 운영되었다. 갈수록 국정이 복잡해지면서 원로원 의원들은 많은 문제에 집중할 여유가 없었다. 특히 고위 관료들에게는 급여를 주지 않는 관행으로 인해 부정을 저지를 위험이 높았다. 제국을 효율적으로 통치하고 시민과 속주민들의 신뢰를 얻기 위해서는 행정 개혁은 필수 과제였다.

프리츠 하이켈하임은 『로마사』에서 아우구스투스의 탁월한 업적의 하나로 제국의 행정을 담당하는 관료제를 창설한 것을 지적한다. 그가 제위에 있는 동안 꾸준히 발전시킨 훈련된 유급 직원들은 후임 황제들에게 로마라는 세계 국가의 행정력을 장악할 수 있게 해준 제국 관료의 전신이었다. 2차 포에니전쟁 이래로 속주 총독들, 행정가들, 대규모 토지 소유자들은 해방노예와 노예들을 비서, 경리, 사업 관리자로 활용했다. 아우구스투스 역시 카이사르로부터 훈련된 노예들과 대리인들의 집단을 물려받았다. 이들이 바로 제국 전역으로 확대된 복잡한 관료 조직의 핵심이었다.

아우구스투스 때는 제국 초기이기 때문에 훈련된 행정가들이 절실히 필요했다. 행정 개혁이 가능한 것은 바로 훈련된 행정가들이 있었기 때문이다. 이들이 어디에 활용되었을까?

우선 곡물 공급과 배급에 행정가의 도움이 필요했다. 식량은 안보와 함께 황제의 주요 책임이었다. 물 공급, 경찰과 화재 예방, 거리와 시장 건설 및 유지, 신전과 공공건물 건축과 보수 등을 위해 행정 전문가의 도움이 필요했다. 또한 이탈리아 본토에서는 법과 질서를 유지하고, 도로와 교량 등 공공시설의 건설과 유지를 위해 그들의 도움이 필요했다. 속주에서도 황제의 사유지 관리, 세금 징수, 군대에 대한 식량과 장비 보급, 토목 사업, 제국의 우편 체계 등을 위해 훈련된 행정가가 절실했다.

아우구스투스는 제국 운영에 필요한 인재들은 지위고하를 막론하고 활용했다. 원로원 의원과 기사뿐만 아니라 해방노예와 노예까지도 기용하여 역량을 발휘하도록 한 것이다. 원로원 의원들이 발탁된 예를 보자. 로마 경찰대장은 로마사 최초로 각각 1,000명의 경찰 병력으로 구성된 3개의 경찰대를 거느렸는데, 집정관급의 원로원 의원이 임명되었다. 또 원로원 의원에서 기용된 상수도 국장은 다른 2명의 원로원 의원의 지원을 받아 아그리파가 도시 로마의 수로교와 급수 본관을 관리하도록 훈련시킨 240명의 노예들을 거느렸다. 5명의 원로원 의원들로 구성된 한 부서는 테베레 강의 범람 문제를 다루었다.

아우구스투스는 원로원 의원들을 고위 행정직에 활용했다. 하지만 최고위 행정가들 중 상당수는 기사 신분에서도 발탁했다. 특히 재정, 조세, 상업 등 원로원 의원들이 전문성을 갖추지 못한 분야에서 기사 계급의 활약은 두드러졌다. 기사들은 원로원 의원들보다 신뢰할 수 있었고 정치적으로 덜 위험했다. 나아가 기사 출신도 충직하게 일하면 원로원에 진출할 기회가 주어졌다.

특히 해방노예의 역할에 주목할 필요가 있다. 처음에 해방노예들은 하찮은 과제를 수행하는 데 그쳤다. 그러나 그들의 성실성과 충성심이 점차 두각을 나타내기 시작했다. 그들은 제국의 관료제에서 통신 업무를 전담했다. 통신의 수요가 급증하고 복잡해짐에 따라 해방노예들의 역할은 더욱 중요해졌다. 회계사, 감사, 비서, 서기 같은 인원에 대한 수요가 대거 늘어난 것이다. 이 조직에서 해방노예들은 급여가 많고 안정된 자리를 얻었다.

반면에 노예들은 천하고 장래성이 없는 자리를 얻는 데 그쳤다.

로마제국에서 중요한 비서 역할을 한 비서국 담당자들은 해방노예 계층의 독점 분야인 동시에 방대한 권력의 원천으로 남았다.

해방노예들 중 상당수가 치밀하고 숙련된 관리자들이었다. 이들이 군비, 도로, 수로, 교량, 항만 등의 인프라와 신전, 궁전, 오락경기, 대중 유희 등에 대한 예산을 실질적으로 책정했다. 또 금화와 은화의 무게와 순도를 어떻게 정할 것인지, 속주에 세금을 어느 정도 부과할 것인지 등에 영향을 미쳤다. 뿐만 아니라 총독, 관리관, 대리인, 기타 공무원 등의 급여 수준도 이들이 주도했다.

로마제국을 움직이는 데 있어 행정 전문가인 관료의 힘은 실로 막강했다. 해방노예들이 이 막중한 역할을 감당한 것이다. 로마의 국력은 노예들의 능력까지 활용함으로써 극대화될 수 있었다.

IO
국세청을 창설하고 선거제도를 개혁하다

목표 관리의 귀재인 아우구스투스는 황제재무관이라는 관직을 신설해 세무 제도의 개혁을 단행했다. 아우구스투스가 직접 임명한 국가의 세무 공무원이다. 이들은 기사 계급 출신으로 경제에 밝은 사람들이다. 공화정시대에도 '푸블리카누스'라는 이름으로 사설 징세업자가 있었다. 이러한 역할을 하는 종사자를 사설업자가 아니라 국가공무원으로 만든 것이다. 이들이 모여 국세청 역할을 했다. 국가공무원이기 때문에 급여가 지급되는 대신, 징세액의 10%였던 수수료를 절약할 수 있었다. 시오노 나나미는『로마인 이야기』6권에서 아우구스투스가 황제재무관 체제를 도입한 이유를 다음과 같이 설명한다.

먼저 속주에서 징세의 공정성을 확보하기 위해서다. 공화정 체제에서는 총독이 푸블리카누스를 장악하여 징세권을 가지고 있을 뿐만 아니라 예산 편성권도 장악하고 있었다. 세금도 걷고 예산도 집행하다 보니 징세업자와 결탁하여 비리를 저지르는 경우가 많아서 속주 통치의 암적인 존재가 되었다. 이를 막기 위해 권력을 분립한 것이다. 즉, 징세권은 황제재무관에게 맡기고, 총독은 세금을 쓰는 일에만 전념하도록 교통정리를 했다.

황제재무관의 도입은 제국 전체 차원에서 세금을 배분할 수 있는 기반을 마련하기 위해서도 필요했다. 속주마다 경제력이 달라 세금 수입도 천차만별이었다. 방위비가 가장 지출이 많은 항목이었지만, 방위비를 쏟아 부어야 할 지역은 대부분 저개발 지역이라 세금이 적게 걷혀 방위비를 충당할 수 없었다. 그래서 경제가 발전한 속주에서 세금을 걷어 저개발된 속주로 배분하지 않으면 안 된다. 세금의 재분배 역할을 하기 위해 황제재무관의 도입이 필요했다.

또한 통치의 연속성을 확립하기 위해 황제재무관의 도입은 불가피했다. 아우구스투스가 임명하기 때문에 장기 근무가 가능해서 10년 이상 근무하는 사람도 적지 않았다. 총독의 임기가 1년으로 단기인 까닭에 황제재무관이 장기 근무하면서 통치의 연속성을 확보하는 역할을 했다.

황제재무관이 징세한 세금은 경비를 제외하고 로마 본국으로 보내져 국고에 속했다. 로마에서는 국세청의 역할을 감당하여 취합된 세금을 가지고 속주의 필요에 따라 배분했다. 주요 지출 항목으로 안전 보장비인 군사비와 로마가도 건설 등 사회 간접자본 투자비를 들 수 있다.

아우구스투스는 선거법 위반에 대한 벌칙 조항도 법제화했다. 선거에 나가는 후보자는 공탁금을 걸어야 한다. 그러나 선거법을 위반하면 공탁금을 몰수하여 국고에 들어가도록 했다.

선거 개혁으로 선거법 위반이 사라졌을까? 놀랍게도 제도의 변화를 통해 사라졌다. 후보자들이 공직에 나가는 이유는 공직에서 얻는 경제적 이익이 크기 때문이다. 로마의 공직 경로는 회계감사관, 원로원 의원, 법무관, 집정관, 속주 총독이었다. 선거로 회계감사관이 되어 출세 코스를 따라 마지막에 속주 총독이 되면 한몫을 챙길 수 있었다. 하지만 세무 전담 관료인 황제재무관을 파견하여 총독의 징세권을 박탈해버렸기에 이권 개입이 제도적으로 불가능해졌다.

또 하나 주목할 선거 개혁은 회계감사관의 정원을 줄이고 자격 연령을 낮춘 점이다. 아우구스투스는 카이사르가 개정한 집정관 2명과 법무관 16명의 정원은 그대로 두고, 회계감사관의 정원은 40명에서 20명으로 줄였다. 정원을 감축한 이유는 원로원을 회유하기 위해서였다. 자격 연령은 30세에서 25세로 낮추었다. 왜 그랬을까? 자격 연령이 25세로 낮아지니 회계감사관을 1년 한 후에 곧

바로 원로원 의원이 될 수 없었다. 4년을 더 기다려야 한다. 이 기간 동안 원로원 의원으로서 자격이 있는지 없는지를 검증할 수 있는 기회가 생겼다. 물론 공화정시대에도 회계감사관을 지냈다고 해서 자동적으로 원로원 의원이 되는 것은 아니었다. 감찰관이 원로원 의원의 자격 여부를 심사하여 결정했다. 카이사르는 감찰관의 권한을 박탈하고 종신 독재관이 행사하도록 바꾸었다. 아우구스투스도 카이사르의 방식을 그대로 따랐다.

아우구스투스는 황제 체제인 제정으로 가는 과정에서 원로원 의원들의 박수를 받았다. 과정 하나하나는 합법인데, 결과적으로는 공화정이 폐지되고 제정 체제로 향했다. 이 과정에서 그가 보인 자제력은 경이로울 정도였다. 술라와 카이사르와 아우구스투스가 원로원 회의에 참석했을 때의 분위기를 상상해보라. 술라와 카이사르는 권위와 위엄 속에서 회의를 진행했지만, 아우구스투스는 그렇지 않았다. 의원들의 거리낌 없는 언동 때문에 분통이 터지는 경우도 많았지만 참았다. 아우구스투스가 법안을 설명할 때 언변이 약한 그에게 의원들이 던진 야유는 참기 어려울 정도였다. 수에토니우스가 『열두 명의 카이사르』에 기록한 내용을 살펴보자.

"나는 도저히 이해할 수 없소."

"기회만 준다면 내가 반론을 제시하겠소."

"원로원 의원들은 국가적 중대사에 대해 자유롭게 말할 수 있어야 하는 거요."

절대 권력자를 무시하고 안중에도 없는 발언을 하는데도 화를 내지 않고 참아내는 놀라운 자제력에 감탄하지 않을 수 없다. 자제력의 절정은 의붓아들인 티베리우스가 분노를 참지 못하자, 아우구스투스가 보낸 편지 내용이다.

　"사랑하는 나의 티베리우스야, 누군가 나를 비방하더라도 너는 젊은 혈기에 좌우되거나 화를 내서는 안 된다. 그들이 우리에게 칼을 들이대지 않는다는 것만으로도 만족해야 하지 않겠느냐."

　공자가 『논어』에서 설파한 "인부지이불온 불역군자호(人不知而不慍 不亦君子乎)", 즉 "남들이 알아주지 않아도 화를 내지 않으면 군자가 아닌가"를 생각나게 한다. 원로원 의원들은 보고 싶은 현실만 보았으나, 아우구스투스는 보고 싶지 않은 현실을 직시하면서 자신의 목표를 향해 거북이처럼 꾸준히 앞으로 나갔다. 모든 것을 할 수 있는 황제이면서도 황제를 알아주지 않는다고 화를 내지 않았다. 자신의 목표를 정하고 그 목표를 향해 나갈 때 사소한 걸림돌은 무시하면서 오히려 발전의 기회로 삼았다. 덕을 닦아 스스로 강해지는 수덕자강(修德自强)의 길을 걸어가 로마제국의 기틀을 마련한 것이다.

II

당근과 채찍 정책으로
튼튼한 안보 체계를 구축하다

팍스 로마나의 실현은 확고한 방위 전략에 달려 있다. 국방이 안전하면 로마제국은 안전했다. 프리츠 하이켈하임은 "아우구스투스가 서방과 동방을 재편하여 국가 안보를 초석 위에 올려놓기 위해 현장을 방문했다"며 그 과정을 소개하고 있다.

기원전 27년, 아우구스투스는 아그리파를 동행하고 로마를 떠나 먼저 남프랑스로 갔다. 로마제국의 서반부를 재편성하기 위해서였다. 에스파냐 북부에 사는 산악 민족을 제압하는 일은 아그리파에게 맡겼다. 아그리파는 2년도 걸리지 않아 에스파냐 문제를 정리했다. 갈리아는 카이사르가 철저히 정복하고 관리를 잘해놓은 덕택에 소소한 접전들을 제외하고는 큰 문제가 없었다. 알프스 지역은 두 의붓아들 티베리우스와 드루수스에게 맡겨 라인 강과 도나우 강 상류 지역에 사는 모든 종족을 정복했다. 이로써 도나우 지역이 로마제국의 북쪽 국경선이 되었다.

아우구스투스는 에스파냐와 갈리아 문제를 말끔히 정리한 후 기원전 23년 로마로 돌아왔다. 다음해에 아우구스투스는 동방을 재편하기 위해 로마를 떠났다. 아그리파가 미리 가서 땅을 골라놓은 덕택에 순조로운 출발이 되었다. 시칠리아와 그리스를 차례로 방문하여 문제를 해결하고 격려하는 정책을 펼쳤다.

기원전 21년, 아우구스투스와 아그리파는 아테네에서 합류하여 오리엔트 대책을 세웠다. 아시아(오늘날 소아시아)는 로마에게 전략적으로 중요한 지역이었다. 지금까지 로마의 소아시아 정책은 동맹 관계가 기본 축이었다. 로마는 우세한 군사력을 보유하고 있었지만 소아시아 전역을 속주화하는 정책은 피하고 동맹 관계를 유지해왔다.

기원전 63년, 폼페이우스는 시리아를 로마의 속주로 만들었다. 오늘날 터키 남동부의 일부에 시리아와 레바논을 합한 지역으로 넓은 땅이다. 시리아는 파르티아와 국경을 맞대고 있는 까닭에 군사상 중요한 지역이다. 그래서 아우구스투스는 황제 속주로 삼고, 4개 군단을 주둔시켰다.

아우구스투스는 진흥책을 펼치는 동시에 로마에 반대하면 응징하는 것도 잊지 않았다. 베이루트에서 50킬로미터 떨어진 지중해

연안에 고대 도시 시돈과 티로가 있었다. 폼페이우스는 이 두 도시를 자유도시로 지정하고 자치를 인정해왔다. 그러나 카이사르가 암살된 후 혼란기에 로마에 반대하는 기류가 생겨 로마 상인들을 죽이는 사건이 발생했다. 격분한 아우구스투스는 자유도시의 자격을 박탈하고 시리아 속주에 속하는 일개 도시로 격을 낮추어버렸다. 이처럼 로마제국은 당근과 채찍을 사용하는 정책을 통치의 기본 방침으로 삼았다.

그리고 마지막에 유대와 파르티아 문제에 집중했다. 시리아 속주 남쪽에는 유대 왕국이 있다. 일신교를 믿는 유대인들은 "로마에 유대인들을 위한 예배당이 있든 없든 상관없이 유대 왕국에 다른 신들을 모시는 신전이 있어서는 안 된다"고 생각했다. 유대 왕국은 다신교를 믿는 로마로서는 가장 골치 아픈 상대였다.

이런 유대에 대한 로마의 정책은 무엇일까? 기원전 63년 유대 왕국을 정복한 폼페이우스와 기원전 48년에 로마 패권을 확립한 카이사르도 유대를 속주로 만들 생각이 없고, 동맹국 관계를 유지해왔다.

아우구스투스는 친로마 성향인 헤롯 왕을 얻을 수 있었다. 기원전 40년, 파르티아군은 유대를 침공하여 당시의 왕을 생포하고 친파르티아파인 왕의 동생을 왕위에 앉혔다. 퇴위당한 왕의 고관이었던 헤롯은 로마로 망명했다. 당시 로마의 실권자는 안토니우스와 옥타비아누스였다. 30대의 헤롯은 두 실력자로부터 '로마 시민과 원로원의 친구이자 동맹자'라는 칭호를 받고 조국으로 돌아가 반격에 성공하여 유대 왕위를 차지했다.

클레오파트라가 안토니우스에게 유대 왕국만은 꼭 넘겨달라고 간절히 요청했으나 넘겨주지 않은 것만 보아도 헤롯의 위상을 짐작할 수 있다. 안토니우스가 죽은 후에도 헤롯은 아우구스투스와 좋은 관계를 유지했다. 타키투스는 『연대기』에서 "안토니우스는 헤롯에게 예루살렘의 왕위를 주었으며, 아우구스투스가 내전에서 승리한 후 헤롯의 권세는 더 커졌다"고 기록하고 있다. 헤롯 왕은 친로마 정책을 강화해나갔다. 헤롯 왕이 죽은 후 유대는 황제의 속주, 즉 시리아의 관할 속주가 되었다.

로마의 동쪽 방어선의 상징은 파르티아였다. 로마가 지중해 세계의 패권자가 된 뒤에도 로마에서 머나먼 동쪽에 있는 파르티아 왕국은 로마 방위의 핵심이었다. 로마에 대항하여 싸울 수 있는 나라는 파르티아밖에 없었다. 그런데 지금까지 로마는 파르티아와 싸워 한 번도 이기지 못했다.

아우구스투스는 아르메니아 카드를 사용했다. 아르메니아는 친파르티아 정책을 펼치고 있었다. 기원전 21년, 사모스 섬에 있는 아우구스투스는 동행한 티베리우스에게 시리아 속주에 주둔하고 있는 4개 군단을 이끌고 아르메니아로 진격할 것을 명령했다. 생각지도 못한 로마의 행동에 당황한 파르티아는 아르메니아 궁정의 아르탁세스 왕을 죽이고 사절을 급파하여 로마에 복종할 것을 맹세했다. 파르티아 왕 프라테스 5세는 로마가 제시한 조건을 전부 수락하고, 강화조약을 맺기로 약속했다. 기원전 21년 5월 12일, 로마와 파르티아 사이에 강화조약이 맺어졌다. 아우구스투스가 『업적록』에 기록한 내용이다.

"아르메니아는 아르탁세스 왕이 살해되었을 때 속주로 삼을 수도 있었지만, 나는 조상이 쌓은 전통에 따라 내 의붓아들인 티베리우스를 통해 티그라네스를 왕위에 앉히는 쪽을 선택했다."

"나는 파르티아가 지난 세 차례의 전쟁에서 빼앗은 전리품과 군기를 반환할 수밖에 없는 상태로 몰아넣었을 뿐 아니라, 파르티아 쪽에서 로마 시민과의 우호 관계 수립을 요구하도록 만들었다."

아우구스투스는 단 한 명의 병사도 희생하지 않고 파르티아 문제를 해결한 것을 여러 가지 방법으로 홍보했다. 양국 간에 강화를 맺은 5월 12일은 해마다 축제를 여는 국경일이 되었다. 빼앗겼던 은독수리 깃발이 돌아왔을 때 모든 로마인들은 하늘을 날듯이 기뻐했다.

이집트는 로마와 순조로운 관계를 유지하고 있었다. 이 나라는 아우구스투스의 개인 영지의 형태를 취하고 있었다. 아우구스투스는 이집트 경제 활성화에 역점을 두었다.

기원전 22년에 로마를 떠난 아우구스투스는 3년 만에 이 모든 업적들을 이루었다. 수도 로마로 돌아온 아우구스투스가 감격해서 『업적록』에 기록한 내용이다.

"원로원의 결의로 집정관 퀸투스 루크레티우스를 비롯한 원로원 의원들과 법무관, 호민관을 포함한 일행이 캄파냐까지 마중 나와 나를 영접했다. 이런 명예는 나 말고는 이제껏 아무도 받은 적이 없다."

전투도 하지 않고, 정복한 땅을 넓히지도 않고 돌아온 황제를 로마인들은 열렬히 환영했다. 과거의 개선식은 전투에서 적병을 얼마나 죽였느냐에 따라 결정되었다는 점을 감안할 때 세상이 변화한 것이다. 이는 아우구스투스의 제정 체제가 로마 시민들의 지지를 얻었다는 증거였다.

12

정치인은 경제를 알아야 한다

"경제인이라면 정치를 이해하지 못해도 성공할 수 있지만, 정치인
은 경제를 몰라서는 안 된다." 로마의 정치 지도자들은 이 진리를
알았기에 로마가 지중해의 승자가 될 수 있었다. 『로마인 이야기』
6권에서 시오노 나나미는 "이 진리를 실감나게 실천한 지도자가 아
우구스투스"라고 강조하면서, 아우구스투스가 경제 마인드를 가지
고 화폐 개혁, 세제 개혁, 식량 안보 등을 해결해나갔다고 자세히
소개한다.

아우구스투스는 카이사르의 기본 정신 위에서 화폐 개혁을 단행
하여 기축통화 체제를 구축했다. 로마의 화폐는 은화와 동전이 있
었다. 금화는 개선식이나 특별한 날에 기념으로 만들어졌을 뿐 통

화로 활용되지는 않았다. 카이사르는 금화를 통화로 편입시켰다. 그는 동전의 주조권은 원로원에 남겨두었지만, 금화와 은화의 주조권은 종신 독재관의 권한으로 만든 상태에서 암살당했다. 아우구스투스가 이 계획을 확장하여 정착시킨 것이다.

아우구스투스는 강력하고 신뢰할 수 있는 기축통화를 만들어 제국 전체에 경제 활성화를 가져오는 것을 목적으로 화폐 제도 개혁을 단행했다. 이 개혁의 성과는 서기 4세기까지 300년 동안 유지될 수 있었다.

지폐가 존재하지 않던 시대에 로마의 통화가 기축통화로 300년 동안 로마제국을 지탱했다는 사실은 경제적으로도 '팍스 로마나'가 실현되었다는 것을 입증해준다. 그 시작이 바로 아우구스투스 시대였다.

한편 통화가 경제 문제라면 식량은 경제 문제이면서 정치 문제였다. 식량의 안정적인 공급은 정치의 중요한 과제였다. 로마는 1차 포에니전쟁이 끝난 후부터 200년 동안 식량의 자급자족 정책을 포기했다. 그 전쟁에서 로마는 밀의 생산지인 시칠리아 섬의 영유권을 카르타고로부터 확보했기 때문이다. 카르타고의 높은 밀 생산성으로 인해 본국 이탈리아의 밀 생산은 경쟁력을 잃고 쇠퇴했다. 시칠리아 섬이 밀의 주요 공급처가 된 것이다. 대신에 본국 이탈리아의 농업은 올리브유와 포도주 재배 등으로 방향을 틀었다. 비교우위 경제 이론을 터득하고 대처한 것이다.

식량 확보는 공화정시대에 관리관이 담당했다. 하지만 식량 확보가 어려워지고 심각한 상황이 닥치면 젊은 관리관이 감당하기가 힘들어서 영향력 있는 인사를 일시적으로 임명하여 식량 위기를 돌파하곤 했다. 기원전 57년 당시 식량 위기가 닥치자 폼페이우스가 이 임무를 맡아 잘 처리한 사례가 있다.

기원전 22년, 식량 위기가 닥쳤다. 시민들은 아우구스투스가 독재관에 취임하여 문제를 빠른 시간 내에 해결해주기를 바랐다. 하지만 그는 사양했다. 대신에 자기 지갑을 털어 위기를 탈출했다. 아우구스투스는 자파 사람들을 해외까지 보내서 대량으로 밀을 사들여 위기를 벗어날 수 있도록 조치했다.

그러나 28년 뒤에 두 번째 식량 위기가 닥치자, 아우구스투스는 지체 없이 식량청 장관이란 관직을 만들어 식량 자급 문제를 원로원의 영향력에서 벗어나 해결할 수 있도록 제도를 개혁했다. 이 자리는 정치적인 직위가 아니라는 점을 분명히 하기 위해 원로원 의원 중에서 선택하지 않고 기사 계급을 임명했다. 이 관직도 황제재무관과 마찬가지로 황제가 임명하는 자리가 되었다. 1년 임기가 아니라 5년 또는 10년을 지속하면서 식량 자급 문제에 종합적이고 체계적으로 대처하도록 조치했다. 이로써 식량 안보 역시 황제의 권한이 되었다.

아우구스투스는 정치, 행정, 군사, 선거, 안보, 경제 분야 등에서 개혁을 이루었다. 그 밖에 국세 조사도 재위 기간 동안 3차례나 실시해서 기원전 28년, 기원전 8년, 서기 14년에 이루어졌다. 기원전 28년의 조사는 42년 만에 실시되었는데, 17세 이상 성인 남자 시민권자의 수가 42년 전에는 90만 명에 불과하였으나 406만 명으로 늘어났다. 서기 14년에는 493만 7천 명으로 증가되었다. 왜 이렇게 늘어났을까? 속주의 시민권자까지 포함했기 때문이다. 시민권자는 곧 유권자인 까닭에 최고 의사결정 기관인 민회에 유권자들이 참여할 수 있는 사람의 비율은 줄어들 수밖에 없다. 공화정 체제의 한계가 분명해진 것이다.

또한 당시에 여유 있는 계층에서 독신과 자식을 적게 낳으려는 풍조가 확산되는 현상에 대한 대책으로 기원전 18년 아우구스투스는 두 가지 법안을 제출했다. '간통 및 혼외 정사에 관한 율리우스 법'과 '정식 혼인에 관한 율리우스 법'이다. 간통죄가 제정됨으로써 간통은 공적인 범죄가 되었다. 혼외정사법도 여자 노예나 창녀를 제외한 다른 여자와 성적 관계를 갖는 것을 공적인 범죄로 간주했다. 훗날 아이러니하게도 아우구스투스는 외동딸 율리아가 불륜 관계 때문에 문제가 되었을 때, 자신의 딸을 법대로 엄격하게 처리하여 시민들을 놀라게 했다. 딸이 가진 재산의 3분의 1은 몰수되었고, 아버지의 유산을 상속할 권리도 박탈당했다. 율리아는 외딴 섬에 종신 유배되어 16년 동안 살다가 외롭게 세상을 떠났다.

정식 혼인법은 로마 사회의 중류층과 상류층을 대상으로 출산 장려를 목적으로 제정되었다. 25세부터 60세 까지의 남자와 20세부터 50세까지의 여자는 결혼하지 않을 경우 불이익을 받았다. 과부인 경우에도 1년 내에 재혼해야 하며, 재혼하지 않으면 독신과 똑같이 불이익을 감수해야 했다. 나아가 이 법으로 인해 독신자나 자식이 없는 사람은 공직 생활에서도 불이익을 받았다. 심지어 해방노예에게도 다산 장려 정책을 이어나갔다.

13

권한 위임의 달인

"아우구스투스에게 아그리파가 없었다면 어떻게 되었을까?"

아그리파 없는 아우구스투스의 운명은 상상하기 힘들 정도다. 아그리파는 충실한 부하로서, 때로는 미더운 동역자로서 아우구스투스가 내전에서 승리하고 제정 체제를 확립하는 데 절대적인 역할을 감당했다.

아그리파는 기원전 63년에 태어나 기원전 12년에 사망했다. 17세 때 카이사르에게 발탁되어 동갑인 아우구스투스의 협력자가 되었다. 군사적인 재능이 부족한 아우구스투스의 단점을 보완하기 위한 카이사르의 배려였다. 아우구스투스가 거둔 군사적인 승리는 모두 아그리파의 전략과 지휘 덕택에 가능했다.

아그리파는 일생 동안 아우구스투스의 분신으로 살았다고 할 수 있다. 군사뿐만 아니라 건설에서도 두 사람의 협력 관계는 환상적이었다. 로마의 도심인 포로 로마노 일대는 아우구스투스가 기획자인 카이사르의 생각을 이어받아 정비했다. 반면에 그 북쪽에 있는 '마르스 광장'은 아그리파가 맡았다. 카이사르는 이 일대를 도심화하는 핵으로서 '사이프타 율리아'를 건설하기 시작했다. 아그리파는 '사이프타 율리아' 서쪽에 신전을 세웠다. 이 신전은 모든 신들에게 바쳐졌다는 뜻을 담아 '판테온'이라고 이름 붙여졌다. 아그리파는 판테온 남쪽에 로마 최초의 공중목욕탕인 '아그리파 목욕탕'도 만들었다. 이 목욕탕은 욕실, 마사지 시설, 체육장, 독서실, 오락장까지 갖추었다.

아그리파가 세운 공공건축물은 이탈리아뿐 아니라 제국 전역에 널려 있다. 대표적인 예로 남프랑스의 님에는 '퐁 뒤 가르(가르 다리)'가 남아 있다. 이 다리는 길이가 370미터, 높이가 48미터나 되는 수도교로, 사람들이 지나다니는 보도가 딸려 있다. 주민에게 물을 공급하기 위해 세워진 것이다.

아그리파는 공공 봉사 정신을 평생 동안 실천했다. 죽을 때는 개인 재산도 아우구스투스에게 모두 남기고 공공을 위해 써줄 것을 부탁했다. 아그리파는 공공사업에 정열을 바쳤고, 그 방면에 숙달된 기술을 가진 사람이라면 노예도 상관하지 않고 우수한 기술자 집단을 구성했다. 아우구스투스는 아그리파가 죽은 뒤 기술자 집단에 속한 노예들을 전부 해방시키고 기사 계급으로 승격시켜주었으며, 이들을 주축으로 로마의 '공공사업청'을 창설했다.

아우구스투스는 외동딸 율리아의 남편이 자식도 남기지 않은 채 세상을 떠나자, 재혼 상대로 아그리파를 택했다. 아그리파는 아우구스투스의 요청을 받고 이혼까지 하면서 그 요청을 받아들였다. 재혼한 아그리파와 율리아는 3남 2녀를 두었다. 외손자를 5명이나 얻은 아우구스투스는 무척 기뻐한 나머지 두 외손자에게 가이우스 카이사르와 루키우스 카이사르라는 이름을 붙여주고 양자로 삼았다.

아우구스투스는 아내 리비아와의 사이에 자식이 없었기 때문에 유일한 혈육인 외손자를 후계자로 생각했다. 그러나 외손자와 아우구스투스와 나이차가 너무 많이 나기 때문에 아그리파를 중간 후계자로 염두에 두었다. 아우구스투스는 허약한 체질이었으나 아그리파는 병을 모르는 건장한 체질이어서 자신보다 더 오래 살 것이라고 믿었다. 그러나 사람의 운명은 알 수 없는 것. 동갑인 아그리파가 기원전 12년 51세로 세상을 떠났을 때 아우구스투스는 슬픔과 충격에 빠졌다. 아우구스투스의 후계 구도도 함께 무너져버렸다.

아우구스투스에게는 또 한 명의 핵심 인물이 있다. 외교와 문화 홍보를 담당한 마이케나스다. 아그리파가 아우구스투스를 양지에서 도왔다면, 마이케나스는 음지에서 도운 사람이다. 그래서 "아우구스투스의 오른팔 아그리파, 왼팔 마이케나스"라는 말이 생겨날 정도였다.

오늘날 기업이 문화예술 활동에 자금이나 시설을 지원하는 활동을 '메세나 운동'이라고 한다. 메세나는 마이케나스의 프랑스식 발음으로, 메세나 운동의 시조가 바로 마이케나스다. 그는 고대 에트루리아 지방의 유서 깊은 가문에서 태어났지만 기사 계급에 속해 있었다. 나이는 아우구스투스보다 많았는데, 전쟁터에서 만나 의기투합했다. 아그리파는 카이사르가 맺어주었지만, 마이케나스는 아우구스투스가 직접 선택한 사람이었다. 아우구스투스는 전쟁터는 아그리파에게 맡기고, 외교는 마이케나스에게 위임했다.

마이케나스의 경제적 지원에 힘입어 서사시 『아이네이스』의 저자 베르길리우스, 『서정시집』과 『서간시』를 남긴 호라티우스, 서사시로 간주되는 리비우스의 『로마사』 등이 탄생했다. 마이케나스가 문학인들을 어떻게 지원했을까? 프리츠 하이켈하임은 시인 호라티우스를 지원한 구체적인 사례를 이렇게 소개한다. "처음에 마이케나스는 호라티우스에게 직장을 그만두고 거리를 다니면서 대도시의 삶을 관찰하며 지낼 수 있도록 충분한 수입을 제공했다. 나중에는 그 시인에게 티볼리 근처의 사비니 시골에 방이 24개 딸린 집과 노예 8명과 소작농 5가구를 둔 드넓은 사유지를 제공했다. 이곳에서 호라티우스는 빈둥거리면서 술을 마시고 시골의 한적한 생활을 마음껏 즐기면서 시를 쓸 수 있었다." 그리고 "베르길리우스, 호라티우스, 프로페르티우스, 오비디우스에 힘입어 라틴어는 시의 매체로 완벽하게 확립되었고, 라틴 문학은 세계의 위대한 문학의 하나가 되었다"고 평가했다.

오늘날의 메세나 운동은 문화예술가들에게 지원을 아끼지 않아 라틴 문학을 꽃피우게 한 정치가 마이케나스에서 유래했다. 1967년 미국에서 기업예술후원회가 발족하면서 이 용어를 처음 쓴 이후, 각국의 기업인들이 '메세나협의회'를 설립하면서 메세나는 기업인들의 각종 지원 및 후원 활동을 통틀어 일컫는 말로 쓰이게 되었다.

역사적으로 메세나의 대표적 예로는 르네상스 시대의 미켈란젤로, 레오나르도 다빈치 등의 대예술가들을 지원한 피렌체의 메디치가가 꼽힌다. 후대에 와서 메세나는 기업의 문화 예술 및 스포츠 지원, 사회적 인도적 입장에서의 공식적인 예술 후원 사업을 뜻하게 되었는데, 미국의 카네기 홀, 록펠러 재단 등을 대표적인 메세나 활동으로 꼽을 수 있다.

14

죽음까지 철저히 준비한 사람
(서기 14)

"죽을 준비가 모두 끝나 있었다."

아우구스투스는 죽기 1년 전부터 죽음을 예감하고 준비했다. 그 중에서도 후계자 문제가 가장 중요했다. 서기 13년, 아우구스투스는 티베리우스에게 최고 통수권을 주어 공동 통치자가 되도록 했다. 후계자가 정해지지 않으면 내전의 위험이 따른다. 카이사르가 죽은 후 로마가 14년 동안 후유증을 앓은 것처럼 말이다. 아우구스투스는 공동 통치자인 티베리우스에게 자기가 가지고 있는 모든 특권을 부여하여 후계 구도를 성립했다.

서기 14년 초, 아우구스투스는 자신이 후세에 남기고 싶은 내용을 담은 『업적록』도 마무리했다. 『업적록』은 역사가 몸젠이 '비문

들 중의 여왕'이라고 명명할 만큼 그 역사적 가치를 인정받은 사료
다. 꼼꼼한 성격의 아우구스투스답게 장례식 절차에 대한 내용도
문서로 만들어놓았고, 후계자 지명을 포함한 유언장 역시 완성된
상태였다. 준비된 죽음을 맞이한 셈이다.

그리고 서기 14년 8월 19일, 이탈리아 남부 작은 도시 놀라(Nola)
에서 76세의 나이로 평온한 죽음을 맞았다. 허약한 체질의 아우구
스투스가 76세까지 장수한 것은 로마제국의 축복이었다. 장수한
덕택에 로마의 시스템 하나하나를 점검하고 제국 통치의 기반을
닦을 수 있었다. 그는 장례식을 소박하게 치러달라고 유언으로 남
겼다. 장례식을 치르고 나서 여제사장에게 맡겨진 유언장이 원로
원에서 개봉되었다.

유언장에는 군사력과 세금을 비롯하여 제국 전체의 현재 상황이
상세하게 기록되어 있었다. 현재 보유하고 있는 군사력과 군단 주
둔지, 속주에서 들어오는 세금 총액, 각종 간접세 중에서 아직 납
부되지 않은 액수까지 적혀 있었다. 심지어 자세한 내용을 알고 싶
으면 물어볼 수 있는 담당자 이름까지 기록해놓았다. 아우구스투
스의 치밀하고 꼼꼼한 성격이 유언장에도 그대로 묻어난 것이다.

티베리우스의 이름은 상속인 가운데 맨 위에 적혀 있었다. 티베
리우스에게는 유산의 3분의 2를 주고, 나머지 3분의 1은 아내 리비
아에게 주었다. 상속 서열 2위는 티베리우스의 아들 드루수스와 게
르마니쿠스 그리고 게르마니쿠스의 아들이었다.

카이사르와 마찬가지로 수도의 모든 시민들에게 총액 4천만 세스테르티우스를 유산으로 남겼다. 그 밖에 근위대 병사, 수도 경찰의 경찰관, 군단병 개인에게 지급하는 액수를 정하고 유증했다. 또한 유언장에는 지금까지 기증받은 액수가 14억 세스테르티우스나 되지만 국민과 국가를 위해 다 써버리고 현재 얼마 남아 있지 않다고 기술했다. 그리고 "유배된 딸과 손녀는 영묘에 묻히는 것을 허락하지 않는다"며 유언장을 마무리했다.

사실상 공화정을 폐지하고 로마제국을 반석 위에 올려놓은 아우구스투스에 대한 역사가들의 평가는 호의적이지 않다. 에드워드 기번은 "공화정시대는 존경할 만하지만 제정시대에 접어들자마자 타락하기 시작했다"고 평가한다. 토인비 역시 "아우구스투스의 업적은 로마의 쇠망을 늦추었을 뿐이다"라고 말했다.

이에 대해 시오노 나나미는 『로마인 이야기』 6권에서 이렇게 의미를 부여했다. "성자필쇠(盛者必衰)는 역사의 법칙이라고 생각하는 나로서는, 설령 토인비의 말이 옳다 해도 그것으로 충분하지 않은가 하는 생각이 든다. 게다가 늦춘 세월이 수백 년에 이르렀다면 만족할 만하지 않은가." 그리고 역사가들이 제정 로마를 멸시하는 이유로 자유가 사라진 점을 드는데, 그 자유가 무엇인지를 지적한다.

"그들이 말하는 자유란 국경을 결정하는 자유다. 그렇다면 공화정시대의 로마에서는 누구나 이런 자유를 누리고 있었을까? 공화정 로마의 정치체제는 아테네와 같은 직접민주정이 아니었다. 민회는 있었지만, 실제로는 원로원이 국정을 결정하는 소수 지도 체제였다. 역사상으로는 과두정이라고 부른다. 술라의 개혁 이전에는 300명, 이후에는 600명의 원로원 의원만이 국정을 결정할 자유를 누리고 있었던 셈이다. 제정시대에 이 자유를 잃은 것은 이 600명뿐이다. 로마제국의 전체 인구는 6천만 명이었다."

공화정 체제와 제정 체제에는 각각 장단점이 있다. 공화주의자였던 타키투스는 "최악의 공화정이 최선의 제정(帝政)보다 낫다"며 공화정을 극찬했다. 그러나 "속주에서는 제정에 대한 평판이 더 좋았다"고 평가했다. 수에토니우스에 따르면 아우구스투스는 임종 때 자기 친구들에게 그리스 희곡의 대사를 인용하여 "어떤가, 내 배역을 잘 수행했지? 그렇다면 박수를 쳐서 나를 무대에서 내려오게 해주게"라고 말하면서 평온하고 유쾌한 죽음을 맞이했다고 한다.

프리츠 하이켈하임은 『로마사』에서 아우구스투스에 대해 다음과 같이 종합적인 평가를 내린다.

"아우구스투스는 40년의 재위 기간 중 로마 사회의 모든 구석에 미치는 개혁들을 단행했다. 조급하게 많은 것을 이루려고 덤비지 않고 점진적인 조치와 선례에 입각한 체계적인 작업에 의해 개혁에 성공했다. 복합적인 행정 체계를 만들어 역동적인 조직문화를 구축한 점을 높이 평가한다. 옛 귀족들을 만족시킬 만한 최상급 신분의 지위들을 많이 만들어 원로원 의원들을 인재로 활용했다. 경제계 인사인 기사 계급을 실세의 지위들로 끌어들여 체제의 충직한 집단으로 만들었고, 신인들로서 원로원 신분에 오를 수 있는 기회를 열어주었다. 노예도 해방노예로 신분 변화의 기회를 열어주어 전문화해가던 행정 체제에서 중요한 역할을 수행하고 신분 상승을 기대할 수 있게 했다.”

아우구스투스는 원로원을 존중하면서 겸손한 자세로 관리했다. 그가 후계 시스템을 원수정 체제로 만든 이유도 바로 원로원과 시민을 존중하면서 통치하라는 메시지를 담고 있다. 그 자신이 솔선수범하면서 후계자들이 실천해주기를 바랐던 것이다.

원로원과 시민(SPQR)의 위임을 받은 원수가
죽을 때까지 통치한다

카이사르는 매년 집정관이 바뀌는 공화정 체제에 개혁이 필요하다고 생각했다. 민중파와 원로원파의 갈등을 해소하고 제국의 효율적인 통치가 가능한 시스템인 황제 체제의 청사진을 마련했다. 아우구스투스는 카이사르가 계획한 제정 체제를 구체화시켰다. 아우구스투스가 구축한 제정은 원수정이라고 부른다. 원수의 원어인 프린켑스는 제1시민이라는 뜻으로, 동양의 황제와는 달리 아우구스투스가 자신을 동등자들 중에서 1인자로 여기고 로마 귀족과의 일체감을 강조하며 로마 공화정의 전통을 강조하기 위해서 즐겨 사용한 용어다.

아우구스투스의 원수정은 권력의 공백 상태에서 자연스럽게 만들어진 것은 아니었다. 원로원 귀족과 평민 대중 사이의 현실 정치의 긴장 속에서 지배권을 장악하려는 아우구스투스의 의식적인 노력과 그의 정치력이 발휘되면서 원수 체제가 형성된 것이다. 아우구스투스는 공화정 전통의 수호자로 자처하면서 원로원 귀족들을 신체제에 끌어들였고, 동시에 '빵과 평화'의 해결자로서 능력을 발휘하면서 평민들을 확실히 자기편으로 만들었다. 그 과정에서 그는 권력을 자신에게 집중시키고 후계 체제마저 마련해서 그 체제를 유지시킨 것이다.

아우구스투스는 원수정의 핵심은 승계 문제라고 생각했다. 하지만 후계 체제 준비에 큰 문제점이 있었다. 아우구스투스가 가진 특별한 권한과 지위가 제도화된 권한이 아니라는 사실이다. 제도화되어 있지 않으면 후계자에게 그 자리를 물려줄 수가 없었다. 그래서 아우구스투스의 전략은 먼저 후계자를 내정한 후에, 공식적인 절차를 통해 권한과 지위를 부여해서 후임 원수로 준비시키는 것이었다.

후계자를 선정하기 위해서는 아우구스투스 자신이 그랬던 것처럼 결혼과 입양 제도를 적절히 활용했다. 그러면 누구를 후계자로 할 것인가? 자신의 피가 흐르는 사람이어야 한다. 그에게는 아들이 없고 외동딸만 있었다. 후계 구도는 딸 율리아의 결혼을 통해 실천한다는 전략을 세웠다. 3번이나 정략결혼을 시켰으나 자신의 피가 흐르는 사람을 후계자로 세우지 못하고 결국 의붓아들인 티베리우스에게 자리를 물려준다.

기독교 이전의 로마 사회에서 이혼은 되도록 피하는 게 좋지만, 나쁘다고 생각되지 않았다. 특히 상류층에서는 정략결혼이 일반화되어 있었다. 술라, 폼페이우스, 카이사르도 몇 번이나 결혼과 이혼을 반복했다. 당시에는 정치 목적상 필요하면 언제든지 이혼을 할 수 있었다.

서기 14년, 그가 사망하자 티베리우스가 후임 황제가 되었다. 티베리우스가 후계자로서 제위에 오름에 따라 원수정 체제를 제도화하는 기틀을 마련했다.

아우구스투스의 놀라운 정치력은 공화정의 산실인 원로원을 적극적으로 활용하면서 공화정 체제를 무너뜨렸다는 점에서 드러난다.

에이드리언 골즈워디는 『로마 멸망사』에서 황제와 원로원의 역할을 흥미롭게 설명했다.

"원로원 계급은 훌륭한 고위급 장교 및 행정가를 조달할 수 있는 인력의 원천이었다. 황제로서는 평소 원로원 의원뿐만 아니라 그 혈족까지 모두 파악하고 있었으니 감시하기가 훨씬 용이했다. 로마 시가 행정 중심지의 역할을 수행했기 때문에 귀족층의 움직임을 감지하기도 편했다. 1세기와 2세기에는 소수 정예 원로원 의원들을 믿고 군대를 맡길 수 있었다. 맡긴다 해도 황위 찬탈 기도로 이어지는 경우는 드물었다. 1세기와 2세기에 황제들은 대리인을 임명할 수 있었고, 웬만해서는 전장에 직접 출정하지도 않았다."

이처럼 아우구스투스가 만들어낸 정치 체제는 원로원과 협조적인 관계를 유지했다. 하지만 겉으로는 공화정이 유지되는 것처럼 보이게 하면서 실질적으로는 한 사람인 황제를 중심으로 움직이는 형태였기 때문에 원수정이라고 부르게 된 것이다. 원수정은 기원전 27년에 출범해서 기원전 18년에 확립되었다. 이 체제는 디오클레티아누스가 서기 284년 전제정을 펼칠 때까지 300여 년 동안 유지되면서 로마제국을 하나의 문명권으로 통합했다. 아우구스투스는 원수정이 공화정의 연장선상에 있고 공화정의 정신에 기초하고 있다는 것을 강조했다. 그가 『업적록』에서 "나는 조상들의 관습에 위배되는 어떤 관직도 취한 바가 없다"고 밝힌 이유다.

그러면 원수정 체제의 창업자는 누구인가? 창업자는 카이사르이고 승계자는 아우구스투스다. 카이사르가 제정을 설계하고 아우구스투스는 그 설계도에 따라 현실화시켰기 때문이다. 원수정에서 통치자의 정통성과 역량은 어떻게 평가될까? 정통성은 원로원과 시민의 승인을 받아 이루어진다. 역량은 양대 책무인 안전 보장과 식량 보장을 비롯하여 리더십으로 평가받았다.

제정은 황제가 정통성과 역량을 갖추었을 때는 효율적으로 작동되었다. 정통성과 역량이 뛰어난 황제는 죽을 때까지 통치했다. 2대 티베리우스 황제와 팍스 로마나를 이끈 5현제가 바로 그들이다.

그러나 황제가 정통성과 역량을 갖추지 못하면 암살이나 자살 등 도중하차하는 비운을 맞았다. 역량이 부족해도 그것을 견제하거나 대체할 방법이 없었기 때문이다.

V

팍스 로마나
200년

기원전 27~서기 180년

01
티베리우스, 포퓰리즘을 거부하고
긴축재정을 실시하다
(서기 14~37)

티베리우스는 원로원의 승인을 거쳐 2대 황제가 되었다. 이로써 아우구스투스의 가계인 율리우스 가문과 티베리우스의 가문인 클라우디우스 가문이 합쳐진 율리우스-클라우디우스 왕조가 탄생했다.

로마 황제에 정식으로 즉위하려면 전임자의 지명만으로는 충분하지 않다. 원로원과 로마 시민의 승인을 받아야 한다. 라틴어 문장 SPQR은 로마의 원로원과 시민(Senatus Populusque Romanus)의 약자로, 기원전 509년 공화정이 출범할 때 로마의 주권자를 원로원과 로마 시민으로 규정한 데서 비롯되었다. SPQR은 고대 로마 공화정의 정부를 이르는 말로, 로마 정부의 공식 표어로 사용되었다.

타키투스는 『연대기』에서 티베리우스, 칼리굴라, 클라우디우스,

네로 황제까지 다루고 있으므로 그 내용을 중심으로 살펴본다. 기원전 14년에 티베리우스가 취임한 후 가장 먼저 한 결정은 집정관을 비롯한 국가 요직의 선출 장소를 민회에서 원로원으로 옮긴 것이었다. 이미 로마 시민권 소유자인 유권자수가 500만 명이 되었는데 수백만 명이 모인 민회에서 선거를 실시한다는 것은 불가능했다.

국가 예산은 긴축재정을 실시했다. 무슨 일이 있어도 세금 인상을 하지 않겠다고 생각했기 때문이다. 그 예로 공공사업을 벌이지 않았다. 아우구스투스는 40년 동안 엄청나게 많은 공공사업을 벌였다. 하지만 티베리우스는 로마에서 단 2건의 공공사업을 벌였을 뿐이다. 하나는 아우구스투스 신전이다. 신격이 된 선황에게 신전을 지어서 바칠 필요가 있어서다. 다른 하나는 보수가 필요한 품페이우스 극장을 개축한 것이다.

또한 티베리우스는 구경거리를 제공하는 일을 중단했다. 로마인들은 시민들에게 볼거리를 제공하여 즐겁게 해주는 것이 지도자의 중요한 덕목이라고 생각했다. 아우구스투스는 검투사 시합을 비롯하여 다양한 구경거리를 제공했다. 하지만 티베리우스는 전쟁의 신 마르스에게 바치는 경기 대회처럼 종교 행사를 겸해서 열리는 것 외에는 구경거리를 제공하지 않았다.

티베리우스는 특히 검투사 시합을 싫어했다. 시합 도중에 죽을 확률이 높아서 많은 지식인들이 좋아하지 않았다. 반면에 서민들은 검투사 시합을 무척 좋아하고 열광했다. 더구나 검투사 시합으로 생계를 꾸려가는 사람도 적지 않았다. 티베리우스는 인기 영합주의를 배제하고 로마제국의 현실과 앞날을 고려하며 긴축재정 정책을 펼쳐나갔다. 선대 황제 때처럼 똑같은 규모로 지출이 계속되면 재정 압박은 불을 보듯 뻔했다. 시간이 흐르면서 로마 시민권 보유자 수는 계속해서 늘어나기 때문에 엄청난 재정 수요를 감당할 수 없었다. 티베리우스는 인기 하락을 감수하고 긴축재정을 지속해나갔다. 당연히 시민들에게 인기는 떨어졌다.

티베리우스에게 부과된 또 다른 중요한 과제는 북쪽 방위선을 라인 강으로 할 것인가, 아니면 엘베 강까지 확장할 것인가를 결정하는 문제였다. 카이사르는 라인 강으로 규정했으나 아우구스투스는 엘베 강까지 확장하는 정책을 유지했다.

서기 15년, 티베리우스는 게르마니아와의 전쟁에서 우세를 보이고 있는 게르만군 총사령관 게르마니쿠스에게 "수도로 돌아와 개선식을 거행하라"고 편지를 보냈다. 게르마니쿠스는 "1년만 더 전쟁을 계속할 수 있게 해주면 엘베 강까지 제패할 테니 허락해달라"고 간청했다. 하지만 티베리우스는 허락하지 않았다. 게르마니쿠스는 로마로 돌아와 화려한 개선식을 치렀다. 이로써 게르마니쿠스의 게르만 정복은 미완성으로 끝나게 되었다.

이를 두고 타키투스는 『연대기』에서 "게르마니쿠스는 티베리우스가 질투심에서 자신이 이미 손에 넣은 승리를 인정하고 있지 않는다는 것을 잘 알고 있었지만, 더 이상 망설이지 않고 순순히 받아들였다"고 기록하고 있다. 이런 평가와는 달리 티베리우스는 게르마니아전쟁을 끝내기를 원했다. 그래서 북쪽 방위선을 엘베 강이 아니라 라인 강으로 확정했다.

게르만 전선을 마무리한 티베리우스는 동방으로 눈길을 돌렸다. 게르마니쿠스의 임지를 라인 강변에서 유프라테스 강변으로 옮겨 동방 문제를 마무리하도록 했다. 티베리우스는 동방 정책에 있어서는 아우구스투스의 전략을 그대로 따랐다. 왼손에는 무기를 들고 오른손으로 악수를 하는 양면 전략을 구사한 것이다. 그리고 서기 17년 게르마니쿠스에게 로마제국의 동부 전역에 대한 최고 통수권을 주었다.

31세가 된 게르마니쿠스의 인기는 하늘 높은 줄 몰랐다. 그는 아우구스투스의 외손자로서 티베리우스의 양자가 되었고 차기 후계자로 내정된 상태였다. 그는 아우구스투스의 누나의 딸에게서 태어났고, 아내는 아우구스투스의 딸 율리아와 아그리파 사이에서 태어났으니 초대 황제의 외손녀다.

동방으로 향하는 게르마니쿠스는 가는 곳마다 열렬한 환영을 받았다. 자신에게 주어진 임무도 잘 처리했다. 하지만 불상사가 생겼다. 게르마니쿠스와 시리아 속주 총독인 피소 사이에 심각한 갈등이 일어났던 것이다. 타키투스는 "티베리우스가 피소를 총독으로 임명한 것은 게르마니쿠스의 야심을 견제하려는 데 있는 것이

틀림없다고 확신했다. 심지어는 실제로 그런 내용의 지시를 티베리우스로부터 은밀히 받았다고 믿는 사람들도 있었다"고 전하고 있다.

이런 갈등 때문이었는지, 게르마니쿠스가 말라리아로 추정되는 병에 걸렸다. 주변에서는 갑작스럽게 찾아온 병의 원인에 대해 피소 총독이 독약을 먹인 게 원인이라는 주장이 퍼져나갔다. 그리고 33세의 젊은 나이에 아우구스투스가 지명한 차기 후계자는 아쉬움을 남긴 채 세상을 떠났다.

02

3번 타자에 딱 알맞은 티베리우스
(서기 14~37)

"카이사르가 청사진을 그리고 아우구스투스가 구축한 로마제국은 티베리우스의 통치를 거치면서 반석처럼 견고해진다." 시오노 나나미는 『로마인 이야기』 7권을 이렇게 시작했다.

로마가 제국으로 발전할 수 있었던 것은 바로 초창기 3세대가 절묘하게 자신들의 역할을 다한 덕택이다. 3대에 걸쳐 설계되고 구축된 로마제국은 이후 안전 궤도를 달리는 기차처럼 굴러갈 수 있었다. 티베리우스의 역할은 수리하고 유지 보수하는 일이다. 그는 3번 타자에 적합한 역할을 성실하게 수행했다. 앞에서 경제와 사회 정책을 살펴보았으므로 나머지 정책을 검토해보자.

첫째, 탁월한 인사 능력이다.

티베리우스는 인사에 뛰어난 능력을 발휘했다. 능력에 따라 적재적소에 사람을 발탁하고 활용했다. 군단장에는 군사 능력이 우수한 사람을 선발하고, 행정관에는 행정 능력이 우수한 사람을 발탁했다. 속주 총독에는 공화정시대부터의 명문 귀족을 등용했다. 속주 출신이라도 로마 시민이 된 이상 불이익을 받지 않았다. 티베리우스를 싫어한 역사가 타키투스조차도 "어떤 황제라도 티베리우스만큼 교묘하게 인선을 해낼 수는 없었다"고 평가할 정도였다.

티베리우스는 자신에게 엄격한 리더의 모습을 보여주었다. 서기 25년 원로원에서 티베리우스의 업적을 찬양하여 신전을 세우자고 했을 때 거절하면서 한 말이다.

"후세는 나를 어떻게 평가할까? 내가 한 일이 조상의 이름에 부끄럽지 않았는가? 원로원 의원 여러분의 입장을 지키는 데 도움이 되었는가? 제국의 평화 유지에 공헌할 수 있었는가? 그리고 국익을 위해서라면 나쁜 평판에도 굴하지 않고 해낸 것도 후세는 평가해줄까?"

둘째, 카프리 섬의 은둔 정치를 시작했다.

티베리우스는 형식을 중시하지 않는 내성적인 성격이었다. 서기 27년, 티베리우스는 근위대장인 세야누스에게 권력의 많은 부분을 위임하고 로마를 떠나 카프리 섬에 은둔한다. 그가 은둔한 이유는 가족 간의 불화로 인한 불편한 마음, 원로원에 대한 실망 등 다양했다. 타키투스는 "잔인하고 방탕한 본성을 숨기기 위해, 늙은 외견상의 모습을 부끄러워하여, 그의 어머니의 오만한 기질이 싫어서" 은둔했다고 설명한다.

은둔했다고 해서 정치를 포기한 것은 아니다. 측근 정치를 하고, 필요할 때는 서신을 통해 통치를 했다. 로마는 당시 로마가도가 발달하여 정보 수집이 가능했고, 명령 전달 체계가 확립되어 있어서 별문제가 없었다.

그가 은둔한 직후, 큰 사건이 2건이나 발생했다. 로마 근교의 경기장이 붕괴되어 5,000명의 사상자가 발생한 것과 로마의 일곱 언덕의 하나인 첼리오 언덕에서 대형 화재가 일어난 것이다. 티베리우스는 신속하게 대응하여 사태를 성공적으로 수습할 수 있었다.

이와 같이 대형 사고를 원만하게 수습한 티베리우스는 은둔 정치에 대한 자신감을 갖고 은둔을 계속하면서 근위대장인 세야누스의 측근 정치가 지속되었다. 서기 29년에는 티베리우스의 어머니 리비아가 세상을 떠났다. 이때도 티베리우스는 로마로 돌아오지 않고 편지 한 통을 원로원에 보냈다. 편지에는 고인의 장례식을 검소하게 치르고, 사후에 주어지는 많은 명예도 가능하면 줄이며, 특히 어머니를 신격화하는 일은 하지 말라고 당부했다.

장례식이 끝난 후, 티베리우스는 게르마니쿠스의 미망인인 아그리피나 일파를 소탕하도록 명령했다. 기다릴 줄 모르는 성격인 아그리피나는 티베리우스에 대한 비판을 멈추지 않았다. "나는 제국의 창시자인 아우구스투스의 피를 직접 이어받은 외손녀다. 피를 물려받지 않은 티베리우스는 찬탈자다. 뿐만 아니라 피소를 시켜서 남편인 게르마니쿠스를 독살한 살인 교사범이다."

티베리우스는 틈만 나면 아우구스투스의 핏줄을 내세워 주제넘게 나서는 아그리피나를 싫어했다. 그동안의 분노가 쌓인 황제는 세야누스를 통해 아그리피나 가족을 국가반역죄와 간통죄로 처벌할 것을 지시했다. 아그리피나의 주변 인물들은 하나씩 배제되었다. 공포정치가 시작된 것이다. 서기 29년, 아그리피나 모자에게 유배형이 확정되었다. 아그리피나는 판다타리아 섬(오늘날 벤토테네), 아들 네로 카이사르는 폰티아이 섬(오늘날 폰차)에 각각 유배되었다.

서기 31년, 세야누스는 티베리우스와 함께 집정관에 취임했다. 세야누스의 권세는 절정에 이르렀다. 그에 대한 원성이 높아지고 후계자의 욕심까지 생긴 것을 안 티베리우스는 세야누스를 제거하고 사형에 처했다.

티베리우스는 승계를 염두에 두고 게르마니쿠스의 마지막 아들 가이우스 카이사르(훗날 칼리굴라 황제)를 카프리 섬에서 함께 살도록 했다. 세야누스의 궁중 음모 전략에 걸리지 않은 것이 이유였다. 타키투스는 "가이우스가 티베리우스의 눈 밖에 나지 않으면서 영악하게 행동했다"고 평가하면서 "가이우스만큼 훌륭한 노예도 없었지만, 그만큼 무서운 주인도 없었다"는 말이 생겼다고 소개했다.

티베리우스는 서기 37년 77세의 나이로 세상을 떠났다. 티베리우스 황제에 대한 평가는 극과 극으로 엇갈린다. 그는 원로원이 자신에게 주려고 했던 많은 칭호와 명예를 사양하는 겸손함을 지녔다. 자신에 대한 비난 연설도 기꺼이 받아들이는 경청의 자세를 보임으로써 공화정과 민주 원리를 존중하는 모습도 보였다. 또한 현실적이고 합리적인 정책들로 국가 재정을 풍요롭게 하여 후임자에게 물려주었다. 몸젠은 "티베리우스는 로마가 가졌던 가장 훌륭한 황제 가운데 한 사람"이라고 평가했다. 그러나 반대자에 대한 잔인한 처벌과 제거, 궁정 음모 사건, 측근 세야누스의 권력 남용, 카프리 섬 은둔 기간에 나돌던 무절제한 성적 타락에 관한 좋지 않은 소문 등으로 인해 수에토니우스, 타키투스 등 고대 역사가로부터 부정적인 평가를 받았다.

03
예수의 탄생과 십자가 처형
(기원전 4~서기 30)

기원전 4년, 예수가 시리아 속주 유대에서 탄생했다. 예수의 탄생과 기독교의 등장은 로마 역사와 세계 역사에 중요한 사건이 된다. 인류 역사는 예수 탄생을 기점으로 기원전(BC)과 서기(AD)로 갈리기 때문이다. BC는 영어로 그리스도 이전을 뜻하는 'Before Christ'의 약칭으로, 그리스도의 탄생 이전과 이후를 시대 구분의 기준으로 삼는다. AD(Anno Domini)는 라틴어로 '그리스도의 해'라는 뜻으로, 기원후를 의미한다. 예수의 탄생과 죽음 그리고 기독교의 전파는 로마의 역사에서 극심한 탄압을 받지만, 로마제국 후반기에는 기독교가 공인되고 국교로까지 인정받는다. 예수의 탄생을 『신약성경』을 중심으로 살펴보자.

예수 탄생은 기원전 4년이니까 아우구스투스 시대에 태어났다. 『신약성경』에 예수의 부모인 요셉과 마리아가 갈릴리 나사렛으로 호적하러 갈 때 아우구스투스의 이름이 나온다.

"그때에 가이사 아구스도(카이사르 아우구스투스)가 영을 내려 천하로 다 호적하라 하였으니, 이 호적은 구레뇨가 수리아 총독이 되었을 때에 처음 한 것이라. 모든 사람이 호적하러 각각 고향으로 돌아가매, 요셉도 다윗의 집 족속이므로 갈릴리 나사렛 동네에서 유대를 향하여 베들레헴이라 하는 다윗의 동네로 그 약혼한 마리아와 함께 호적하러 올라가니 마리아가 이미 잉태하였더라."

예수는 처형당하기 전 3년 동안 하나님 나라를 선포하며 복음을 가르쳤다. 예수의 가르침과 행적은 『신약성경』의 4복음서인 「마태복음」 「마가복음」 「누가복음」 「요한복음」에 기록되어 있다. 예수는 12명의 제자를 선택하여 그들과 함께 하나님 나라의 복음을 전하며 많은 기적을 일으켰다. 물을 포도주로 바꾸고, 맹인의 눈을 뜨게 하고, 나병 환자의 병을 고치고, 귀신 들린 자를 치유하고, 죽은 자를 살리는 등 많은 기적을 행하였다. 복음서의 3분의 1 정도가 예수가 행한 기적의 이야기를 담고 있다.

예수의 가르침은 예루살렘의 많은 사람들에게 열렬한 지지를 받았으며, 『구약성경』에 기록된 대로 '메시아'의 출현으로 여겨졌다. 하지만 당시의 정치 지도자인 사두개파와 종교 지도자인 바리새파의 반발을 사 하나님의 아들을 사칭했다는 신성 모독죄로 서기

30년에 십자가의 형벌을 받아 처형당한다.

당시에 십자가형은 정치적 선동가, 해적, 노예 등 사형에 처할 중죄인을 다스릴 때 주로 사용되었다. 사형수는 대개 매질을 당한 다음에 십자가를 짊어지고 처형장으로 끌려가 매달려 죽었다. 예수가 십자가형을 받는 과정은 영화 〈패션 오브 크라이스트(Passion of Christ)〉에 잘 나타나 있다.

십자가 사건은 2대 황제 티베리우스가 제위에 있을 때에 일어났다. 예수가 체포되어 처형될 때 빌라도는 유대 속주를 관장하는 로마제국의 총독이었다. 빌라도는 처음에 예수의 사건 전체를 자신과 무관한 '유대인의 문제'이고 종교적 사안이라고 생각했다. 그는 예수가 로마에 정치적 위협이 된다고 여기지 않았던 것이다. 예수가 '유대인의 왕'이 되려 한다는 유대인들의 고발이 없었다면 그를 석방했을지도 모른다.

하지만 유대인들이 강하게 요청하자, 빌라도는 예수를 십자가에 못 박을 것을 선고했다. 처형된 예수의 시체는 바위 안의 묘에 매장되었는데, 죽은 지 3일 만에 본인의 예언대로 부활하여 제자들 앞에 나타났다. 그리고 40일 뒤에 제자들이 지켜보는 가운데 승천했다.

예수의 가르침의 핵심은 사랑이다. 하나님의 아들인 예수가 이 땅에 내려온 이유도 하나님의 사랑을 실천하기 위함이고, 십자가에 못 박혀 죽은 이유 역시 인간의 사랑의 실천이다. 그래서 예수는

"이웃을 네 몸처럼 사랑하라" "원수도 사랑하라"고 가르쳤다. 4복음서는 예수의 탄생, 십자가, 부활, 재림의 이야기들을 담고 있다.

기독교는 사도 바울의 등장으로 획기적인 발전을 하게 된다. 바울은 독실한 유대교 신자이며 로마 시민권자로서 기독교를 탄압하는 선봉에 섰던 인물이었다. 그는 기독교인들을 본격적으로 박해하기 위해 대제사장의 권한을 받아 다마스쿠스(Damascus)로 가던 중 예수의 나타남을 보고 그의 음성을 듣게 되었고, 이후 예수의 제자가 되었다.

이렇게 기독교의 박해자에서 돌아선 바울은 기독교를 이스라엘 밖으로 전파하기 시작하여 로마까지 전파하게 되었다. 바울은 『신약성경』 27편 중에서 13편의 편지를 써 『신약성경』을 완성하는 역할을 했다. 토머스 R. 마틴은 『고대 로마사』에서 바울이 기독교의 세계화에 기여한 점을 이렇게 평가했다.

"바울은 윤리적 행동, 특히 성적 부도덕을 피하고 그리스·로마 신들을 예배하지 말라고 가르쳤으나, 유대인 율법의 모든 조문을 따라야 할 필요가 없다는 것도 가르쳤다. 기독교를 유대인 공동체 밖으로 전파하려 했던 그는 시리아, 소아시아, 그리스의 비유대인들을 겨냥하여 전도 사업을 펼쳤다. 그는 이교도들의 개종을 한결 수월하게 하기 위해, 이 종교에 들어온 남자들은 유대교의 성인식인 할례 의식을 치를 필요가 없다고 가르쳤다."

바울이 제국의 동부에 있는 여러 속주에 나타나서 논쟁과 소란을 일으키자, 로마 당국은 소요를 일으키는 범죄자로 보고 체포하여 기원후 65년경에 처형했다.

사도행전은 예수의 제자인 베드로와 바울 등 사도들이 예수가 신의 아들이라는 믿음을 널리 전파하는 과정을 기록했다. 사도들은 처음에 이스라엘의 유대인들에게 전도를 시작했으나, 이내 로마제국 전역의 비유대인들에게 신앙을 확산시켰다.

이렇게 해서 기독교가 탄생했다. 그 출발은 미미했으나 서기 64년 대화재 사건 때 네로 황제가 기독교를 탄압하면서 로마 역사에 본격적으로 등장했다.

04

인기를 한 몸에 받으며 즉위한
칼리굴라
(서기 37~41)

"모든 사람의 환영을 받으며 황제 자리에 올랐다."

서기 37년, 25세의 젊은 칼리굴라가 3대 황제로 즉위할 때 원로원과 로마의 모든 시민이 환호하며 박수를 보냈다. 인기 없는 77세의 노인 황제가 퇴장하고 젊은 황제가 등장했으니, 그 자체로도 민심은 일시에 변화했다. 더욱이 아우구스투스의 피가 흐르는 사람이 황제에 올라야 된다고 믿는 사람들에게 칼리굴라는 구세주와 같았다. 칼리굴라의 아버지는 게르마니쿠스이고, 어머니는 아우구스투스 황제의 손녀인 아그리피나가 아닌가. 부모 양쪽에서 아우구스투스의 피를 물려받았으니 정통성을 회복하는 일이기도 했다.

특히 병사들은 남다른 애정을 가지고 환호했다. 칼리굴라는 어렸을 때 로마제국의 국경인 라인 강 방위군 사령관이었던 아버지 게르마니쿠스를 따라 병영에서 자랐다. 그는 병영에서 로마군 군화인 칼리굴라와 같은 모양으로 만든 유아용 구두를 신고 다녔다. 이런 모습을 보고 병사들이 별명을 붙여주었는데, 별명이 이름이 된 것이다. 칼리굴라의 본명은 가이우스 율리우스 카이사르다. 아버지 게르마니쿠스가 시리아 안티오키아로 근무지가 바뀌자, 칼리굴라도 그곳에서 자랐다. 하지만 아버지가 사망하자 로마로 돌아왔다.

칼리굴라는 경제적으로도 행운아였다. 티베리우스 황제가 긴축 재정을 실시하여 2억 7천만 세스테르티우스의 흑자를 남겨주었기 때문이다. 정치적으로나 경제적으로나 모든 것이 안정된 상태에서 편안한 마음으로 황제에 취임할 수 있었다.

아우구스투스와 티베리우스 황제가 가졌던 모든 대권을 이어받은 젊은 황제는 원로원에서 시정 연설을 하면서 "티베리우스 시대와는 정반대의 통치를 하겠다"고 과감하게 선언했다. 반대의 통치란 티베리우스는 긴축하면서 인기 없던 정책을 펼쳤지만, 자신은 확장 정책을 추진하겠다는 뜻이다. 즉, 시민에게 부담이 되는 세금을 폐지하고, 축제를 열고, 검투사 시합과 전차 경주 대회를 부활시키는 등 자신의 인기를 높이는 화려한 일에 집중했다.

반면에 속주 통치나 변경 방위 등 일반 시민들이 관심 없는 분야에서는 티베리우스의 방식을 그대로 답습했다. 민중이 관심 있는 일들은 포퓰리즘을 도입하고, 민중의 관심권 밖에 있는 일들은 기존 방식을 그대로 유지하는 전략을 취한 것이다. 이러한 양면 정책 덕택에 로마제국은 안정적으로 유지될 수 있었다.

하지만 즉위한 지 7개월 되던 때 칼리굴라는 지독한 열병을 앓은 후 그 후유증으로 강박관념에 시달렸다. 그 영향으로 자신을 신격화하기 시작했다. 자신이 인간 세계에 나온 신이라는 망상에 사로잡힌 나머지, 스스로를 최고의 신으로 숭배되는 유피테르와 같은 인물로 생각했다. 그리고 항상 시민들의 인기를 의식했다. 포퓰리즘만이 정책 추진의 기준이었다. 결국 인기를 모으기 위해 추진했던 정책들이 부메랑이 되어 국가 재정은 파탄났다. 직전 황제인 티베리우스에게 물려받은 흑자 재정은 온데간데없이 사라져버렸다.

인기 정책은 재정과 맞물려 있다. 재정이 없으면 선심성 정책도 지속될 수 없는 법이다. 맹자가 말했듯 "무항산(無恒產) 무항심(無恒心)", 즉 재산이 일정하지 않으면 마음을 일정하게 유지하기 어려운 법이다. 국가 재정이 바닥나자, 칼리굴라는 재정 위기를 타파하기 위해 세금을 부과할 수 있는 것은 모조리 찾아 나섰다. 심지어 땔감에까지 세금을 징수했다. 이렇게 무지막지하게 세금을 부과하자 하늘 높은 줄 모르고 치솟았던 인기는 급격하게 떨어졌다.

이것이 정치와 경제의 냉혹한 차이점이다. 정치는 말로 하지만, 뒷받침은 경제의 몫이다. 경제적 뒷받침 없는 정치는 사상누각이 되고 만다. 그래서 오늘날 미국이나 영국 등 선진국의 선거에서도 경제가 좋지 않으면 집권당이 패배하는 것이다.

게다가 자신을 신으로 생각한 칼리굴라는 무슨 일이든 할 수 있다는 망상에 빠져 패악과 패륜을 저지르면서 무고한 사람들을 짐승 밥으로 내던지고 근친상간을 일삼았다.

수에토니우스는 칼리굴라의 기행과 잔인한 행위를 『열두 명의 카이사르』에서 상세하게 기록했다. 칼리굴라는 어느 날 유배지에서 돌아온 사람에게 "거기서 무엇을 하며 지냈는가?"라고 물었더니, 그는 아첨하느라 "티베리우스가 죽고 난 뒤 폐하가 황제가 되시기를 기도드렸습니다. 제 기도가 이루어진 셈이지요"라고 대답했다. 이 말을 들은 황제는 그렇다면 유배를 간 사람들도 자신이 죽기를 바라며 기도할 것이라고 생각했다. 그래서 부하에게 여러 섬을 돌아다니며 유배자들을 모두 살해하도록 명령했다.

이러한 정신병적인 행동은 어디서 나왔을까? 수에토니우스는 '과도한 자신감'과 '지나친 소심증'을 가진 모순된 성격적 결함이라고 진단한다. 그는 자신이 신이라고 생각하며 신들을 경멸했지만, 멀리서 천둥소리만 들려도 이불을 뒤집어쓰고 눈을 질끈 감는 나약한 사내였다는 것이다.

황제의 문제점은 측근에 있는 사람들이 가장 잘 안다. 문제는 항상 가까운 곳에서 생기는 법이다. 늘 인기에 연연하던 칼리굴라는 대중 앞에 나서기를 좋아했다. 서기 41년, 연극 관람에 참석했다가 자신의 최측근 근위병 대대장인 카이레아 등 몇몇 병사들에게 살해되었다. 황제 자리에 오른 지 4년 만에 비극을 맞은 것이다.

칼리굴라를 살해한 카이레아는 칼리굴라의 숙부인 클라우디우스(게르마니쿠스의 동생)를 데리고 근위대 병영으로 돌아가 병사들에게 임페라토르(황제)라는 환호를 받았다. 원로원이 행동에 나서는 것을 기다리지 않고 모든 상황을 기정사실로 만들어버린 것이다. 원로원은 기정사실을 인정하지 않을 수 없었다.

05
역사가 황제 클라우디우스의 등장
(서기 41~54)

클라우디우스 황제는 어렸을 때 소아마비를 앓아서 걸을 때 오른쪽 다리를 질질 끌고 다녔다. 이러한 신체적 결함 때문에 그는 일찍이 제위 승계권에서 벗어나 있었다. 아우구스투스는 그의 머리가 비상한 것을 알고 그에게 좋은 교사들을 붙여주었다.

그는 소년 시절부터 역사 연구와 저술에 전념하여 역사 연구자로 성장해 있었다. 그의 스승이 바로 고대 역사가인 리비우스다. 수에토니우스는 "클라우디우스는 소년 시절부터 로마사에 관한 연구를 시작했다. 리비우스가 격려했고, 술피키우스 팔라부스가 도움을 주었다"고 기록했다. 그런데 칼리굴라가 갑자기 살해되는 바람에 생각지도 못했던 황제가 되었다. 이렇게 해서 '역사가 황제'가 탄생한 것이다.

황제가 된 클라우디우스가 가장 먼저 한 것은 황제 살해범을 처형하는 일이었다. 황제 체제를 유지하는 한, 살해범을 살려두는 것은 있을 수 없는 일이었기 때문이다. 클라우디우스는 주동자인 대대장 카이레아만 처형하고 다른 가담자들에게는 죄를 묻지 않았다.

역사가 황제는 공직자의 경험이 없어 리더십을 훈련받을 기회가 없었지만, 책을 통해 얻은 지혜를 바탕으로 황제가 할 일과 일의 우선순위를 알고 있었다. 우선 칼리굴라가 남긴 재정 파탄을 건전 재정으로 전환하는 일에 앞장섰다. 칼리굴라가 폐지한 '1퍼센트 매상세'를 부활시키고, 불필요하다고 여겨지는 지출은 가차 없이 삭감했다. 이런 노력으로 재정을 다시 일으키는 데 성공했다.

클라우디우스는 복잡한 제국 경영을 효율적으로 통치하기 위해 자신을 도울 비서관 체제를 구축했다. 비서관은 해방노예 출신들이 주류를 이루었다. 이들 해방노예에게 역할을 분담시켰다. 편지 담당, 회계 담당, 청원서 담당, 필기 담당, 지식과 정보 담당 등의 비서관을 두어 황제의 임무를 효율적이고 체계적으로 처리하는 시스템을 구축했다.

정치적으로 볼 때, 칼리굴라가 저질렀던 실정을 아우구스투스와 티베리우스 황제가 통치했던 제도로 다시 복원시켰다. 이를 통해 제정 체제에 불신을 갖고 있던 원로원의 공화파 의원들을 안심시킬 수 있었다. 대외적으로도 큰 성과를 거두었다. 아프리카의 마우

레타니아에서 일어난 반란을 진압했던 것이다. 예루살렘과 알렉산드리아에서 촉발된 유대인 문제 역시 유일신을 믿는 그들의 특성을 인정하여 유대 민족의 반란을 처리했다.

군대 경험이 전혀 없었지만 서기 43년 로마군 4개 군단을 이끌고 직접 도버해협을 건너 브리타니아를 정복하기도 했다. 또한 칼리굴라가 시작한 로마 수도교 공사를 마무리했다. 특히 클라우디우스는 로마 서쪽 티레니아 해에 면하고 테베레 강과 연결되는 오스티아 항구를 건설하는 데 심혈을 기울였다. 아우구스투스와 티베리우스가 국세 조사를 실시한 지 34년 만에 다시금 실시하여 조세와 군사력의 기초 데이터를 확보하기도 했다.

비서관 체제는 국정 운영에 큰 도움이 되었지만 폐해도 적지 않았다. 해방노예 출신의 비서진에게 지나치게 의존하여 국정에 폐해도 생겼다. 특히 해방노예 3인방으로 불리는 나르키수스, 팔라스, 칼리스투스에 대한 로마 지도층 인사들의 원망과 증오가 증폭되었다. 게다가 황제는 무미건조한 성격에 일에만 몰두한 나머지 로마 시민들에게 인기가 없었다. 아내에게도 마찬가지였다. 황제가 오스티아 항구 건설 진척 상황을 확인하기 위해 황궁을 비운 사이, 황후 메살리나의 중혼죄, 즉 이중 결혼 사건이 일어나 황제의 측근이 황후를 살해하는 비극도 생겼다.

홀몸이 된 클라우디우스는 재혼을 결심한다. 클라우디우스는 황후를 고르는 일도 비서진에게 맡겨 추천을 받았다. 많은 후보 중에서 아우구스투스의 피가 흐르는 아그리피나가 선택되었다. 아그리피나는 어머니와 이름이 똑같아서 역사가들은 둘을 구분하기 위해 어머니를 대(大)아그리피나, 딸은 소(小)아그리피나라고 불렀다. 클라우디우스의 아내는 소아그리피나였다.

아그리피나는 칼리굴라 황제의 누이동생이고, 클라우디우스에게 조카가 된다. 숙부와 조카 사이의 결혼은 어려운 일이지만, 아그리피나는 정치적인 야망을 가진 여자이기에 적극적으로 희망하여 황후가 되었다. 그녀는 전 남편과의 사이에 낳은 아들 도미티우스를 황제로 만들겠다는 꿈을 가지고 클라우디우스의 양자로 입적시키고 이름을 네로로 바꾸었다. 도미티우스는 게르마니쿠스가의 유일한 혈육이었다. 클라우디우스도 자신의 아들 브리타니쿠스가 5세밖에 되지 않았으므로, 도미티우스를 자기 딸 옥타비아와 약혼시켜 양자로 삼고 네로 클라우디우스 카이사르라는 이름을 주고 계승을 위한 훈련을 시작했다.

아그리피나는 자신의 아들이 황제 자리를 물려받을 수 있는 준비를 마친 후 황제에게 독버섯을 먹여 사망하게 했다는 의혹을 받는다. 서기 54년, 클라우디우스는 아내의 야망에 희생양이 되어 63세를 일기로 세상을 떠났다.

클라우디우스 황제는 로마사에서 매우 극적인 인물로 남아 있다. 로버트 그레이브스는 역사소설 『나는 황제 클라우디우스다』를 통해 클라우디우스를 재평가한다. 저자는 50년간 어릿광대 노릇을 하며 권력투쟁의 틈바구니에서 살아남은 클라우디우스가 우스꽝스러운 인물에서 권위 있는 황제로 변모하는 과정을 드라마틱하게 소개한다. "인간 클라우디우스는 유약하면서도 논리적이고 단호한 모습을 동시에 가지고 있다. 권력을 쥐고 난 뒤 클라우디우스의 모습은 달라졌다. 그의 진짜 모습은 역사가이자 유능한 행정가, 군사 전략가, 사법 개혁가였다. 살벌한 권력투쟁에서 한발 벗어나 있으면서 결국 권력의 중심에 섰고, 의외의 능력을 발휘하여 역량 있는 황제로 평가받는 것은 결코 우연이 아니다."

06

스승의 도움으로
처음에는 선정을 베푼 네로
(서기 54~64)

"인류의 파괴자" "세상의 독" "사악한 인간".

폭군 네로에게 붙여진 수식어다. 5대 황제 네로는 천년제국 로마에서 가장 이름이 잘 알려진 인물이다. 카이사르는 몰라도 네로는 모르는 사람이 없을 정도이니까.

서기 54년에 황제로 즉위했을 때 네로의 나이는 16세였다. 철부지에 불과했지만 원로원과 시민들은 열렬히 환영했다. 클라우디우스 황제 체제에서 해방노예들이 설치는 모습에 신물을 느낀 나머지, 비서관 정치가 폐지되리라는 기대가 있었기 때문이다. 환갑이 넘은 역사가 출신의 황제는 무미건조하고 고리타분한 느낌을 주었다. 하지만 발랄한 10대 소년의 등장은 신선한 느낌을 주어 분위기를 반전시키는 효과가 있었다. 칼리굴라 황제가 젊음을 무기로 등장할 때와 비슷했다.

네로가 황제가 된 것은 전적으로 어머니 아그리파나의 야망과 집념이 낳은 결과였다. 아그리피나는 아버지 게르마니쿠스가 죽었을 때 겨우 3살이었다. 그녀는 늘 죽음의 위협 속에서 자랐다. 어머니 아그리피나는 티베리우스 황제의 미움을 사 판다타리아 섬에 유배되었지만, 친오빠인 칼리굴라가 황제가 되자 비로소 운이 트였다고 생각했다. 그러나 광기 어린 젊은 황제의 의심을 사서 폰티아이 섬에 유배되는 신세가 되었다. 권력의 희생양이 된 그녀는 역설적으로 권력에 대한 의지를 더욱 불태웠다. "반드시 권력을 움켜쥐어야 한다"는 목표와 집념을 가지고 의도적으로 클라우디우스 황제의 황후가 되어 네로를 황제로 등극시키는 데 성공했다.

타키투스에 따르면 아그리피나는 아들을 위한 교육에도 주도면밀하게 대응했다. 제왕 교육을 위해 유명한 철학자를 선생으로 모셔야 된다고 생각했다. 당시 로마 철학계를 대표하는 인물은 세네카였다. 세네카는 클라우디우스 황제의 미움을 받아 코르시카 섬으로 추방당한 상태였다. 아그리피나는 황제를 설득하여 세네카에게 추방 해제령을 내리도록 하여 자유롭게 만든 후 아들의 스승으로 모셔와 제왕 교육을 시켰다.

세네카는 네로 황제를 도와 출범 초기 5년 동안 선정을 베푸는 데 기여했다. 네로의 연설은 세네카의 도움으로 원로원의 큰 호응을 얻어냈다. 또한 정부를 매우 안정되게 운영했다. 타키투스는 네로가 황제가 된 후 원로원에서 연설할 때 겸손한 자세를 보였다고 전한다. "나는 통치권을 아무 탈 없이 행사하는 데 필요한 훌륭한 조언자와 모범적인 인물을 눈앞에 두고 있다."

하지만 서기 59년, 네로가 어머니를 살해한 후부터 폭정의 조짐이 일기 시작했다. 이후 3년 동안 세네카는 폭군을 선도하려는 이상과 폭군에게 복종할 수밖에 없는 현실 속에서 부단히 갈등했다. 서기 62년에 세네카는 은퇴를 결심하고, 네로의 반대를 무릅쓰고 64년부터는 궁정에 아예 발길을 끊어버렸다. 이런 행동에 의심을 품었던 네로는 서기 65년에 발각된 암살 음모에 세네카의 조카인 루카누스가 연루되자, 세네카와 그의 가족 모두를 죽음으로 내몰았다.

세네카는 위대한 철학자로서 많은 저서를 남겼다. 그의 저서 『인생이 왜 짧은가』에서 "적절한 시기에 죽음을 택하는 것은 인간의 본질적 권리"라고 했다. 그는 "현자는 자신의 생명이 지속 가능한 시간까지가 아니라 자기가 생존하려고 할 때까지만 생존하는 것"이라며 자살을 자유로 통하는 통로라고 변호했다. 네로 황제에게 자살을 명령받은 그는 그의 말처럼 자유의지를 가지고 스스로 삶을 마감했다.

네로는 어머니를 암살하고 세네카가 떠난 후로는 브레이크 없는 자동차처럼 굴러가기 시작했다. 네로는 원래 정치에는 관심이 없고 시나 음악을 즐기며 사는 게 좋다고 생각했다. 이제 옆에서 충고하는 사람이 없어지자 마침내 자신만의 방식으로 평소의 꿈을 실현하기 시작했다.

수에토니우스는 『열두 명의 카이사르』에서 "네로의 주된 성격적 특징은 인기에 대한 억누르기 힘든 욕망과 어떤 식으로든 대중의 눈을 사로잡은 사람들에 대한 불타는 질투"라고 설명했다. 네로는 스스로를 황제라기보다 예술가라고 생각했다. 대중의 환호와 애정을 먹고사는 대중예술가였던 것이다. 그는 원로원이나 민중 앞에서 연설할 때 시를 인용하고 시적인 운율을 구사했으며, 세네카의 도움으로 알찬 연설문을 만들어 박수갈채를 받았다.

뿐만 아니라 네로는 대중 앞에서 직접 류트나 리라 같은 악기를 켜면서 시를 읊고 노래를 불렀다. 그리고 환호하는 군중의 박수 소리에 만족하면서 거액의 돈을 뿌렸다. 원로원은 이를 황제답지 못한 경박한 일이라고 비판했다. 타키투스는 "네로의 목소리나 시의 수준은 형편없었으나, 청중은 황제의 무력과 돈 때문에 마지못해 환호를 보내곤 했다"고 평가했다.

젊은 황제의 이런 전시성 행사는 점점 규모가 커졌다. 서기 60년, 그리스의 올림픽을 모방하여 '네로 제전' 축제를 5년에 한 번 개최하기로 했다. 그러나 점점 기간을 좁혀 결국 연중행사가 되었다. 전차 경주와 검투사 경기 등에 이어 시와 리라를 연주하고 웅변 등의 경연이 벌어졌는데, 이들 종목에서는 언제나 네로가 직접 출전했다. 물론 우승은 항상 네로의 몫이었다.

네로는 이 축제를 위해 막대한 자금을 시민에게 뿌렸다. 축제 기간 중 누구나 자유롭게 목욕탕과 음악당을 사용하게 했고, 많은 경기장과 극장을 새로 지어 귀족들의 전유물이던 오락을 서민들도 즐길 수 있게 해주었다. 이런 태도를 보고 원로원과 귀족들은 '철부지 황제'라며 싫어했지만, 서민들 사이에서는 인기가 높았다.

그는 전쟁을 일으키지 않았다. 당시 로마의 가장 큰 적대국은 동방의 파르티아였다. 네로는 유능한 장수인 코르불로를 동방의 총사령관으로 임명하여 파르티아를 효과적으로 견제하고, 파르티아 왕자 티리다테스를 로마로 초대하여 양국 사이에 평화가 이어지게 했다. 파르티아에서는 네로에게 큰 호감을 품은 나머지 네로가 죽은 뒤에도 그에게 경의를 표시했을 정도였다.

O7
폭군의 대명사가 된 네로
(서기 64~68)

네로에게 결정타를 날린 사건이 발생했다. 서기 64년 7월에 일어난 로마의 대화재다. 대경기장 관중석 밑의 가게에서 불이 발화되어 때마침 불어온 강풍을 타고 순식간에 팔라티노 언덕과 첼리오 언덕으로 번졌다. 로마의 14개 행정구 가운데 3개 행정구가 모두 타 버리고, 7개 행정구는 절반 정도 타버리는 피해를 입었다. 네로는 이재민의 주택 재건에 심혈을 기울였다. 동시에 자신의 궁전을 '도무스 아우레아(Domus Aurea, 황금 궁전)'라고 명명하고 재건을 추진했다. 이것이 문제였다.

대화재로 전소한 지역이 네로의 '도무스 아우레아' 건설 예정지와 거의 일치한 까닭이다. 시민들 사이에 네로가 궁전을 짓기 위해 불을 질렀다는 소문이 불길처럼 퍼졌다. 타키투스가 전하는 소문의 내용이다.

"수도가 한창 불타고 있을 때 네로가 대저택 내의 사설 무대에 올라서서 눈앞의 화재를 구경하면서, 이것을 태곳적의 불행과 비교하며 트로이의 함락을 노래하고 있었다."

27세의 젊은 네로는 시민들의 반감과 적개심에 무척 당황했다. 이 소문을 진화하지 않으면 자신이 화를 당할 것이라고 생각한 네로는 희생양을 찾았다. 마침내 기독교인들을 방화범이라고 지목했다.

기독교인들이 모여 사는 지역은 대화재 때 절반 정도 불탔지만 피해는 크지 않았다. 그러나 로마인들은 유일신을 믿는 기독교인들에게 반감을 가지고 있었다. 특히 기독교인들 사이에서 행해지는 미사 양식이 증오심에 기름을 부었다. 미사에서는 빵과 포도주가 제공되는데, 빵은 예수 그리스도의 살을 의미하고 포도주는 예수의 피를 의미한다. 그런데 로마인들 사이에서 기독교인들이 인간의 살을 먹고 피를 마신다는 소문이 퍼져나가 야만인이라는 인식이 있었다. 또한 당시에 기독교인들의 숫자도 많지 않아 영향력이 약한 까닭에 방화죄를 뒤집어씌우기에 적합한 상대였다.

네로는 기독교도들을 '방화죄 및 인류 전체를 증오한 죄' 등으로 체포하여 많은 사람을 처형했다. 네로는 이들을 단순히 처형하는 데 그치지 않고 구경거리로 삼아 시민들에게 위로를 주고 싶어

했다. 일부는 십자가에 매달려 처형하고, 일부는 야수의 모피를 뒤집어 씌워 들개 떼에게 물려 죽도록 했다. 일부는 밤의 구경거리로 남겨져, 땅에 말뚝을 박고 한 사람씩 산 채로 불을 붙여 처형하기도 했다.

기독교인들의 잔혹한 죽음은 네로의 기대와 다른 방향으로 움직였다. 네로가 불을 질렀다는 소문은 더욱 빠른 속도로 퍼져나간 것이다. 타키투스가 기록한 내용이다. "기독교인들이 더 무거운 죄를 지었다 해도, 처형 방식의 잔혹함은 그것을 보는 시민들의 가슴을 동정심으로 가득 채웠다. 시민들은 기독교도라고 불리는 그들에게 그토록 잔혹한 운명을 내린 것은 공공의 이익을 위해서가 아니라 단 한 사람의 잔인한 욕구를 충족시키기 위해서임을 알고 있었다."

서기 65년에 피소의 황제 암살 음모가 발각되었다. 피소와 네로와 가까운 사람들이 음모에 가담하여 측근에서 네로를 암살할 계획이었다. 이때 세네카도 가담자로 몰려 죽음을 맞았다. 피소의 음모 사건으로 충격을 받은 네로는 더욱 마음을 닫고 의심이 나면 처형하는 일을 서슴지 않았다.

서기 66년, 네로는 가수로서의 역량을 시험하고 과시하기 위해 그리스로 여행을 떠났다. 그는 3명의 사령관을 그리스로 불러들였다. 라인 강 방위선을 책임지고 있는 고지 게르마니아군 사령관과 저지 게르마니아군 사령관을 맡고 있는 스크리보니우스 형제였다. 또 한 사람은 시리아 속주 총독으로 유프라테스 강 방위선을 지키고 있는 코르불로였다.

네로는 이들에게 죽음을 통고하여 자살하도록 강요했다. 군대에서 존경받는 베테랑 장수 3명을 확실한 증거도 없이 죽음으로 내몬 것이다. 네로는 3명의 사령관을 명분 없이 죽임으로써 로마군 전체를 적으로 돌리는 어리석음을 범하고 말았다.

에스파냐 갈바 총독이 네로를 반대하며 나섰다. 그는 "속주 총독은 황제가 아니라 원로원과 로마 시민에게 충성을 맹세한다"고 선언하면서 에스파냐에서 1개 군단을 새로 편성했다. 이 소식을 들은 원로원은 갈바를 '국가의 적'으로 규정했다. 하지만 시민들은 식량 문제에 불만을 품고 네로에게 등을 돌렸다. 갈바가 군단을 이끌고 로마로 진격해 온다는 소문을 듣고 원로원과 시민은 갈바를 지지하는 쪽으로 태도를 완전히 바꾸었다. 네로가 믿었던 근위대장 티겔리누스도 도망쳐버렸다. 급기야 원로원은 네로를 '국가의 적'으로 선언했다. 근위대 역시 갈바를 황제로 추대하기로 결정했다.

모든 사람이 네로를 떠나가고 4명의 하인만이 곁에 있었다. 네로는 하인 한 사람이 소유하고 있는 교외의 집으로 피신하여 그곳에서 자살로 삶을 마감했다. "참으로 훌륭한 예술가인 내가 죽는구나!"라는 마지막 말을 남겼다고 한다. 서기 68년, 5대 황제 네로는 초라한 모습으로 삶을 마감했다.

네로의 죽음은 아우구스투스를 시조로 하는 '율리우스-클라우디우스 왕조'의 몰락을 의미한다. 하지만 로마의 제정은 세습제가 아니라, 원로원과 시민이라는 견제 기능이 있었다. 로마는 시스템이 갖추어져 있기 때문에 황제의 실정에도 흔들리지 않고 나아갈 수 있다.

　로마인은 실력을 중시했다. 황제에게 절대 권력이 집중되어 있지만, 그 권력은 실력이 있을 때 유효했다. 권력을 유지할 수 있는 능력이 없으면 권력은 없는 것이나 마찬가지다. 네로의 예에서 보는 바와 같이 원로원에서 권력 위임을 철회하고 군단에서 충성 서약을 거부하면 어제의 황제도 보통 시민이 되고 마는 것이다.

o8
원수정의 위기를 극복한 베스파시아누스
(서기 69~79)

"네로가 죽은 후 1년 동안에 4명의 황제가 바뀌었다."

서기 69년, 황제 자리를 둘러싸고 4명이나 황제가 바뀌는 혼란이 일어난 까닭에 '4황제의 해'라고 부른다. 아우구스투스가 구축한 원수정 체제는 공화정 말기처럼 위기가 닥쳤다. 황제의 승계 시스템에 문제가 생긴 것이다. 타키투스는 『역사』에서 4명의 황제에 관한 내용을 집중적으로 소개하고 있다.

서기 68년, 네로가 자결한 후 갈바 황제가 추대되었다. 하지만 그것은 내전의 시작이었다. 갈바는 유서 깊은 원로원 가문 출신이었으나 통치 역량이 부족했다. 그는 병사들에게 약속한 하사금을 지급하지 않고 "나는 병사들을 징집하는 사람이지, 매수하는 사람이 아니다"라고 말해서 군부의 반발을 샀다. 군부의 충성을 확보하지 못한 황제는 몇 달이 지나지 않아 살해되었다.

이어서 오토 황제가 친위대와 원로원의 승인을 받고 즉위했다. 하지만 라인 강 주둔군이 비텔리우스를 황제로 선포하고 오토를 제거하기 위해 알프스 산맥을 넘어 진군해 들어왔다. 전투에 패배한 오토는 자살로 생을 마감했다.

다음 황제에 오른 비텔리우스는 무능하고 부적절한 인물이었다. 그는 날마다 파티를 열고 호사스러운 생활에 빠져 지냈다. 타키투스는 사치와 방탕에 찌든 당시의 상황을 구체적으로 알려준다. "비텔리우스의 궁전에서는 아무도 성실함이나 근면으로 명성을 얻으려 하지 않았다. 권력에 이르는 유일한 길은 성대한 연회와 잔치, 방탕으로 비텔리우스의 끝없는 욕망을 만족시키는 것이었다. 황제 자신은 현재를 즐기면 충분하다고 했고, 장래는 생각하지 않으면서 수개월 동안에 9억 세스테르티우스를 탕진했다."

이런 상황에서 동방의 팔레스타인 군단과 도나우 군단에서는 베스파시아누스를 황제로 추대했다. 베스파시아누스를 지지하는 도나우 군단과 비텔리우스를 지지하는 라인 강 군단 사이에 전투가 벌어져 비텔리우스의 군대가 패배했다. 비텔리우스가 살해됨에 따라 1년 동안의 내전이 막을 내리고 베스파시아누스가 황제로 등극했다.

베스파시아누스의 정식 이름은 티투스 플라비우스 베스파시아누스다. 그는 기사 가문 출신으로 재무와 군사에 남다른 능력을 인정받아 여러 직위를 거쳤다. 하지만 네로 황제에게 불경죄에 걸려 위기를 맞기도 했다. 수에토니우스가 기록한 내용이다. "그는 네로의 수행원으로 그리스에 갔다. 그러나 네로가 노래를 부르고 있을 때 자리를 뜨거나 자리에서 졸았던 탓에 네로에게 커다란 미움을 샀다." 나중에 복권되어 유대인 반란 진압을 위한 총사령관에 임명되었다.

베스파시아누스는 아우구스투스를 철저히 벤치마킹하여 황제직을 성실하고 겸손하게 수행했다. 억세고 근엄한 노병이었던 그는 군을 중시하여 군의 신망과 지지를 얻을 수 있었다. 또한 재정의 중요성을 터득하여 건전한 재정 정책을 시행하고 예산의 균형을 맞추기 위해 심혈을 기울였다. 로마제국 재정의 정리와 개선을 추진하여 국가의 조세 수입을 늘렸다. 우리에게 잘 알려진 콜로세움이라고 불리는 원형경기장을 착공하여 아들 티투스 때 완공하기도 했다.

그는 언제나 친근하고 상냥했으며, 자주 농담을 던지곤 했다. 승계 문제도 원로원에서 "자신의 아들이 황위를 계승할 것이며 다른 사람들은 결코 그의 후계자가 될 수 없다"고 명확하게 선언했다. 그는 임종의 자리에서도 "이제 내가 신이 되려는 모양이야!"라고 농담을 할 정도로 여유롭게 죽어갔다.

그는 정치적·재정적 위기에 처한 로마를 건져내고 평화와 번영의 시대를 한 세기 연장하는 기틀을 마련했다. 그래서 그를 아우구스투스 이후 위기에 처한 원수정 체제를 구한 제2의 창건자라고 평가하기도 한다. 또한 플라비우스 왕조를 수립하여 아들 둘이 차례로 황제가 되었다. 프리츠 하이켈하임은 베스파시아누스의 공로를 이렇게 평가한다.

"네로의 실패는 공화정 후기의 특징이었던 것과 똑같은 종류의 파괴적인 권력 쟁탈로써 원수정의 안정을 위협했다. 69년에 프린켑스의 직위는 암살과 내전을 통해 벼락 성공을 거둔 4명의 황제들이 들어간 회전문이 되었다. 만약 그 과정을 그대로 내버려두었다면 로마제국은 회복할 수 없을 만큼 깊은 손상을 입고 말았을 것이다. 그러나 플라비우스 베스파시아누스는 그것을 막을 능력이 있었고, 그로써 원수정의 제2창건자라는 명성을 얻었다."

베스파시아누스가 10년 동안 통치한 후 자연사하자, 서기 79년 큰아들 티투스가 황제에 오른다. 그는 황제로 취임한 후 시민들로부터 존경받았고, 서기 80년에는 아버지 황제가 착공한 콜로세움을 완공했다. 또 유대 반란을 완전히 진압했다. 반면, 티투스의 통치 기간에 재앙이 연달아 일어나기도 했다. 나폴리 근처에서 베수비우스 화산이 폭발하여 폼페이가 화산재로 덮여 매몰되었고, 로마에서 대형 화재가 났으며, 끔찍한 역병이 발생했다. 그는 갖가지 재앙을 맞아 황제에게 요구되는 관심과 염려 이상의 것을 보여주었다. 아버지의 마음으로 피해자들을 위로하고 최대한의 지원을 아끼지 않았다. 그러나 재위 2년 2개월 만에 전 로마인의 애도 속에서 세상을 떠났다.

서기 81년, 동생 도미티아누스가 황제 자리에 올랐다. 도미티아누스는 콜로세움과 키르쿠스에서 시민들에게 화려한 볼거리 행사를 개최했으며, 파괴되었던 중요한 건물들을 재건하고, 사회 개혁을 단행했다. 처음에는 관용을 베풀었으나 그 관용이 오래가지 않고 공포정치를 하여 원성을 샀다. 무고한 시민들을 살해하고, 많은 의원들도 죽음을 면치 못했다. 그가 암살되었을 때 원로원 의원들이 크게 기뻐했다. 기록 말살형 포고령을 내려 그의 이름이 언급된 비문을 지워버리고, 그의 통치에 관한 모든 기록을 말살하도록 할 정도였다. 하지만 그는 군에서는 인기가 있어서 군인들은 깊은 슬픔에 빠졌다.

서기 96년, 도미티아누스가 암살됨으로써 플라비우스 왕조는 3명의 황제를 배출하고 막을 내렸다. 네르바가 황제에 즉위하면서 제국이 다시 활력을 찾고 로마의 최고 전성기인 5현제시대가 열렸다.

09

로마의 전성기, 5현제(賢帝) 시대가 열리다
(서기 96~98)

원로원은 서기 96년에 네르바를 황제로 승인했다. 네르바 이후 로마는 100년 동안 전성기를 맞이한다. 이때 로마를 통치했던 5명의 현명한 황제, 즉 네르바(96~98), 트라야누스(98~117), 하드리아누스(117~138), 안토니누스 피우스(138~161), 마르쿠스 아우렐리우스(161~180)를 5현제라고 부른다. 이 시대는 평화와 번영의 시대였다. 여러 곳에 로마식 도시가 세워졌고, 속주민도 로마 문화의 혜택을 입었다. 더욱 놀라운 것은 5현제 중 네르바를 제외하고 4명이 속주 출신 황제라는 사실이다. 트라야누스, 하드리아누스, 마르쿠스 아우렐리우스는 에스파냐계 로마인이고, 안토니누스 피우스는 갈리아계 로마인이다. 5현제 시대에 대한 내용은 프리츠 하이켈하임의 『로마사』를 중심으로 살펴본다.

　5현제 시대를 연 네르바는 서기 96년에 66세의 나이로 황제가 되었다. 고령이고 아들이 없었으며 명문 귀족이었다. 더욱이 그는 군 출신이 아니고 원로원 사람이었다. 그래서 서기 69년에 일어난 사태처럼 군인들 간의 경쟁은 벌어지지 않았다. 이런 점들을 고려하여 원로원이 그를 황제로 추대한 것이다.

　이런 네르바에게는 큰 걱정거리가 있었다. 15년 동안이나 재위하다가 궁중 측근에 의해 갑자기 살해된 도미티아누스 황제에 대한 근위대와 군단의 압력이었다. 도미티아누스는 근위대의 신망이 높았다. 병사들 역시 봉급을 인상시켜주고 전선을 자주 찾아와 위문해준 도미티아누스를 그리워했다. 근위대와 군단은 황제 암살의 배후에 대한 조사와 처벌을 강하게 요구했다.

　네르바가 1년이 넘도록 주모자에 대한 조치를 취하지 않자, 근위대는 황제를 감금시키고 주모자를 색출하여 사형에 처할 것을 요구했다. 사태를 수습하기 위해 네르바는 결단을 내렸다. 고지 게르마니아군 사령관인 트라야누스를 후계자로 삼아 공동 황제로 지명하기로 선언한 것이다. 이는 최초의 속주 출신 황제의 탄생을 의미한다. 트라야누스는 에스파냐 남부의 베티카 속주에 있는 이탈리카에서 출생했다. 네르바는 군단을 지휘해본 경험이 없고 민간 경력만 가지고 있었다. 그래서 자신의 약점을 보완하기 위해 병사들에게 신망이 높은 트라야누스를 지명한 것이다.

공동 황제로 지명된 트라야누스는 곧바로 수도인 로마로 돌아가지 않았다. 대신에 근위대장과 황제 감금에 책임이 있는 동조자 몇 명만 쾰른으로 불러들였다. 그들은 도착하자마자 살해되었다. 트라야누스는 근위대가 현직 황제를 감금하는 사태를 간과해서는 질서 유지가 어렵다고 판단했다. 수도에 남아 있던 1만 명의 근위대 병사들은 네르바에게는 불만이 있었다. 하지만 트라야누스를 존경하고 있었기에 그의 엄격한 조치에 복종하지 않을 수 없었다.

속주 출신인 트라야누스가 황제로 지명된 것은 실력과 인품 덕이었다. 그는 로마 사회가 요구하는 경력을 사다리를 오르듯 차근차근 밟아 올라갔고, 회계감사관, 원로원 의원, 법무관, 군단장, 집정관, 고지 게르마니아군 사령관 및 게르마니아 속주 총독, 후계자 지명, 공동 황제 등을 거쳐 황제에 취임했다.

네르바가 트라야누스를 양자로 삼아 황제로 선택한 것은 어떤 의미가 있을까? 타키투스는 "네르바가 과거에는 양립할 수 없던 두 가지, 즉 원수정과 자유를 융합했다"고 말한다. 자유란 원로원의 자유를 뜻한다. 네르바는 원로원 의원들을 살해하지 않겠다고 맹세하고 밀고죄를 없앴으며, 로마와 이탈리아의 이익에 최우선의 가치를 매겼다. 그러나 행정력이 약했고, 군대 경험이 없었다. 그로 인한 심각한 어려움은 트라야누스를 후계자로 지명함으로써 해결할 수 있었다. 자신의 약점을 보완하고 그 효과가 극대화되는 인사를 단행했다. "인사가 만사"라는 인사 관리의 중요성을 보여준 사례다.

　도널드 R. 더들리는 『로마문명사』에서 5현제 시대의 의미를 더욱 분명하게 설명했다. "네르바의 선택과 트라야누스라는 인물은 그 중요성이 적지 않았다. 소수의 광적 분자들을 제외한 모든 사람들이 원수정의 필요를 받아들였다. 정계의 제1현안은 어떻게 하면 가장 탁월한 사람이 등장하여 프린켑스가 되느냐 하는 것이었다. 이것을 양자 선택이란 방법으로 성취할 수 있다는 점은 특히 스토아파 사상가들이 오래전부터 지적해왔다. 그리고 실제로 그 방법이 로마에게 가장 긴 기간의 선정을 가져다주었다."

IO

속주민 출신 황제 트라야누스가 등장하다
(서기 98~117)

네르바가 사망하자, 트라야누스는 45세에 단독 황제가 되었다. 트라야누스는 에스파냐의 신흥 가문 출신으로서 첫 번째 속주민 황제가 되었다. 그는 황제가 된 후에 곧장 로마로 돌아가지 않고 게르마니아 방위 체제를 완비하는 일에 매달렸다. 동시에 군단 기지를 잇는 도로와 교량을 정비했다. 네로 황제 시대의 명장 코르불로는 "로마군은 곡괭이로 이긴다"고 말했다. 로마군에는 공병대가 따로 존재하는 것이 아니라 군단병 전원이 토목기사이자 근로자였기 때문이다.

트라야누스는 황제가 된 후 1년 반 만에 수도 로마에 입성했다. 그가 오는 날 황제를 보기 위해 로마 시내에는 수많은 사람이 몰려들어 인산인해를 이루었다. 최초의 속주 출신 황제일 뿐만 아니라 황제가 되고서도 1년 반 동안이나 수도에 모습을 드러내지 않아 신임 황제에 대한 호기심이 높아졌다. 더욱이 그는 경력의 대부분을 속주에서 보낸 까닭에 수도 로마에는 얼굴이 전혀 알려지지 않았다.

성문 앞에 이르자 황제는 말에서 내렸다. 말을 탄 채 입성할 거라는 예상을 깬 행동이었다. 그는 장군 출신답게 키가 크고 체격이 건장해서 엄청난 인파 속에서도 머리가 우뚝 솟아 빛나 보였다. 로마에 입성한 후 트라야누스의 검소한 생활도 화제가 되었다. 궁중에서 열리는 연회에 참석한 원로원 의원들도 그 소박함에 놀랄 정도였다. 트라야누스는 원로원에서 "국가반역죄라는 이름으로 원로원 의원을 처형하는 일은 절대 하지 않겠다"고 약속했다.

트라야누스는 다키아(현재의 루마니아)족에 대한 전쟁 재개를 결심했다. 도미티아누스 황제가 체결한 강화조약이 굴욕적이라는 비판이 있었기 때문이었다. 로마가 다키아에 참패했을 때 붙잡힌 포로들을 교환하기 위해 1인당 1년에 2아세스를 지불한다는 조항이 있었는데, 이는 공중목욕탕 입장료의 4배에 불과하다. 도미티아누스는 포로로 붙잡혀 있는 로마군을 데려오는 방법은 그 길밖에 없다고 생각했다. 하지만 로마인들의 자존심을 건드렸다는 비난이 쏟아졌다. 그 액수가 미미하더라도 평화를 돈으로 사는 것은 로마의 전통에 맞지 않았다. 그것은 패자가 승자에게 받치는 연공으로 받아들여졌다. 이러한 자존심의 상처 때문에 트라야누스는 다키아 문제를 근본적으로 해결하기로 결심했다.

1차 다키아 전쟁은 서기 101년에 일어났다. 트라야누스가 이끄는 로마군은 도나우 강 연안에 도착하여 전쟁을 준비했다. 다키아 왕은 바짝 다가온 로마군의 창끝을 피하기 위해 선제공격을 했으나 참패했다. 다키아 왕이 강화 사절을 보냈고, 강화조약을 맺음으로써 전쟁은 마무리되었다.

2차 다키아 전쟁은 서기 105년 다키아가 강화를 파기하고 로마군을 공격하면서 시작되었다. 트라야누스는 수도 로마를 떠나 전쟁터로 다시 달려갔다. 다키아 왕은 로마제국을 상대로 싸워서 완전히 이기려 한 것이 아니었다. 전쟁을 일으켜 도미티아누스 시대처럼 유리한 강화조약을 맺어 도나우 강 이북에 일대 왕국을 세우는 것이 그의 꿈이었다.

다키아군은 가도 공사를 하고 있는 7군단을 습격하여 군단장과 일부 로마 병사를 생포하는 데 성공했다. 포로들을 이용하여 강화를 제의했다. 트라야누스는 강화 제의를 일축했다. 다키아군은 로마군의 진격을 막을 수 없었다. 마침내 다키아의 수도가 함락되었다. 데케발루스 왕은 자결하고 그의 목은 로마 황제에게 바쳐졌다. 로마제국과 동등하게 어깨를 나란히 하는 왕국을 건설하겠다는 데케발루스의 야망은 20년도 지속되지 못하고 사라졌다.

서기 106년 여름, 다키아전쟁이 끝났다. 트라야누스의 개선식은 수도 로마를 흥분과 열광과 승리의 도가니로 몰아넣었다. 5만 명에 이르는 포로와 막대한 왕실 보물은 오랜만에 로마인들이 만세를 부르며 환호하게 만들었다. 트라야누스가 다키아를 로마제국의 속주로 삼는다고 공포함으로써 다키아 문제가 마무리되었다.

다키아의 합병으로 로마제국 역사상 가장 넓은 영토를 가졌고, 로마군은 최강이 되었다. 다키아 정복에 관한 사료는 잘 알려져 있지 않다. 트라야누스가 집필한 『다키아 전쟁기』는 내용이 거의 남아 있지 않다. 로마에 있는 '트라야누스 원기둥'으로 불리는 승전 기념비에 새겨진 부조가 있다. 도널드 R. 더들리는 『로마문명사』에서 트라야누스 원기둥을 자세히 설명하고 있다.

"실제로 그 기둥에는 야전에서 작전을 펼치고 있는 로마 군대의 모습이 그 상세한 전술과 장비와 함께, 지휘관에 대한 절대 복종을 강조하여 훌륭하게 묘사되어 있다. 아울러 다키아인들의 격렬한 항전과 갑옷과 무기, 난공불락처럼 보이는 요새들, 그들의 위대한 왕이자 트라야누스의 호적수 데케발루스도 잘 묘사되어 있다. 그러나 그 기둥의 부조들에서 연속된 원정의 역사를 구성해내려는 학자들의 시도는 변변한 성과를 거두지 못했다. 따라서 106년에 데케발루스가 죽고 다키아가 로마의 손아귀에 들어갔다고 말하는 것으로 족하다."

서기 113년, 트라야누스 황제는 파르티아 원정을 위해 로마를 떠났다. 로마군의 공격으로 파르티아왕국의 수도 크테시폰(오늘날의

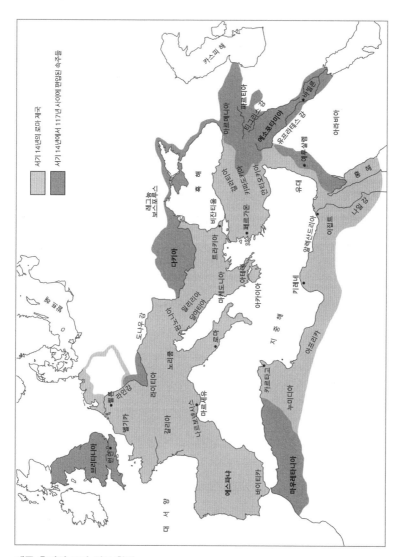

제국 초기의 로마 영토 확장

바그다드 근처)이 함락되었다. 파르티아 왕은 수도가 함락되기 직전에 간신히 도망쳤다. 트라야누스는 크테시폰에서 가까운 고도 바빌론을 방문해서 "내가 젊었다면 인도까지 진격했을 텐데"라는 말을 남겼다고 한다. 페르시안 만에 도착한 트라야누스는 안티오키아로 돌아가 겨울을 나기로 했다. 그런데 그가 그곳에 도착하자 메소포타미아 곳곳에서 반란의 불길이 솟았다. 제패한 땅에 남아 있던 로마군에 대해 파르티아 진영은 게릴라 전법으로 맞섰다. 유대 지방에서도 유대인들의 반란이 일어났다.

반란은 일단 진압되었으나, 불길이 완전히 사라진 것은 아니었다. 서기 117년, 봄이 왔으나 트라야누스는 동쪽으로 가지 않고 돌연히 로마로 향했다. 트라야누스가 중병에 걸렸기 때문이다. 대신 파르티아 원정군 총사령관으로 하드리아누스를 임명했다. 로마로 돌아오는 도중 병세가 악화되어 서기 117년 8월 트라야누스 황제는 눈을 감았다. 그는 죽기 직전에 원정군 총사령관인 하드리아누스를 후계자로 지명했다.

II

현장제일주의를 실천한 하드리아누스
(서기 117~138)

파르티아 원정군 총사령관 하드리아누스는 서기 117년 8월 황제의 자리에 올랐다. 하드리아누스는 이베리아반도 이탈리카에서 출생했으니 속주 출신이다. 트라야누스 황제가 바로 하드리아누스의 외삼촌이다. 하드리아누스가 10살 때 그의 아버지가 사망하자, 트라야누스는 하드리아누스의 후견인이 되어 로마에서 교육을 받도록 지원했다.

성장한 하드리아누스는 로마에서 행정직을 맡았다가 로마군에 들어가 장교가 되었으며, 도나우 강변 방위에 배속되어 근무했다. 후견인 트라야누스가 황제로 즉위하자 두각을 나타내기 시작했다. 로마에서 군사와 정치의 요직을 두루 거친 후 시리아 총독이 되었다. 트라야누스 황제가 동방 원정을 할 때 시리아 총독으로서 로마의 병참 역할을 감당했다. 트라야누스가 중병에 걸려 로마로 철수할 때 동방 총사령관에 임명되었고, 트라야누스가 임종하면서 그를 양자로 삼아 현지에서 황제로 즉위했다.

황제가 된 후 그는 트라야누스의 영토 확장 정책을 제국 방위 정책으로 전환하여 국력을 충실히 하는 데 힘썼다. 선임 황제인 트라야누스가 전쟁을 통해 영토를 확장하는 정책을 펼쳤으나, 광활한 영토를 방위하는 어려움을 깨닫고 안정적인 방위선을 구축하여 국력의 내실화를 위해 노력했다.

트라야누스 황제 때, 로마제국은 최대의 영토를 얻었다. 그러나 하드리아누스는 제국이 통치하기 힘들 정도로 지나치게 넓어졌다고 생각했다. 안정적인 방위가 가능하도록 확장된 영토를 축소했다. 즉, 트라야누스가 15년 전에 제국으로 편입했던 도나우 강 북부의 다키아를 포기한 것이다. 또한 최근에 정복한 동쪽 영토를 버리고 로마의 동쪽 국경을 다시 유프라테스 강으로 끌어들였다.

북쪽 수비를 강화하기 위해 그는 독일 도나우 강과 라인 강 사이에 550킬로미터에 이르는 게르마니아 방위선을 쌓았다. 또 서기 122년 브리타니아를 방문하고 성벽을 쌓도록 명령했다. 이 성벽이 바로 현재 유럽에 남아 있는 고대 성벽 중에 가장 긴 '하드리아누스 방벽'이다. 서기 122~130년 사이에 건설된 하드리아누스 방벽의 동쪽 끝은 뉴캐슬이고 서쪽 끝은 칼라일이다. 총길이는 117킬로미터에 이른다. 이는 잉글랜드와 스코틀랜드를 나누는 경계선과 거의 비슷하다. 하드리아누스 황제는 스코틀랜드 지역 원주민인 픽트족의 침입을 막기 위해 이 벽을 쌓았다. 이 성벽은 중국의 만리장성에 이어 세계에서 두 번째로 긴 성벽이다. 용맹했던 픽트족은 이후 스코트족에 동화됐다. 이 스코트족의 이름에서 스코틀랜드가 유래하게 되었다.

하드리아누스가 제국의 곳곳을 돌아다니며 순행한 것을 두고 "가장 여행을 많이 한 황제"라는 별명이 붙었다. 그가 21년간 재위하며 본국 이탈리아에 있었던 기간은 7년에 불과하다. 나머지 14년은 속주를 순행하면서 현장을 중시하는 정책을 펼쳤다. 현장에 문제가 있고 답이 있다는 현장제일주의를 실천한 것이다. 그는 제국 각지와 방위선을 돌아다니며 쓸모없다고 판단된 것을 폐기하고, 필요한 것은 살려서 안전 보장 체제를 정비하고 재구축하기 위해 헌신했다. 한시도 게을리 하지 않고 군대를 돌본 것이다. 훈련을 엄하게 시행하고, 새로운 방법을 도입하고, 모든 단위 부대에 강도 높은 훈련을 지속하게 했다. 게르마니아 방벽, 브리타니아의 하드리아누스 성벽 등은 이러한 현지 시찰 행정의 산물이다.

하드리아누스는 제국의 관료주의적 행정면의 재조직과 지방 행정에서 징수한 속주의 자원을 슬기롭게 이용하는 데 주력했다. 속주 통치 조직, 제국 행정 제도, 관료 제도, 군사 제도의 정비에 힘써서 이후 로마제국의 여러 제도의 기초를 닦았다. 파르티아와 화의 조약을 체결하여 아르메니아를 보호국의 지위로 되돌려놓았다.

또한 로마법을 집대성한 것도 큰 성과다. 법은 시대에 따라 변화한다. 시대에 맞지 않거나 악법으로 간주되는 법은 폐지하고 사문화된 법도 폐기하여 사회규범인 로마법을 정비하고 재구축하는 작업을 추진했다. 서기 131년 즉위 14년이 되던 해에 『로마법대전』을 편찬했다.

하드리아누스는 미리 후계자를 선정했다. 자신이 후계자가 될 때 선황인 트라야누스가 죽음에 임박해서야 후계자를 선정함으로써 많은 의혹을 불러일으켜 즉위 초기에 어려움을 겪었기 때문이다. 또한 "아들은 고를 수 없지만 후계자는 고를 수 있다"는 것이 그의 철학이기도 했다. 후계자 선정의 중요성을 직시하고 실천한 명언이 아닐 수 없다.

반면에 하드리아누스의 행동은 많은 오해를 불러일으켰다. 그리스풍을 좋아하는 취미는 사람들에게 네로 황제를 연상시켰다. 황제로서는 처음으로 그리스 철학자처럼 수염을 길렀다. 그의 그리스 사랑은 나이 어린 그리스 소년 안티누스에 대한 사랑으로 나아가 좋지 않은 소문이 나돌았다. 안티누스가 사고로 죽은 후 더욱 신경질적이고 냉혹한 사람으로 변해 평판이 더욱 나빠졌다. 무엇이든 확실하게 파악해야 직성이 풀리는 완벽주의 성격 때문에 비밀경찰을 조직하여 경쟁자들의 사생활을 감시함으로써 폭군으로 변할 수 있다는 소문에 시달리기도 했다.

그러나 훌륭한 후계자를 선택함으로써 5현제 시대를 지속시켰다. 서기 138년, 62회 생일에 안토니누스를 초대하여 양자로 삼고 싶다는 뜻을 전달했다. 동시에 자신의 양자가 되는 대신에 두 사람을 양자로 삼아달라고 부탁했다. 하나는 철학을 좋아하는 당시 17세의 마르쿠스 아우렐리우스였다. 또 한 사람은 후계자로 지명했다가 질병으로 사망한 아일리우스 카이사르의 아들인 8살짜리 루키우스다.

안토니누스가 이 조건을 받아들임으로써 후계자 지명이 발표되었다. 안토니누스의 후계자 지명은 원로원으로부터 호평을 받았다. 안토니누스는 누구에게나 호감을 주는 사람이었기 때문이다. 서기 138년, 하드리아누스는 후계자 안토니누스가 지켜보는 앞에서 평화롭게 눈을 감았다.

12

안토니누스, 가장 평온한 시대를 선물하다
(서기 138~161)

안토니누스는 하드리아누스 사후 황제에 취임하자마자 뜻밖의 난관에 부딪혔다. 원로원에서 상당수의 의원들이 "하드리아누스의 조치들을 무효화하고 신격화를 거부한다"는 동의안을 제출했기 때문이다. 이유가 무엇일까? 다수의 원로원 의원들은 하드리아누스가 재임 중에 수행한 비확장 정책, 친그리스 성향, 폭군적 요소 등을 못마땅하게 여겼다. 하드리아누스가 죽자 그에 대한 좋지 않은 기억들을 지워버리고 그가 내린 조치와 법령들을 없애고 싶어했다.

역대 황제 중에서 사후에 신격화가 되지 않은 황제는 4명뿐이다. 티베리우스는 본인이 생전에 신격화를 집요하게 스스로 거절했고,

칼리굴라, 네로, 도미티아누스는 원로원이 거부했다.

안토니누스는 의원들에게 "하드리아누스의 조치들을 무효화한다는 건 곧바로 나의 입양과 계승을 사실로 인정하지 않겠다는 의미가 아닌가?"라고 설득하면서 신격화를 진지하고 겸손한 자세로 요구했다. 결국 원로원은 황제의 요구에 수긍하여 신격화를 의결했다. 안토니누스는 '경건한 사람'을 뜻하는 '피우스'라는 칭호를 받았다. 그래서 역사에서 그의 이름을 안토니누스 피우스라고 부른다.

5현제 시대를 동시대의 사람들도 '황금시대'라고 불렀다. 각 황제에게 바쳐진 수식어가 있다. 선제(善帝) 네르바, 지고의 황제 트라야누스, 영재(英帝) 하드리아누스, 질서 있는 평온 안토니누스 피우스, 철인 황제 마르쿠스 아우렐리우스다.

안토니누스 피우스가 통치한 23년간은 평온한 질서가 지배했다. 시오노 나나미는 『로마인 이야기』 9권에서 이 기간을 담담하게 정리했다. "안토니누스 피우스 황제의 치세를 트라야누스 황제나 하드리아누스 황제처럼 연대순으로 추적하는 것은 거의 불가능하다. 특기할 만한 새로운 일을 하나도 하지 않은 것이 그가 황제로서 책무를 수행하는 방식이었기 때문이다."

전임자가 이룩한 일을 수행하면서 부족한 점을 보완하며 내실을 다지는 것은 중요하다. 현상을 유지하면서 보완하는 것 자체가 얼마나 어려운 일인가? 인간의 본능은 전임자와의 차별화를 시도하려는 욕구가 있는 까닭이다.

하드리아누스는 자녀가 없었기 때문에 후계자는 양자 상속제에 의존할 수밖에 없었다. 안토니누스가 하드리아누스에게 후계자로 지명을 받을 때 51세였다. 그는 가장 평화로운 시기의 황제였다. 로마 세계는 백성에게 헌신적이고, 자신의 취향에는 엄격하고, 시골 사유지에서 가족들과 함께 지내는 것을 낙으로 삼는 신사의 통치를 받았다. 그보다 더 흠 없는 군주란 있을 수 없었다. 그의 재위 기간에는 이렇다 할 큰 사건이 없었다. 속주도 여행하지 않았다. 원로원과의 관계도 원만했다. 법은 인도적인 방향으로 꾸준히 개정되었다. 그의 통치력은 그가 임종할 때 친위대에게 준 평안이라는 표어에 잘 나타나 있다.

그야말로 태평성대였다. 하지만 안토니누스 피우스의 후임자 마르쿠스 아우렐리우스는 취임하자마자 야만족의 침입과 각종 재난으로 고난의 시간을 겪었다. 두 황제 시대의 업적을 종합적으로 비교하여 도널드 R. 더들리는 일부 역사가들이 안토니누스 피우스에게 다음과 같이 부정적인 평가를 제시한다고 소개했다.

"그의 시대의 평안과 마르쿠스 아우렐리우스의 재위 때 제국에 닥친 예기치 못한 재난들이 너무나 대조를 이루기 때문에 역사가들은 은유에 기댄다. 그러나 이 은유는 적절치 않다. 예기치 않은 재난은 선견지명이 없어서 갑자기 당하게 될 수가 있고, 평안이란 어떠한 군주도 누리기 불가능한 정신 상태이기 때문이다. 현대 학자들은 안토니누스의 재위 기간을 로마제국의 허송세월로 간주하는 경향이 있다. 이 시기에 군대는 하드리아누스의 높은 표준에서 일탈하도록 방치되었고, 속주들은 황제가 순방하지 않는 사이에 태만해졌으며, 그래서 주도권이 변경 지대의 야만족들의 손에 넘어갔다는 것이다."

이와 같이 상반된 평가에도 불구하고 안토니누스 피우스의 업적은 결코 과소평가될 수 없다. 그는 가족의 이익보다는 국민의 이익을 우선시했다. 딸을 마르쿠스 아우렐리우스에게 시집보내 후계자로 삼았다. 황제는 질투하는 사람들을 물리치고 아우렐리우스를 모든 정무에 관여시켜 당당히 후계자가 될 수 있도록 훈련시켰다. 그가 후계자를 육성하여 제위를 안전하게 물려준 덕분에 로마 역사상 가장 위대한 황제 중의 한 명이 탄생했던 것이다.

아우렐리우스는 양아버지인 안토니누스 피우스에 대해 솔직하게 평가했다. 그의 저서 『명상록』에서 많은 지면을 할애하여 자신이 무엇을 배웠는지 구체적으로 언급하고, 존경과 감사의 마음을 표시했다. 하지만 자신을 양자로 삼는 조건으로 안토니누스 피우스에게 제위를 물려준 하드리아누스에 대해서는 한 마디도 남기지 않았다.

"아버지에게서 나는 온화한 성품과 심사숙고한 뒤에 결정한 일은 단호하게 실행하는 불변의 의지를 가질 것을 배웠다. 사람들이 구하는 명예 따위에서 허영을 구하지 말고, 노동과 근면을 사랑하고, 공익을 위해 건의하는 말에는 기꺼이 귀를 기울이고, 상벌을 가함에 있어서는 그 공과에 따라 공정하게 할 것과, 상황에 따라 준엄하거나 관용을 베풀거나 해야 할 때는 경험을 통해야 한다는 것 등을 나는 아버지로부터 배웠다."

I3
가장 위대한 황제,
철학자 마르쿠스 아우렐리우스
(서기 161~180)

"가장 탁월하고 가장 고결한 황제."

5현제의 마지막 황제인 마르쿠스 아우렐리우스에게 붙여진 평가다. 아우렐리우스는 서기 121년 로마의 귀족 집안에서 태어났으나, 부모를 일찍 여의고 할아버지 슬하에서 자랐다. 부유하고 명망 있는 가문인 덕택에 제공받을 수 있는 모든 교육 혜택을 받았다. 어릴 적부터 수사학과 철학, 특히 스토아 철학에 심취했다. 학자적 소질로 가득 찬 그는 문법과 문학, 과학, 수학, 음악, 춤, 운동, 로마법 등 다양한 교육을 받고 탁월하게 소화해냈다. 더욱이 어릴 적부터 성실한 태도와 온화한 성격으로 주위의 칭송을 받았다.

서기 145년에 안토니누스 피우스 황제의 딸 파우스티나와 결혼했고, 서기 161년 로마 황제로 즉위했다. 아우렐리우스 황제는 로마의 전성기에 통치함으로써 철학자 플라톤이 꿈꾸던 '철인 황제'를 구현한 인물이다.

하지만 그의 통치 초반에 대내외적으로 어려움이 닥쳐서 철인 황제는 당장 현장으로 달려갈 수밖에 없는 딱한 처지가 되었다. 그의 재위 첫 2년은 위기로 가득했다. 테베레 강에서 대홍수가 났고, 시지쿠스에서 지진이 발생했으며, 갈라티아에는 가뭄이, 브리타니아에는 반란이 일어났다. 또 게르만족이 라인 강을 건너왔고, 젊은 파르티아의 왕 볼로게세스 3세가 아르메니아와 시리아를 침공했다. 이렇게 많은 사건과 사고가 서방과 동방에서 용수철이 튀어 오르듯 일어나서, 하나를 해결하고 나면 기다렸다는 듯이 다른 문제가 터져 나왔다.

아우렐리우스 황제는 루키우스 베루스를 공동 황제로 임명해줄 것을 원로원에 요청하여 승인을 얻었다. 제위 초기에 역할을 분담하여 베루스는 파르티아의 위협에 대처하기 위해 동방으로 갔고, 아우렐리우스는 서방의 긴박한 문제들을 다루었다. 베루스는 유능한 장군들을 활용하여 시리아 주둔군을 강하게 만들고, 유프라테스 강을 건너 메소포타미아를 침공하여 승리를 거두었다. 파르티아전쟁의 승리를 기념하여 개선식을 가졌지만, 생각지도 못한 두 가지 재난이 닥쳐왔다.

하나는 파르티아에서 돌아올 때 페스트 전염병을 가지고 온 것이다. 전염병은 삽시간에 퍼져나가 소아시아, 이집트, 그리스, 이탈리아에 옮겨 일부 지역에서는 인구의 3분의 1이 사망하는 비극이 일어났다. 이는 결국 라인 강과 도나우 강 국경선을 지키던 군인들의 수마저 격감시켰다.

또 하나는 도나우 강 유역의 국방은 대규모 병력이 동방으로 차출된 까닭에 이미 약화된 상태였는데, 게르만족이 이 틈을 노려 대규모로 침입해 온 것이다. 이들은 도나우 강 유역 속주들을 짓밟고 이탈리아 북부까지 쳐들어왔다. 이런 상황에서도 두 황제는 지체없이 북부 국경 지대로 달려가 사태를 수습했다. 하지만 기쁨도 잠시, 임무를 마치고 돌아오는 길에 공동 황제인 루키우스 베루스가 쓰러져 사망했다.

파르티아 왕이 다시 아르메니아를 침공했고, 라인 강 상류에서 다시 게르만족이 침공했으며, 모로코의 종족들이 반란을 일으켜 아프리카와 에스파냐 해안 지대를 괴롭혔다. 서방과 동방에서 동시 다발적으로 공격을 받으면서 로마제국은 방위의 허점을 드러냈다. 서방과 동방을 동시에 방어하는 데 취약점을 드러낸 것이다. 로마가 강력할 때는 문제가 없었으나, 약해진 틈만 보이면 공격하는 일이 일어났다.

이와 같이 철학자인 아우렐리우스가 황제가 되고 나서 서방과 동방의 계속된 전쟁뿐 아니라, 기근과 전염병이 잇따라 발생하는 등 군사적·경제적으로 어려운 시기였다. 그러다 보니 그는 재위

19년간 대부분을 전쟁터에서 싸우거나, 전염병 퇴치와 타락된 윤리 회복에 고심하며 보내지 않으면 안 되었다. 하지만 여러 재난과 13년에 걸친 게르만족과의 지리멸렬한 전쟁과 반란 속에서도 내정과 국방을 잘 다스리며 통치한 덕택에 5현제의 반열에 올랐다. 그가 남긴 『명상록』은 전쟁터에서 낮에는 싸우고 밤에 틈을 내서 기록한 자기 성찰에 관한 고백록이다. 이 책은 현존하는 고서 중 가장 지혜롭고 지성적인 작품이라는 찬사를 받아 역사상 위대한 책으로 오랜 세월 동안 읽히고 있다.

그는 검소한 삶을 살면서 철학으로 영혼을 돌보았으며, 무서운 죽음 앞에 단단하게 자신을 다지며 선한 마음으로 로마제국을 이끌었다. 셰익스피어는 그를 일컬어 "가장 고귀한 로마인"이라고 했을 정도였다. 그가 쓴 『명상록』은 다윈과 니체, 쇼펜하우어, 존 스튜어트 밀 등 여러 지식인들에게 지적인 영감을 선물했다.

"온 마음으로 옳은 것을 행하고 진실을 말하는 데 인생의 구원이 달려 있다."

"누가 너에게 '지금 무슨 생각을 하고 있지?' 하고 갑자기 물어도 '이것과 이것'이라고 지체 없이 대답할 수 있는 그런 일들만 생각하는 습관을 길러야 한다."

"네 마음은 네가 자주 떠올리는 생각과 같아질 것이다. 영혼은 생각에 의해 물들기 때문이다."

"죽음을 두려워하지 말라. 죽음이란 자연의 한 과정일 뿐이라는 생각으로 오히려 즐겁게 받아들여라."

천하제일의 권력자인데도 자기반성과 성찰의 폭이 넓었으니 그 겸손한 인격에 감명받을 수밖에 없다. 자기 자신에게 남긴 일기이자 기록인데도 오늘날 현대인들에게도 삶의 아름다운 교훈으로 생생하게 다가온다. 깊은 사색과 성찰의 기록이기 때문이다.

그는 관대하고 백성을 사랑했다. 그러나 스토아주의적 철학자인 그는 정책상 기독교를 박해했다. 또한 현명한 사람을 선택해 양자로 삼아 후계자를 삼는 선임 황제들의 관례를 어겨가면서 방탕한 아들 콤모두스를 후계자로 삼은 것은 실책이라는 비판을 받는다.

14

철학자 황제는
왜 후계자 양성에 실패했을까?

(서기 180~192)

"가장 위대한 황제와 가장 악랄한 황제."

아버지 아우렐리우스와 아들 콤모두스에 대한 극단적인 평가다. 훌륭한 아버지 밑에서 훌륭한 아들이 나오기가 쉽지 않다. 화려한 5현제 시대는 마지막 왕인 아우렐리우스의 아들 콤모두스에 의해 비극으로 막을 내린다.

아우렐리우스는 전임 황제들과는 달리 아들을 후계자로 지명함으로써 결과적으로 아들을 망치고 로마를 쇠락의 길로 이끄는 실수를 저질렀다. 아들 콤모두스는 아버지의 금욕주의적인 성격과는 달리 무능하고 잔인하고 과대망상적이었다. 그가 황제가 되었을 때 18세에 불과해서, 대제국의 황제 자리를 맡기에는 너무 어렸을 뿐만 아니라 자질도, 역량도 없었다. 그가 황제가 되자마자 아버지가 벌여놓은 정복 사업을 포기하고 쉬운 길을 선택하면서 음행과 기행의 길을 걸었다. 그는 여첩과 남첩을 300여 명씩 거느리고 갖가지 음행을 즐겼다고 한다. 또한 검투 경기에 빠져서 스스로 검투사 복장을 하고 검투사들이나 맹수들과 결투를 벌이기까지 했다. 황제가 점점 미친 사람처럼 행동하자 애첩 마르키아가 시종들과 음모를 꾸며 살해하고 만다.

로마 멸망의 단초는 마르쿠스 아우렐리우스가 후계자 지명에 실패함으로서 시작되었다고 할 수 있다. 그러면 아우렐리우스가 실패한 과정을 구체적으로 살펴보자.

5현제시대에 전임 황제 4명은 아들이 없었고, 오히려 훌륭한 인재를 선택하여 양자로 삼을 수 있었다. 하지만 아우렐리우스에게는 친아들이 있었다. "자식은 마음대로 안 된다"는 말은 동서고금을 막론하고 통했다. 그토록 자기관리에 철저했던 철학자 아우렐리우스도 자식 앞에서는 어쩔 수 없었다. "피는 물보다 진하다"는 인간적인 욕망을 거스릴 수 없었던 것이다.

도널드 R. 더들리는 『로마문명사』에서 마르쿠스 아우렐리우스의 인간적인 결정이 가져온 결과를 냉정하게 설명했다. "마르쿠스는 2세기의 황제들 중 자신의 아들을 낳은 최초의 황제로서, 양자 상속제를 파기하고 싶은 유혹을 끝내 뿌리치지 못했다. 루키우스 베루스와 공동 통치를 실험했다가 쓴맛을 보고서도, 아들 콤모두스를 177년에 아우구스투스로 만들고는 다시 그와 공동 통치에 들어갔다. 콤모두스는 역사에서 선한 사람에게 악한 아들이 나올 수 있다는 것을 단적으로 보여준 인물이다. 콤모두스의 재위 기간은 모든 면에서 제국에 재앙이었다. 그 재앙은 마르쿠스가 벌여놓은 정복 사업을 포기하고(그의 아버지는 이 점을 우려했다) 로마에서 방탕하게 소일했다. 번갈아 기용된 쓸모없는 측근들의 영향을 받았고, 그중 가장 유력한 자가 친위대의 지휘관이 되어 관직을 매매하는 부끄러운 짓을 마다하지 않았다."

콤모두스가 걸었던 길은 칼리굴라나 네로와 흡사하다. 핏줄 덕에 칼리굴라는 25세, 네로는 16세, 콤모두스는 18세의 젊은 나이에 황제가 되었다. 처음에는 인기 영합주의에 편승하여 인기를 모았지만, 이는 오래갈 수 없었다. 무모한 재정 집행이 경제적인 압박으로 다가오기 때문이다. 재정 파탄으로 재정을 압박하는 정책을 펼치면서 시민의 인기를 잃으면서 공포정치로 돌변한다. 공포정치의 결과, 측근들의 신뢰마저 잃고 결국에는 암살당하거나 자살로 생을 마감한 것이다. 불행한 황제들은 대체로 비슷한 과정을 반복하면서 비극적인 종말을 맛보았다. 도널드 R. 더들리는 콤모두스에 대해 이렇게 결론을 내린다.

"로마의 군중에 관한 한 콤모두스는 그들의 저급한 취향을 같이 누리는 자로서 일정한 인기를 누렸다. 그는 192년에 가서야 비로소 암살당했는데, 그해 첫날을 한 번은 집정관으로, 그리고 다시 검투사로서 공개 석상에 나서는 것으로 장식했다. 상황이 69년과 비슷했고, 거기다가 연속된 내전이라는 또 다른 재앙이 뒤따랐다. 그러나 이번에는 세계에 선정을 회복시켜줄 베스파시아누스 같은 인물이 없었다."

여기서 영화 〈글래디에이터〉로 유명한 콤모두스의 검투사 활동과 관련하여 '빵과 서커스'의 역사에 대해 살펴보자. '빵과 서커스'는 2세기 로마제국의 시인 유베날리스의 풍자시에 등장하는 말이다. 그는 민중들이 먹는 것과 오락에 매몰되어 본질적인 문제에 눈을 감는 현상을 안타까워하면서 문제를 제기했다. 빵의 제공은 그라쿠스 형제의 곡물법이 제정된 후 저소득자에게 싼값으로 밀을 공급하면서 시작되었다. 제정시대에는 황제가 빈민들에게 매월 일정량의 곡물을 무료로 공급하기 시작했다.

서커스는 권력자가 검투 시합, 전차 경기 등 오락거리를 제공하는 것을 말한다. 검투 시합이 가장 인기가 있었다. 검투사 시합은 원래 장례 의식의 일부로 시작됐다. 지도층 인사들이 돌아가신 부모나 집안 어른에게 최대한의 경의를 표시하기 위해 검투사 시합을 열었으나 인기가 높아지면서 오락으로 발전했다.

검투사는 주로 사형수, 노예, 포로 등으로 구성되었다. 검투사 시합은 공화정 때부터 인기를 누렸으나, 스파르타쿠스는 반란까지 일으켰다. 제정시대에도 시민들에게 더욱 인기를 누렸다. 아우구스투스도 검투사 시합을 제공했는데, 제한을 두고 국고로 지원하도록 했다. 티베리우스 황제는 검투사 시합을 금지했지만, 후임 황제들은 시민들의 인기에 영합하여 검투사 시합에 적극적이었다. 베스파시아누스 황제는 콜로세움을 착공하도록 하고 검투사 시합과 각종 오락 행사를 지원했다.

검투사는 목숨을 내놓고 경기에 나서지만, 이기면 엄청난 명예와 돈 그리고 자유가 보장되었다. 그러다 보니 자유인 중에서 자진하여 검투사로 경기에 나서는 사람도 생겨났다. 검투사를 자청한 사람 중에는 콤모두스 황제도 있었다.

정통성과 역량

통치자의 2대 덕목은 정통성과 역량이다. 정통성은 통치자가 출범할 때 중요하고, 역량은 통치 기간에 필수적이다. 실력주의를 중시하는 로마에서 시민들은 역량이 현저히 떨어지면 황제를 교체했다. 절대 권력을 가진 황제를 합법적으로 물러나게 하는 방법이 없었기 때문에 암살에 의존하는 경우가 많았다.

황제는 역량을 어떻게 평가받았을까? 민심이 잣대였다. 민심이 나빠지면 황제 가까이에 있는 근위대가 민심에 따라 황제를 제거하는 역할을 감당했다. 맹자의 역성혁명이 로마제국에서는 정통성과 역량이 부족한 황제는 살해되거나 교체됨으로써 이루어진 것이다. 공화정 체제에서는 매년 최고 권력자인 집정관이 선거에 의해 바뀌기 때문에 역성혁명 사상이 필요하지 않았다. 역량이 없는 지도자는 다음 선거에서 자연스럽게 교체되었기 때문이다.

원수정 체제가 되면서 역성혁명 사상은 더욱 설득력을 얻게 되었다. 로마제국 3대 황제인 칼리굴라는 모든 사람의 환영을 받으며 25세의 젊은 나이에 황제가 되었다. 젊은 황제는 아우구스투스의 피를 양 부모에게서 물려받았다. 아우구스투스의 피 한 방울 섞이지 않은 전임 티베리우스 황제에 비해 정통성에 있어서도 우위에 있었다. 초창기에 세금을 폐지하고 축제를 벌여 재정을 흥청망청 집행하여 시민들에게 인기를 모았다. 하지만 포퓰리즘에 영합한 정책이 부메랑이 되어 재정이 파탄에 빠졌다. 게다가 황제 자신은 인간 세계에 나온 신이라는 망상에 사로잡혀 시민들을 실망시켰다. 민심이 황제를 떠나자, 근위대 간부와 근위대원이 황제를 살해하고 말았다. 그는 황제에 오른 지 4년도 채우지 못하고 비극을 맞이했다.

5대 황제 네로는 서기 54년에 불과 16세의 나이로 황제에 올랐다. 첫 5년은 훌륭한 스승인 세네카의 도움으로 선정을 베풀었다. 하지만 어머니를 암살하고 스승인 세네카를 제거한 후 폭군의 길로 들어섰다. 재정을 방탕하게 집행하여 재정이 바닥나자 반역이 조금만 의심되어도 반역자로 몰아 처형하고 재산을 몰수하여 재정을 메우는 방식으로 꾸려나갔다. 또한 감수성이 예민하고 소심한 성격 때문에 암살이나 반역의 기미가 조금만 보여도 극단적인 방법으로 처형하여 공포정치를 일상화했다. 서기 64년, 로마의 대화재 사건에 연루되어 기독교인에게 화재의 책임을 뒤집어씌우고 잔혹하게 처형하여 시민의 신뢰를 잃었다. 서기 68년, 원로원이 네로를 '국가의 적'으로 선언하자 자살로 생을 마감했다.

3대 황제 칼리굴라와 5대 황제 네로는 비슷한 과정을 겪어 파국을 맞았다. 황제에 즉위할 때는 아우구스투스의 피가 흐르는 황족이기 때문에 정통성을 가지고 출범했다. 초반에는 인기 영합주의를 실시하여 시민들로부터 반짝 인기를 얻었지만, 인기는 오래가지 못하고 재정 파탄을 맞아 인기가 떨어졌다. 또한 상식에서 벗어난 행동을 하여 시민의 신뢰를 잃어버렸다. 이들은 모두 젊은 나이에 황제에 올라 역량을 키울 기회가 없었다. 결국 역량이 부족하여 민심의 버림을 받아 황제 자리에서 암살이나 자살을 통해 축출되고 말았다.

이후 로마의 황제는 정통성과 역량 두 가지 측면에서 평가를 받았다. 그래서 황제에 오를 때 정통성이 있더라도 역량이 떨어지면 결국 정통성도 부인되어 자리에서 쫓겨나는 비극을 맞았다. 정통성이 부족하거나 역량이 떨어지면 역성혁명에 의해 처참하게 황제 자리에서 내려와야 했다. 정통성과 역량을 확보한 황제는 천수를 누리고 자리를 유지했다. 2대 황제 티베리우스와 5현제, 그리고 4세기에 등장하는 콘스탄티누스 황제가 대표적인 성공 모델이다. 여기서 승계 문제가 얼마나 중요한지 알 수 있다. 승계에 성공하려면 역량을 키우는 과정을 거쳐야 한다. 역량을 키우지 않은 채 황제 자리에 오르면 결국 역량 부족으로 자리에서 쫓겨나는 비극을 감내해야 했다.

황제는 엄청나게 힘든 자리다. 역량이 부족한 사람이 그 자리를 유지하기는 하늘의 별 따기처럼 어려운 일이다. 성공한 황제는 역량의 사다리를 착실하게 밟아 올라갔다. 역량 개발이란 경쟁 체제에 노출되는 것을 의미한다. 자리를 무조건 물려주는 것이 아니라 역량을 개발한 다음에 물려주는 것이 성공적인 승계 전략이다.

'현대 경영학의 아버지'로 불리는 피터 드러커는 "최고경영자가 치러야 할 마지막 시험은 후계자를 얼마나 잘 선택하는지와 그의 후계자가 조직을 잘 경영할 수 있도록 어떻게 권한을 이양할 수 있는지에 관한 것이다"라고 하면서 후계자 선택과 권한 이양의 중요성을 강조한다.

승계 문제는 제국이나 국가나 기업에서도 마찬가지라서, 정통성과 역량이라는 두 가지 관점에서 평가를 받는다. 『100년 기업을 위한 승계 전략』의 저자인 김선화 박사는 창업자에서 2세로 넘어갈 때 기업의 운명이 결정된다고 주장하면서 성공적인 승계 전략을 다음과 같이 5단계로 제시한다.

1단계 : 어린 시절 가정에서부터 승계를 시작하라.
2단계 : 후계자를 현장에 보내라.

3단계 : 후계자의 리더십, 권력보다 권위를 키워라.

4단계 : 경영권을 점진적으로 이전하라.

5단계 : 아름답게 은퇴하는 것도 중요하다.

여기서 2단계와 3단계는 역량 축적 차원에서 중요하다. 황제가 되기 전에 현장에서의 경험을 얼마나 쌓았는가? 권력보다 권위를 얼마나 키웠는가? 승계 원리에서 중요한 확인 사항이다.

아들은 고를 수 없지만 후계자는 고를 수 있다

2세기에 로마는 현명한 황제 5명이 잇따라 나오는 5현제시대를 맞았다. 네르바에서 시작하여 트라야누스, 하드리아누스, 안토니누스 피우스를 거쳐 마르쿠스 아우렐리우스로 이어진 이 시기에 로마는 최전성기를 이루었다. 네르바를 제외한 4명의 황제가 모두 속주 출신이라는 사실도 놀랍다. 트라야누스, 하드리아누스, 마르쿠스 아우렐리우스는 에스파냐계였고, 안토니누스 피우스는 갈리아계였다.

현명한 황제들의 훌륭한 통치 덕분에 로마제국은 2세기에 가장 넓은 영토를 갖게 되었다. 제국 전체에서 산업과 교역이 활발하고, 사회는 풍요와 평화를 누렸다. 『로마제국 쇠망사』를 쓴 에드워드 기번은 "인류에게 이 시기보다 행복했던 시절은 없었다"고 말했다. 역사상 5명의 현명한 통치자가 계속해서 나오는 것은 쉬운 일이 아니다. 그런데 어떻게 가능했을까? 후계자 선정을 잘했기 때문이다.

첫째, 후계자를 세습이 아니라 입양에 의해 선정했다.

5현제의 첫 황제인 네르바는 지혜로웠다. 66세에 황제가 된 그는 경륜이 있고 아들이 없어 욕심도 없었다. 그래서 가장 훌륭한 사람을 찾아서 후계자로 발탁했다. 그는 군대 경험이 없어 군대의 지지를 얻지 못했다. 이런 약점을 보완해줄 만한 실력과 인격을 갖춘 인물을 찾았는데, 그가 바로 트라야누스다. 트라야누스는 군사와 행정에서 뛰어난 업적을 남겼고 당시 고지 게르마니아군 사령관으로 군대를 지휘하고 있었다. 네르바는 그를 입양하여 후계자로 삼고 공동 황제의 지위를 부여했다. 입양의 원칙에 따라 인재를 발탁하니 최고의 인재를 선택할 수 있었던 것이다. 이후 로마 사회에서 가장 유능하다고 인정된 사람들 가운데서 황제를 선발하여 입양하는 관행이 자리 잡아 5현제 시대가 열리게 되었다.

둘째, 실력과 인격 있는 인재를 뽑을 수 있었다.

입양을 원칙으로 하면 황제의 자질인 정통성과 역량을 어떻게 평가할 수 있을까? 실력이 가장 확실한 기준이 된다. 세습하면 핏줄이 정통성을 확보해주고 역량은 나중에 평가받는다. 그러나 입양의 경우는 실력이 곧 정통성과 역량이 된다. 실력주의가 기본이다. 여기에 인격 역시 실과 바늘처럼 따라오게 된다. 트라야누스

후임으로 선정된 하드리아누스도 실력과 인격의 관문을 통과한 인재다.

셋째, 후계자 선정을 미리 준비했다.

후계자 선정은 미리 하는 것이 바람직하다. 후계자를 선정하고 후계자 수업을 단계적으로 실시하여 황제에 취임하면 곧바로 역량을 발휘할 수 있다. 하드리아누스는 후계자 선정을 미리 준비했다. 자신이 후계자가 될 때 후계자로서의 요직을 다 거치고도 선황인 트라야누스가 죽음에 임박해서야 후계자를 선정하여 아쉬웠기 때문이다. 그래서 그는 후계자를 미리 선정하여 후계자가 단계를 밟아 성장할 수 있도록 했다.

넷째, "가장 탁월하고 가장 고결한 황제"가 탄생했다.

5현제의 마지막 황제인 마르쿠스 아우렐리우스는 역사에 남는 인물이 되었다. 아우렐리우스 황제는 로마의 전성기에 통치함으로써 철학자 플라톤이 꿈꾸던 '철인 황제'를 구현한 인물이었다. 아우렐리우스의 시기는 서방과 동방의 계속된 전쟁과 싸웠을 뿐만 아니라, 기근과 전염병이 잇따라 발생하는 등 군사적·경제적으로 어려웠다. 그러다 보니 그는 재위하는 19년 동안 대부분을 전쟁터에서 싸우거나 전염병 퇴치와 타락된 윤리 회복에 고심하며 보내지 않으면 안 되었다. 하지만 여러 재난과 장장 13년에 걸친 게르만족과의 지리멸렬한 전쟁과 반란 속에서도 내정과 국방을 잘 다스리며 통치한 덕택에 5현제의 반열에 올랐다. 그가 남긴 『명상록』은 전쟁터에서 낮에는 싸우고 밤에 틈을 내서 기록한 자기성찰에 관한 고백록이다. 이 책은 현존하는 고서 중 가장 지혜롭고 지성적인 작품이라는 찬사를 받아 역사상 위대한 책으로 오랜 세월 동안 읽히고 있다.

그는 검소한 삶을 살면서 철학으로 영혼을 돌보았으며, 무서운 죽음 앞에 단단하게 자신을 다지며 선한 마음으로 로마제국을 이끌었다. 셰익스피어가 "가장 고귀한 로마인"이라 일컬었던 만큼, 그가 쓴 『명상록』은 다윈과 니체, 쇼펜하우어, 존 스튜어트 밀 등 여러 지식인들에게 지적인 영감을 선물했다.

다섯째, 세습제의 약점을 노출시켰다.

5현제 중 4명의 황제는 아들이 없어서 입양 원칙을 지킬 수 있었다. 하지만 5현제의 마지막 왕인 마르쿠스 아우렐리우스에게는 아들이 있어서 입양 원칙을 깨고 아들을 세습시켰다. 아들 콤모두스는 18세에 황제가 되었다. 아버지의 금욕주의적 성격과는 대조적으로 네로와 칼리굴라처럼 무능하고 변덕스럽고 과대망상적인 군주가 되었다. 그는 제국의 황제 자리를 감당하기에는 너무 어렸고 리더의 자질도 없었다. 그는 수백 명의 여첩과 남첩을 거느리고 갖은 음행을 즐겼다. 또 검투 경기를 좋아해서, 스스로 검투사 차림을 하고 검투사들이나 맹수들과 싸우기까지 했다. 콤모두스는 마침내 자신의 애첩 마르키아에 의해 살해되고 말았다.

로마제국은 그의 치세에 크게 약화하면서 쇠락의 길을 걷는 단초가 되었다. '가장 검약적인 아버지와 가장 방탕한 아들'은 자식이 마음대로 되지 않는다는 교훈을 되새기게 된다. 동시에 후계자 선정이 얼마나 중요한지를 반증해주는 사례가 아닐 수 없다.

VI

주식회사 로마제국의
쇠퇴와 몰락

서기 211~476년

모든 속주민에게 로마 시민권을 주다
(서기 211~217)

"형제간에 서로 뭉치고, 군인들을 후대하고, 나머지에게는 매섭게 대하라."

서기 211년, 아프리카 출신 셉티미우스 세베루스 황제가 죽기 직전에 두 아들에게 남긴 유언이며 간절한 소망이었다. 황제는 두 아들인 카라칼라와 게타에게 공동 황위를 공평하게 물려주었다. 카라칼라 공중목욕탕을 지은 것으로 잘 알려진 형 카라칼라는 유럽과 서아프리카를 다스리고, 동생 게타는 아시아와 이집트를 맡기로 했다.

이바르 리스너는 『로마 황제의 발견』에서 동생의 암살 과정과 그 영향에 대해 상세히 묘사했다. 두 황제는 로마에 살면서 황궁도 정확히 둘로 나누어 생활했다. 이들은 서로에 대한 불신 때문에 항상 호위병을 대동하고 다녔다. 두 형제는 어머니가 있을 때나 공식 행사 외에는 한자리에 같이 있는 법이 없었다. 둘이 공존하는 것은 불가능해 보였다. 누군가 한 사람은 사라지지 않으면 안 되는 운명이었다.

어느 날, 카라칼라는 어머니를 찾아가 "형으로서 먼저 화해의 손을 내밀고 싶으니 아우를 불러달라"고 간청했다. 게타는 형의 말을 믿고 호위병을 물리치고 혼자서 어머니에게 갔다. 이때 매복해 있던 형의 부하들이 달려들어 살해했다. 동생의 살해 현장을 이렇게 설명하고 있다.

"게타는 어머니의 품에 안긴 채 훗날 카라칼라라 불린 형 비시아누스에 의해 살해되었다. 어머니 율리아 돔나에게는 아들의 죽음을 슬퍼하는 것조차 금지되었다. 게타는 치명적인 상처를 입고 어머니의 품을 피로 물들이며 죽어갔다."

형의 이름은 원래 비시아누스였는데 카라칼라로 불리었다. 카라칼라는 그가 즐겨 입던 긴 갈리아 망토에서 유래되어 붙여진 별명이다. 그는 동생이 살해된 사건을 놓고 군인들 사이에서 퍼져가던 불만을 잠재우기 위해 그들의 연봉을 500데나리우스에서 750데나리우스로 50%나 인상해주었다.

212년 카라칼라는 "모든 속주민들에게 로마 시민권을 부여한다"는 '안토니누스 칙령'을 발표하여 로마 세계를 놀라게 했다. 카라칼라는 사람들의 주의를 돌릴 만한 획기적인 조치가 필요했고, 모든 속주민의 로마 시민화라는 극약 처방을 내놓았다. 대외적으로는 인도주의적이고 카이사르가 생각했던 대로마제국의 실현이었다. 또한 재정 위기를 해결하기 위한 포석이기도 했다. 오직 시민만이 상속세와 노예 해방 수수료를 내기 때문이다. 시민 인구의 증가는 세수 확대를 뜻하므로 재정 문제를 해결할 것으로 기대되었다.

속주민들은 그렇게 바라던 시민권을 손에 넣었으니 처음에는 환영했다. 하지만 희소성이 없어진 시민권은 얼마 지나지 않아 그 가치가 떨어지고 말았다. 속주민이 로마 시민권을 얻으려면 군단의 보조병으로 25년간 근무해야 했다. 그 시민권은 자녀에게 세습이 되기 때문에 보조병의 삶이 힘들고 고달파도 참고 견딜 수 있었다. 그런데 이토록 힘들게 취득하던 시민권을 누구나 가질 수 있게 했으니 어떻게 되었겠는가?

이 칙령으로 시민권은 노력해서 얻는 '취득권'이 아니라 공짜로 주어지는 '기득권'으로 변질되어버렸다. 카라칼라 칙령 이전에 로마 시민권은 본토인에겐 기득권이었지만 속주민에겐 취득권이었다. "누구나 갖고 있다는 것은 아무도 갖고 있지 않은 것과 마찬가지다." 기존에 시민권을 가지고 있던 시민들도 시민권에 대한 자긍심이 사라졌다. 작은 도시국가에서 출발한 로마가 강력한 제국으로 성장한 데는 '시민권'이 중요한 역할을 했다. 시민권을 가지면 많은 혜택이 주어졌다. 시민권을 가진 자에게는 투표권, 공직 출마권, 고문받지 않을 권리, 재판 청구권, 소득의 10%인 속주세 면제권 등의 특권이 생겼다. 그래서 로마는 일부 속주민에게만 시민권을 부여했던 것이다.

속주 지도층이나 큰 공적을 세운 자, 장기 복무를 마친 속주 출신 군인·의사·교사, 로마제국 고위층으로부터 자유를 얻은 해방노예 등이 시민권을 어렵게 얻은 사람들이다. 취득권으로 얻게 된 시민권 정책이 가져온 효과는 놀라웠다. 국가의 책무인 인프라, 교육 등을 속주 출신 시민이 분담한 까닭에 로마는 최소의 비용으로 제국을 운영하면서 강력한 군대를 유지할 수 있었던 것이다. 더욱이 속주의 유능한 인재를 등용하는 인재 배출의 통로로 활용되었을 뿐만 아니라, 속주화에 반발하는 이민족을 무마하는 역할도 했다.

그러나 카라칼라의 인기 영합주의는 곧바로 부메랑이 되어 돌아왔다. 경제에는 공짜가 없으니, 먼저 재정적으로 문제가 생겼다. 속주민은 10%의 속주세를 부담했다. 이 세금을 내지 않으니 재정 압박이 심해졌다. 물론 로마 시민권을 가진 사람은 상속세와 노예 해방세를 부담하지만, 재정이 안정적으로 확충되지 못해 크게 기여하지 못했다. 반면에 세원이 확실한 속주세를 걷지 못하니 재정이 악화되었고, 막대한 군사비 충당을 위해 특별세가 남발되니 사회 불만이 커졌다.

군사적인 측면에서도 부작용이 심각하게 나타났다. 로마군은 정규군 15만 명, 보조병 15만 명으로 구성되어 있었다. 그런데 시민권을 획득한 속주민이 굳이 보조병으로 근무할 이유가 없었다. 이때부터 넓어진 방어선에 징병 자원이 줄어들어 아우구스투스 황제 이후 200년 동안 방위 전략으로 정착된 군사 시스템이 붕괴되기 시작했다.

로마 시민의 사회공헌 활동도 자취를 감추었다. 시민권 취득의 매력이 사라져버린 군인·의사·교사에 대한 지망자는 급격히 감소했다. 로마 사회의 장점인 계급 간 유동성이 사라지고 하층, 노예의 신분 상승 기회가 차단됐다. 이때부터 로마제국은 쇠락의 길로 접어들었다. 공포정치를 일삼던 카라칼라 역시 서기 217년 근위대장의 사주에 의해 살해되었다.

군인황제시대 50년의 위기
(서기 235~284)

"자고 나면 황제가 바뀐다."

당시에 숨 가쁠 정도로 자주 바뀌는 황제 자리를 놓고 생겨난 말이다. 카라칼라 황제가 살해된 후 세베루스 왕조의 마지막 황제인 세베루스 알렉산드로스가 서기 235년 살해당함에 따라 군인황제시대가 시작되었다. 이후 50년 동안에 26명의 황제가 교체되었고, 대부분의 황제들이 불행한 죽음을 맞았다.

로마제국의 3세기는 무정부 상태였다. 군인황제들이 재임하다 암살당하는 악순환이 반복되었기 때문이다. 로마제국이 흔들리게 된 가장 큰 원인은 바로 정국 불안정이었다. 프리츠 하이켈하임은 『로마사』에서 이 기간을 무정부 상태로 규정하고 그 원인을 다음과 같이 진단했다.

"유럽과 아프리카의 국경 지대에서 이민족의 침입이 동시 다발로 이루어졌고, 세력을 회복한 페르시아의 사산왕국과 재앙에 가까운 전쟁을 벌였으며, 무수한 로마 부대에서 반란이 일어났고, 속주들이 이탈한 데다, 20인 이상의 황제들이 폭력에 의해 급사했으며, 기근과 전염병이 발생했다."

로마제국은 여러 가지 요인들이 동시 다발적으로 발생하여 위기의 늪에 빠져들었다. 군인황제시대가 지속됨에 따라 황제의 자리에 오를 수 있는 자격은 하나뿐이었다. "군대를 호령할 수 있어야 하고, 충성하는 군대에게 물질적으로 보상을 해줄 수 있어야 한다." 황제가 자주 바뀐 이유 역시 물질적 보상에 대한 불만이 쌓였기 때문이다.

정국이 불안하고 민심이 사나워지자, 외적들이 동쪽과 북쪽 국경 지역에 빈번하게 쳐들어왔다. 이때 로마 역사상 가장 치욕적인 일이 벌어졌다. 페르시아 사산왕조(오늘날의 이란)의 샤푸르 1세 왕이 서기 260년 발레리아누스 황제를 포로로 잡는 기막힌 일이 일어난 것이다.

어떻게 이런 일이 가능했을까? 샤푸르 왕은 과거 페르시아의 전성시대를 복원하겠다는 꿈을 품었다. 알렉산드로스 대왕이 기원전 4세기에 페르시아를 정복한 이후, 서기 226년까지 외국 왕조가 페르시아를 다스리다가 사산왕조가 권력을 잡게 되었다. 샤푸르 왕은 과거의 영광을 재현하려는 꿈을 가졌다. 이 꿈을 실현하려면 로마제국과의 한판 승부는 피할 수 없었다. 로마가 지배하고 있는 소아시아, 시리아, 팔레스타인, 이집트 등은 모두 과거에 페르시아가 지배했던 땅이었기 때문이다.

샤푸르 왕은 먼저 아르메니아를 점령하고, 메소포타미아를 공격하여 시리아의 도시 안티오키아를 점령했다. 발레리아누스 황제는 샤푸르 왕과 전면전을 펼쳐야 하는 상황이 되었다. 그는 유프라테스 강 상류에 본거지를 두고 페르시아군과 맞설 계획을 세웠다. 이곳에는 난공불락의 지역으로 알려진 에데사 요새가 있었다. 이바르 리스너는 『로마 황제의 발견』에서 이때의 상황을 다음처럼 설명한다.

"샤푸르 왕은 자신의 아들 호르므즈드를 유프라테스 강으로 진군시켰다. 페르시아군은 두라 에우로포스에서 돌파에 성공했다. 이 시기에 발생한 유프라테스 강의 범람과 흑사병이 로마에 재앙을 몰고 왔다. 발레리아누스 황제의 군영에도 흑사병이 퍼졌다. 늙은 황제가 밤낮으로 하늘을 노하게 만든 로마의 실책이 무엇인지 고민하는 동안에 군인들은 마치 보이지 않는 손이 그들의 목을 조르듯 수천 명씩 죽어나갔다. 좌절한 발레리아누스 황제는 로마의 신들이 기독교들의 불경에 화가 나서 흑사병과 페르시아인들을 보낸다고 믿었다. 이 줏대 없는 노인은 곳곳에서 기독교인들을 박해하는 데 성공했지만, 페르시아인들을 막지는 못했다."

이런 상황에서 샤푸르 왕이 에데사 앞에 나타났다. 발레리아누스 황제는 굶주림과 흑사병으로 전의를 상실한 군대를 이끌고 자신도 없는 전쟁에 뛰어들었다. 황제는 필사적으로 노력했지만, 스스로 힘의 한계를 깨달았다. 그래서 평화협정을 맺으려 했다. 영악한 샤푸르 왕은 협상을 계속해서 거부하다가 마지못해 협상에 임하기로 했다. 그러면서 황제가 직접 협상장에 나올 것을 조건으로 내걸었다. 아무것도 모르고 회담장에 나온 발레리아누스는 생포되고 말았다.

샤푸르 왕은 발레리아누스 황제를 죽을 때까지 노예처럼 대했다. 황제의 망토를 입히고 쇠사슬을 채운 채 황제를 대중 앞에 끌어내어 창피를 주거나 산책을 시켰다. 왕이 말을 탈 때 황제를 엎드리게 한 다음 그의 등을 밟고 올랐다고도 한다. 심지어 황제가 죽자 박제로 만들어서 붉게 칠하여 로마의 영원한 수치로 전시까지 했다고 전해진다.

발레리아누스 황제의 아들 갈리에누스는 아버지 황제가 포로가 된 후 단독 황제가 되어 샤푸르 왕이 소아시아까지 진출하는 것을 저지했다. 샤푸르 왕은 후퇴하는 길에 로마의 피보호인이었던 시리아의 사막에 있는 팔미라의 추장 오데나투스의 공격을 받아 부상을 당하고 다리를 저는 신세가 되었다.

갈리에누스는 죽기 전에 제국이 회복할 수 있는 기반을 닦아 훗날 디오클레티아누스 황제가 개혁할 수 있는 토대를 마련해놓았다고 평가받는다. 그가 개혁을 추진한 목적은 중앙정부의 기강을 강화함으로써 군대의 기강을 바로세우고, 제위 찬탈자의 등장을 예방하는 일이었다.

그가 취한 행정 개혁은 원로원 의원을 모든 군 고위 지휘관직에서 배제하고, 역량을 검증받은 기사 신분의 지휘관을 기용하는 것이었다. 이는 권력 찬탈을 노리는 원로원 출신 지휘관들의 반란을 사전에 예방하기 위해서였다. 동시에 직업 장교들을 적절히 공급하여 군대의 기강을 확립하고 군대의 효율성을 높이는 효과도 노렸다. 이처럼 개혁을 추진한 그였지만, 결국 군대에 의해 살해되었다.

군인황제시대는 서기 284년 디오클레티아누스 황제가 등장하면서 막을 내렸다.

03

무정부 상태를 종식시킨
디오클레티아누스
(서기 284~305)

3세기 로마제국의 무정부 상태에 종지부를 찍고 제국을 위기에서 구출한 인물이 바로 디오클레티아누스 황제다. 그는 하층민 출신으로 군인이 되어 입신출세의 길을 걸었다. 황제의 기병 근위대장을 거쳐 서기 284년에 군대의 추대로 황제가 되었다. 황제 앞에는 해결해야 할 과제가 산더미처럼 쌓여 있었다. 프리츠 하이켈하임은 『로마사』에서 해결 과제를 이렇게 제시한다.

"중앙정부의 권한과 권위를 강화하고, 국경 지대를 방어하고, 반란을 일으켜 떨어져 나간 속주들을 되찾고, 권좌를 찬탈하려는 끊임없는 시도에 유리한 발판이 되는 상황을 제거하는 것이었다. 군대는 언제고 다시 반란을 일으켜 새로운 황제를 옹립할 소지가 있었다."

그가 취한 우선적인 조치는 서방과 동방의 국경 지대를 안정시키는 일이었다. 그는 군대의 오랜 동료인 막시미아누스를 공동 통치자로 세워 갈리아에 파견하여 서방을 책임지게 했다. 처음에는 부제(카이사르)의 칭호를 주고, 다음에는 정제(아우구스투스)의 칭호를 부여했다. 공동 통치자가 된 막시미아누스는 갈리아에서 바가우다이족의 반란을 진압했다. 또 신속한 육상 원정을 통해 게르만족을 갈리아에서 라인 강 동쪽으로 몰아내는 데도 성공했다. 이어서 막시미아누스를 아우구스투스로 승진시켜 황제에 버금가는 지위를 부여했다.

디오클레티아누스는 로마제국의 국경이 무척 길고 몰려드는 적도 많아서 황제가 혼자서 감당하기에는 너무 힘들다는 사실을 깨달았다. 그래서 로마를 동서로 나눌 계획을 세우고 실천에 옮겼다. 동쪽에 관심이 많았던 디오클레티아누스는 니코메디아(현재 터키의 이즈미트)에 궁전을 짓고 동방 황제가 되었다. 반면에 막시미아누스를 서방 황제에 임명하여 밀라노를 중심으로 제국을 다스리게 했다. 디오클레티아누스는 동서로 나눈 대권을 다시 분할하여 두 사람의 유능한 장군을 부제로 임명하여 각각에게 동일한 권한을 주었다. 서기 293년, 네 사람이 분할하여 통치하는 '4분 체제'가 시작되었다. 두 황제는 각각 한 사람씩 부황제를 지명하고, 입양과 혼인을 통해 정치적인 결속을 강화했다. 디오클레티아누스 황제는 갈레리우스를, 막시미아누스 황제는 콘스탄티우스를 양자로 삼고, 지금까지 함께 살았던 아내를 이혼시키고 자신들의 딸과 결혼시켰다.

광대한 영토는 4명이 분할하여 통치했다. 동방 정제 디오클레티아누스는 폰투스, 이집트, 소아시아를 맡았고, 동방 부제 갈레리우스는 판노니아(현재의 헝가리), 모이시아(불가리아), 트라키아를 위탁받았다. 서방 정제 막시미아누스는 이탈리아와 아프리카를 담당했고, 서방 부제 콘스탄티우스는 갈리아, 에스파냐, 브리타니아를 다스리게 했다. 이렇게 해서 로마제국은 사실상 서로마와 동로마로 나뉘었다.

4분 체제라고 하지만, 디오클레티아누스는 선임 황제의 위치를 갖고 있었다. 이는 제국을 넷으로 분할한 것이 아니라, 방위 책임 구역을 4곳으로 분리하여 담당한 것이기 때문이다. 그래서 네 사람 사이에는 서열이 있었다. 디오클레티아누스는 시니어 아우구스투스로 최상위였고, 막시미아누스는 주니어 아우구스투스로서 두 번째 순위이며, 그다음으로 부제인 카이사르의 순위가 결정되었다.

4분 체제는 성공적으로 작동했다. 디오클레티아누스는 인격과 권위가 있었다. 에드워드 기번은 『로마제국 쇠망사』에서 다음과 같이 평가했다. "두 부황제는 두 분 정제를 지고의 권위자로 삼아 경의를 표했다. 특히 디오클레티아누스 황제에 대해 젊은 세 동료 황제들은 공통의 은인으로서 감사와 존경을 아끼지 않았다. 그들 사이에는 권력을 둘러싼 질시와 의심이 털끝만큼도 없었으므로 그들의 결속은 세상에서 희한할 정도로 튼튼하였는 바, 그것을 음악으로 비유한다면 지휘자의 능숙한 리드에 의하여 오묘한 화음을 내는 4중창 바로 그것이었다."

4분 체제가 신뢰와 조화를 이루면서 각종 개혁 조치도 효과를 낼 수 있었다. 조세 제도와 화폐 제도를 개선했다. 또한 동양의 전제국가의 의례를 도입하여 군주의 존엄성을 높이면서 황제 숭배를 강조하여 기독교를 박해하는 정책을 펼치기도 했다.

동양의 전제국가의 의례인 환관이 등장했다. 이는 황제와 신하 간의 거리 두기를 의미하기 때문에, 둘 사이의 거리를 연결해주는 역할을 바로 환관이 맡게 된 것이다. 환관은 처음에는 관저의 집사 같은 사소한 위치에서 점점 역할이 중요해졌다. 3세기의 황제들은 병사들의 움직임에 신경 쓰지 않으면 살해당했다. 이제 환관의 역할은 환관정치로까지 발전하여 소위 '문고리 권력'이 등장하게 되었다.

디오클레티아누스는 20년을 통치한 후 서기 305년에 막시미아누스와 함께 퇴위하여 제국을 부제에게 물려주었다. 에이드리언 골즈워디는 『로마 멸망사』에서 스스로 권좌에서 물러난 점을 높이 평가했다.

"그는 권력 기반이 한창 탄탄하던 시점에 자발적으로 은퇴했다. 역사상 어떤 황제도 죽기 전에 스스로 권좌에서 내려온 적은 없었다. 디오클레티아누스라는 인물이 남달랐고, 그의 통치 방식도 남달랐기 때문에 가능했던 일이다."

4분 체제는 10여 년 동안 효율적으로 작동하여 로마제국에 정치적인 안정을 가져왔다. 갈리아와 이집트의 대반란이 평정되고 페르시아에게도 승리하여 아르메니아를 되찾았다. 국방을 재정비하고 자원을 동원하는 시스템을 갖춤으로써 서방에서 200년을 더 버티는 자양분이 되었다. 또한 동방에서 비잔티움제국을 탄생시키는 토대가 되기도 했다.

여기서 로마제국의 통치 시스템이 아우구스투스가 창안한 '원수정'에서 디오클레티아누스 때 '전제정(the Dominate)'으로 변화한 사실에 주목해야 한다. 전제정은 주와 주인(lord and master)이란 뜻의 도미누스(dominus)에서 유래한 것으로 절대 군주정이나 독재정과 같은 의미다. 디오클레티아누스 때는 전제정이란 말이 공문서에 정식으로 사용되었다. 이에 따라 원로원의 입법 기능은 상실되었다. 달라진 점은 무엇일까? 황제가 집정관을 직접 임명하고, 법안을 원로원 의결이 아닌 황제의 칙령으로 바꾸었다. 이를 보좌할 전문 관료 제도를 도입하여 행정업무는 전문화되고, 문관과 무관의 분리는 더욱 심해졌으며, 관료의 숫자는 점점 늘어갔다.

디오클레티아누스가 취한 조치들은 정치적인 면에서 크게 성공을 거두었다. 그러나 군사 및 행정 개혁은 재정적 부담으로 작용했다. 군대 규모의 확대와 속주의 총독수의 증가, 4분 체제에 따른

4개의 제국 수도의 등장 등은 막대한 재정을 필요로 했다. 이를 위한 화폐 개혁과 세제 개혁을 단행했으나 부분적인 성공밖에 거두지 못했다. 이러한 한계에도 불구하고 그의 강력한 조치에 힘입어 제국이 되살아나는 계기가 되었다. 디오클레티아누스는 아우구스투스와 흡사한 인물로 평가받는다. 도널드 R. 더들리가 『로마문명사』에서 두 황제를 내과의사와 외과의사로 비교한 내용이 눈길을 끈다.

"사람들은 종종 아우구스투스와 디오클레티아누스를 비슷한 인물로 평가한다. 두 사람 다 전쟁으로 진이 빠진 세계에서 권좌에 올랐고, 평화를 위해 급진적인 조치를 받아들일 자세가 되어 있었다. 두 사람 다 오래 재위하여 아우구스투스가 45년을, 디오클레티아누스가 20년을 재위했다. 그러나 디오클레티아누스가 맞닥뜨린 문제들은 훨씬 절망적인 것들이었고, 회복의 폭도 훨씬 좁았다. 아우구스투스가 건강을 회복시키고 증진시키는 내과의사였다면, 디오클레티아누스는 미미하나마 생명을 더 연장시키기 위해 대수술을 감행한 외과의사였다. 그의 첫 번째 임무는 권좌를 노리고 일어나는 군사 쿠데타와 끊임없는 투쟁에 종지부를 찍는 것이었다."

04
위대한 CEO, 콘스탄티누스의 등장
(서기 306~337)

디오클레티아누스가 은퇴한 후 4분 체제는 주도권 싸움으로 다시 혼란에 빠졌다. 이런 20년 동안의 혼란을 수습하고 단일 체제로 만든 황제가 바로 콘스탄티누스다. 콘스탄티누스는 4분 체제의 한 축을 맡고 있던 서방의 부제 콘스탄티우스의 아들로 태어났다. 그는 4분 체제의 모순을 막는 조치의 일환으로, 동방의 정제 디오클레티아누스에게 보내져 사실상의 인질이 되었다. 젊은 시절에 인질 생활을 했지만, 개혁적인 황제를 가까이에서 따르며 많은 것을 보고 배웠다. 다만 디오클레티아누스가 로마의 전통을 복원하기 위해 추진했던 기독교 박해는 배우지 않았다.

　디오클레티아누스가 스스로 황제 자리에서 물러난 후, 그는 아버지 콘스탄티우스 정제에게 달려갔다. 그리고 아버지와 함께 픽 트족을 정벌하고자 브리타니아로 건너갔다. 그곳에서 아버지가 병 사하자 군대는 콘스탄티누스가 아버지의 뒤를 이어 서방 정제가 되었다고 선언했다. 하지만 동방 정제인 갈레리우스는 이를 인정 하지 않고 서방 부제의 지위만 인정했다. 그러는 사이 4분 체제는 서로의 영역 다툼으로 혼란에 빠져들었다. 콘스탄티누스는 영역을 점점 넓혀 서방을 지배하고 나중에는 동방까지 수중에 넣음으로써 로마 전역을 평정했다.

콘스탄티누스가 제국에 가져온 두 가지 큰 변화는 기독교 공인 과 비잔티움으로의 천도다. 이 변화를 프리츠 하이켈라임은 『로마 사』에서 다음과 같이 설명한다. 콘스탄티누스는 서기 313년, '밀라 노 칙령'을 선언하여 그동안 탄압받아온 기독교를 공인했다. "이제 부터 모든 로마인은 원하는 방식으로 종교 생활을 할 수 있다. 로 마인이 믿는 종교는 무엇이든 존중받는다."

그리고 325년에 소아시아의 니케아에서 '니케아 공의회'를 개최 하여 당시 기독교 세계의 최대 쟁점이었던 '아리우스파 논쟁'을 종 식시켰다. "예수가 성부 하나님과 동일한 본질을 갖고 있는가, 아 니면 유사한 본질을 갖고 있는가?"를 놓고 벌어진 논쟁에서 예수 가 하나님과 동일한 본질을 갖고 있다는 삼위일체파의 손을 들어 준 것이다.

아리우스 사제는 "예수 그리스도가 성부(the Father)와 동일한 본질을 지니지 않고 다른 본질을 지녔다"고 주장했다. 반면에 정통적인 신앙을 견지한 알렉산드로스 주교는 "성자(the Son)가 성부와 동일한 본질을 갖고 있고, 삼위일체의 세 위격, 즉 성부, 성자, 성령이 모두 시간과 본질과 권능에서 한 분으로서 우주의 전능한 권능의 세 측면을 대표한다"고 믿었다. 이 양쪽을 '아리우스파'와 '니케아파'라고 부른다. 니케아 공의회에서 니케아파를 공인하여 니케아신조를 선포했다. 이 신조는 삼위일체 교리를 재확인하고 아리우스를 파문하고 그의 저서들을 불태우도록 명령했다.

그가 기독교를 이토록 부흥시킨 까닭은 무엇일까? 독실한 기독교 신자였던 어머니 헬레나에게서 기독교 영향을 받았기 때문이다. 동시에 그는 당시 이미 제국의 하층민뿐만 아니라 귀족, 학자, 군인 등이 속속 기독교로 개종하던 상황을 직시했다. 그래서 이미 힘을 잃어버린 로마의 전통적인 종교에 매달리는 일은 현명하지 못하다고 판단했다. 그는 민심을 읽는 탁월한 능력이 있었다. 또한 교황을 비롯한 기독교 사제들에게 '신께서 보내신 사람'이라는 칭송을 들음으로써 자신의 황제권을 튼튼히 하려는 의도도 있었다. 이런 관점에서 보면 이후 기독교 군주들이 왕권의 근거로 들게 되는 왕권신수설의 원조는 콘스탄티누스였다고 할 수 있다.

콘스탄티누스의 두 번째 획기적인 조치는 제국의 수도를 로마에서 비잔티움으로 옮긴 것이다. 기독교를 공인한 그는 다신교가 지배하고 기독교에 대해 거부감을 가진 로마를 버리고 새로운 수도를 정했다. 서기 330년 5월 11일, 수도를 비잔티움으로 옮겼다. 337년에 그가 죽은 후 비잔티움은 '콘스탄티누스의 도시'라는 뜻의 콘스탄티노플로 이름을 바꾸었다. 콘스탄티노플은 세계 최초의 기독교 도시로서, 이후 1,000년이 넘는 세월 동안 비잔티움제국의 수도였다.

콘스탄티누스가 로마제국에 미친 영향은 대단하다. 디오클레티아누스의 군사, 경제, 행정 개혁의 큰 틀을 유지하면서 제국을 안정 기조에 올려놓아 로마제국의 통일이 150년간 더 지속될 수 있는 토양을 마련했다. 동시에 그는 박해받던 기독교를 공인하여 기독교가 로마제국의 종교가 되고 세계적인 종교가 되는 데 영향을 미쳤다. 기독교는 로마를 정복한 야만인들에게도 전파되어 유럽의 기독교 문명이 발전하게 되었다. 또 직업 세습제를 실시하여 아버지의 직업을 아들이 계승하도록 했다.

나아가 기독교 제국을 위한 새 수도를 선택함으로써 비잔티움제국의 기틀을 다졌다. 비잔티움제국은 1,000년간 더 존속하면서 유럽과 근동지역에 큰 영향을 미쳤다.

스탠리 빙은 『로마처럼 경영하라』에서 콘스탄티누스를 위대한 CEO라고 불렀다. "콘스탄티누스는 주식회사 로마제국을 송두리째 바꾸어버렸다. 그는 한창 세력을 뻗쳐가는 새 종교를 박해하는 대신 공식적으로 승인했다. 그리고 적의 손아귀에서 벗어나기 위해 회사의 본부를 옮겼다. 사실상 서로마에서의 영업 활동을 중단하고, 그곳을 비기독교인 유목민들의 손에 넘겨준 것이나 다름없었다. 그럼에도 불구하고 매우 훌륭한 CEO였다. 그의 뒤를 이은 7명의 CEO도 그의 이름을 따서 콘스탄티누스로 명명할 정도였다. 그야말로 최고의 브랜드 가치를 누렸다."

또한 콘스탄티누스는 바람직한 승계 모델이기도 하다. 그가 아버지 콘스탄티우스 부제를 떠나 디오클레티아누스 황제 밑에서 인질 생활을 하면서 보고 배운 것들이 훗날 로마 전역을 통일하고 통치력을 발휘하는 데 큰 도움이 되었다.

영국의 역사가 존 노리치는 『비잔티움 연대기』에서 콘스탄티누스를 "역사상 그 어느 지배자도, 알렉산드로스도, 앨프레드도, 샤를마뉴도, 예카테리나도, 프리드리히도, 그레고리우스도, 콘스탄티누스만큼 '대제'라는 칭호에 완벽하게 어울리는 인물은 없다"고 높이 평가했다. 이유가 무엇일까? 콘스탄티누스는 이념적으로나 정치적으로나 '새로운 로마'를 세웠고, 지중해 해상권을 장악하여 이슬람 세력의 침략으로부터 서유럽을 지켜주는 방파제가 되었으며, 그 영향은 로마가 사라진 이후에도 서양 문명에 큰 영향을 미쳤기 때문이다.

05
서로마와 동로마로 갈라지다
(서기 378~395)

"황제다운 마지막 황제 테오도시우스."

서기 378년 황제에 즉위한 테오도시우스 왕조의 시조이며 동서 양대 로마제국의 마지막 단독 황제였다. 그는 뛰어난 정치적, 군사적 수완을 발휘하여 4세기 말의 정치 안정에 기여했다. 그의 공적으로는 야만족에 대한 군사적인 승리를 들 수 있다. 그는 유능한 장군이었기에 야만족의 침공에 잘 대처했다. 야만족의 침입으로 사기가 저하되고 자신감을 잃었던 로마군 병사들에게 자신감도 심어주었다. 또한 야만족의 정착을 원만하게 이끌었다.

당시 훈족의 이동으로 발칸반도로 밀려오는 고트족을 더 이상 막는 것이 불가능하다고 판단한 테오도시우스는 그들에게 도나우 강 남쪽에 영지를 주어서 받아들이기로 결단을 내렸다. 고트족의 승인은 이후 로마제국의 역사에서 중요한 역할을 차지하게 된다. 단기적으로는 로마 군단에 게르만족 병사들이 많이 들어와 로마군이 게르만화되었다. 장기적으로는 자영 농민이 사라지고 농노로 전환되었다. 이는 역사적으로는 '평화적인 게르만화'라고 불리지만, 게르만족이 로마 영토로 진입하면서 로마제국의 붕괴 속도가 빨라지는 계기가 되었다.

그의 또 다른 공적은 서기 392년에 정통파 기독교를 국교로 공인한 점이다. 그는 로마의 전통 종교, 이교, 이단을 법적으로 엄격하게 금지했다. 황제의 칙령에 의해 집회가 금지되었고, 많은 직업에서 추방되었을 뿐만 아니라 유언의 권리마저 박탈당했다. 그는 3위일체의 신앙에 입각하여 세례를 받은 최초의 황제이기도 하다. 정통파 기독교를 로마제국에서 유일하고 절대적인 종교로 공인함으로써 이후 중세로 이어지는 로마가톨릭교회와 그리스정교회라는 기독교의 양대 체제가 확고하게 자리 잡는 전기를 마련했다. 이러한 기독교 부흥 정책과 국교화 때문에 그는 기독교 역사가들로부터 대제의 칭호를 받았다.

그러나 테오도시우스는 서기 395년에 안타깝게 48세를 일기로 죽음을 맞았다. 임종의 자리에서 총사령관 스틸리코에게 18세와 10세에 불과한 어린 두 아들을 부탁했다. 그의 유언에 따라 큰아들 아르카디우스는 동로마제국의 초대 황제가 되고, 둘째 아들인 호노리우스는 서방의 황제로서 서로마제국을 통치하기 시작했다. 그 때부터 로마제국은 공식적으로 동로마와 서로마로 나뉘었고 다시는 하나가 되지 못했다.

동로마와 서로마로 분할 통치하는 것은 이미 디오클레티아누스의 4분 체제에서 태동했다. 동로마와 서로마는 처한 정치적 상황도 달라서 갈라진 채 고착화되었다. 황제가 평범한 어린아이에 불과하다는 것도 로마의 운명에 결정적인 변수가 되었다. 특히 서로마가 그랬다. 10세 황제는 아무것도 몰랐다. 유능한 총사령관 스틸리코가 있어 재위 초반은 버틸 수 있었다. 문제는 스틸리코가 야만족 출신이라는 점이다. 스틸리코는 어머니가 로마인이었지만 아버지는 야만족인 반달족 출신이었는데, 출신 성분이 문제가 되어 스틸리코가 처형되면서 서로마는 쇠망의 길로 들어선다. 호노리우스 황제는 나이가 들어서도 무능해서 자리만 지키는 허수아비에 불과했고, 황제 노릇을 제대로 할 수 없었다. 호노리우스는 서기 404년, 서로마의 수도를 로마 대신 라벤나로 옮겼다.

불행하게도 테오도시우스 왕조의 어린이 황제 시대는 다음 대에도 계속되었다. 동로마 황제 아르카디우스가 서기 408년에 사망했을 때 7살짜리 아들 테오도시우스 2세에게 제위를 물려주었다. 서로마제국의 호노리우스 역시 서기 425년 6세밖에 안 된 조카 발렌티니아누스 3세에게 제위를 계승시켰다. 6세, 7세에 불과한 어린이들이 황제가 되었으니 세도 있는 대신들의 감독을 받지 않고는 통치할 수 없었다. 이런 환경에서 성장한 황제들이 장성한 후에도 독자적인 통치 능력을 발휘할 수 없어서 정국이 불안해졌다. 대신들 사이에서 권력을 둘러싸고 암투가 계속되니, 제국 전체의 안녕이 신하들의 경쟁과 야심에 의해 희생되는 경우가 많았다. 테오도시우스를 '황제다운 마지막 황제'라고 평가하는 이유가 여기에 있다.

그런데 어떻게 어린이 황제가 계속해서 제위를 유지하는 게 가능했을까? 군인들이 황제 암살을 밥 먹듯이 일삼던 3세기라면 상상도 못할 일이었다. 현세의 최고 권력자는 신이 원했기 때문에 그 지위를 차지할 수 있다는 기독교와 동양식 전제군주가 가졌던 '왕권신수설' 덕분이었다. 테오도시우스 황제가 사망했을 때 밀라노의 주교 암브로시우스가 장례식에서 설교한 내용이 시오노 나나미의 『로마인 이야기』 14권에 잘 나타나 있다.

"테오도시우스 황제는 죽지 않았습니다. 뒤에 남은 두 아들을 통해 살아 계십니다. 아버지는 하늘에 있어도 지상에 남은 두 아들한테서 눈을 떼지 않고 지켜주고 계십니다. 그러니까 장병 여러분도, 시민 여러분도 돌아가신 황제한테 충성을 바쳤던 것처럼 젊은 두 후계자에게도 충성을 다해야 합니다."

또 하나의 이유는 군대를 장악한 사령관이 야만족이었다는 사실이다. 야만족인 까닭에 이들이 황제 자리를 넘볼 수 없었다. 테오도시우스가 스틸리코를 총사령관에 임명하고 아들들을 부탁한 데는 이런 믿음이 있었기에 가능했다. 야만족 출신인 총사령관 자신이 스스로의 입지를 잘 알고 있었고, 제국의 시민과 관리들도 그것을 용인하지 않았으므로 어린이 황제의 제위 계승이 가능했던 것이다.

이렇게 로마는 서로마와 동로마로 갈라져 각각 다른 환경에서 각자의 길을 가게 되었다.

반면에 팔레스타인에서 탄생한 소종파였던 기독교가 어떻게 400년 만에 로마 제국의 국교로 성장했고, 그 이후 줄곧 모든 서양인의 정신세계를 지배할 수 있었을까? 이런 질문에 대해 정기문 교수는 『서양사 강좌』에서 다음과 같이 설명한다.

우선 기독교가 가지고 있는 종교적인 힘이다. 로마의 전통 종교는 공적으로 국가 종교의 형태였고, 사적으로는 현세의 기복에 머물렀다. 하지만 기독교가 현세의 삶에서 상처받은 영혼을 위로하고 내세의 구원을 약속하자 많은 사람들이 매력을 느꼈다. 또 기독교는 형식주의나 의례중심주의를 탈피하고, 세상의 질서에 대해 새로운 대안을 제시했다. 고대인은 신분에 따라 사람이 질적으로 다르다고 생각했다. 그러나 기독교는 모든 사람이 평등하며 보편적인 사랑을 받을 권리가 있다고 가르쳤다. 나아가 기독교는 대단히 윤리적인 종교였다. 로마인들이 숭배했던 종교는 정의롭거나 윤리적인 종교는 아니었다. 기독교의 하나님은 절대적으로 선한 분이고, 그의 명령을 받고 지상에 온 예수는 모든 사람에게 윤리적 삶을 권장했다. 모든 사람은 심판 받을 것이며, 그때 이 세상에서

착하게 산 것 혹은 악하게 산 것이 중요한 기준이 될 것이라고 가르쳤다. 기독교 신자들이 윤리적 삶을 추구했기 때문에 많은 로마인이 감명을 받았다.

이러한 요인들 덕택에 탄압받던 기독교는 공인을 받고, 국교가 되어 서양인들의 정신세계를 지배하게 되었다.

광개토대왕과 장수왕의 고구려 전성시대

한편, 이 무렵 한반도에서는 어떤 일이 일어나고 있었을까? 한영우 교수의 『우리역사』에 따르면 고구려 광개토대왕(391~413)과 장수왕(413~491)이 재위하면서 고구려는 전성기를 맞이한다. 서기 391년에 즉위한 광개토대왕은 서기 396년에 백제를 정벌하여 한강 이북의 땅을 차지했다. 400년에는 신라 내물왕의 요청으로 5만 명의 원군을 보내어 왜구를 격퇴시켰다. 또 중국 후연(後燕)을 공격하여 요동땅을 차지하고 북쪽으로 숙신을 정복했다. 그 결과 고구려가 한반도에서는 한강까지 진출했으며, 서쪽으로 후연을 격파하고 요동 지역을 확보함으로써 만주의 주역으로 등장했다.

서기 413년에 광개토대왕이 죽자 장수왕이 즉위하여 79년 동안 재위하면서 가장 넓은 땅과 가장 잘 갖추어진 제도 및 선진적인 문화를 누리며 최전성기를 구가했다. 장수왕은 서기 414년에 중국 길림성에 광개토대왕릉비를 건립하여 선왕의 업적을 기렸다. 서기 427년에는 수도를 평양으로 옮기고, 475년에는 백제를 공격하여 수도인 위례성을 함락시키고 개로왕을 살해했다.

장수왕은 또한 고구려와 국경을 접하고 있던 북중국의 세력이나 몽고고원의 유목민 국가와의 사이에 장기간에 걸쳐 평화를 유지했다. 북중국 방면의 국가와는 406년 후연과의 전쟁 이후 598년 고구려와 수나라 사이에 여(麗)·수(隋) 전쟁이 발발하기까지 200년에 걸쳐 전쟁 없이 평화를 지속했다. 장수왕 당시 중국은 위진남북조(221~589)시대로, 서기 220년 중국 후한(後漢)이 멸망하고 수나라가 589년에 다시 중국을 통일할 때까지 370년 동안 지속되었다. 5세기 중반의 동아시아는 국가 간의 직접적인 분쟁에 그치지 않고 열강이 개입하여 국제적인 차원에서 밀고 당기기가 이어졌다. 고구려가 그 한 축을 담당하고 있었다. 장수왕은 강한 힘을 바탕으로 외교적인 협상력과 조정력을 발휘하면서 절묘하게 자신의 위치를 확고히 지켜나간 현실 정치의 달인이었다.

06

생선은 머리부터 썩는다

동서고금을 막론하고 쇠망하는 모습은 비슷하다. 지배 계층의 지도자들이 방탕하고 도덕과 윤리가 땅에 떨어진다. 먼저 정신부터 타락하고, 빈부 격차가 심해져 불평등도가 높아지면 국가는 위기에 처하게 된다. 로마가 성장할 때는 지도층이 솔선수범하는 노블레스 오블리주가 왕성하게 작동했다. 그러나 로마가 쇠망의 길을 달려갈 때 그 역시 함께 사라지기 시작했다.

에드워드 기번은 『로마제국 쇠망사』에서 로마 쇠망의 원인으로 비정상적인 쾌락의 추구와 도덕과 윤리의 타락을 들었다. 로마가 멸망하는 과정에서 부유층의 사치와 허영은 어느 정도였을까?

"근래의 귀족들은 그의 지위와 명예를 마차와 복장으로 판단하고 있다. 소매가 긴 보랏빛 의복을 바람에 나부끼며 다녔는데, 이것이 어쩌다, 때때로 우연히, 또는 고의적으로 뒤집히기라도 하면 여러 가지 동물을 수놓은 사치스러운 내의가 나타나곤 했다."

"로마의 큰 거리를 지나갈 때면 50명이나 되는 하인들을 뒤따르게 했을 뿐만 아니라, 마치 군대의 전령이 말을 질주시키듯이 맹렬한 속도로 거리를 달려가곤 했다."

"이런 귀족들이 지식에 관심을 표하는 일은 거의 없다. 이를 얻는 데 수반되는 고통을 몹시 싫어했고, 또 면학이 가져다주는 이점 따위는 극히 경멸했기 때문이다. 그들이 읽는 것이라곤 기껏해야 유베날리스의 풍자시라든지, 장황하고도 지어낸 이야기 같은 마리우스 막시무스 황제가 지은 역사서 정도일 것이다."

"이에 대하여 극장 설비와 음악의 악기들(거대한 하프나 물풍금 등)에 이르러서는 모든 것이 갖추어져 있다. 시내 어느 대저택에도 이런 악기의 연주와 노랫소리가 그칠 줄을 모른다. 거기서도 지성보다는 음색이 환영받았고, 정신보다는 육체에의 배려가 우선했다."

이와 같이 귀족과 지도층 인사들의 사치와 방탕이 도를 넘으면서 위화감이 조성되어 공동체 의식이 사라진 것이 멸망의 중요한 요인이 되었다.

그러면 평민의 생활은 어떠했을까? 자영농은 '농민'에서 '농노'로 전락했다. 고대는 농경사회인 까닭에 서양이나 동양이나 농민이 생산자를 대표했다. 야만족의 침입이 잦아지자 경작지를 팔거나 버리고 도시로 가는 바람에 농촌 인구가 감소했다.

그러나 디오클레티아누스와 콘스탄티누스 황제가 '모든 직업의 세습'을 제도화함에 따라 농촌 인구가 덜 감소했다. 또 농민의 지방 회귀 현상이 나타났다. 문제는 자작농이 아니라 대규모 농장에 고용된 농노로 신분이 바뀌었다는 사실이다. 이는 그라쿠스 형제와 카이사르가 농지법을 개혁하여 자작농을 육성하려는 취지와 근본적으로 반대되는 일이었다.

왜 그랬을까? 농민들 스스로 자작농보다는 농노로 사는 게 안전하고 유익하다고 판단했기 때문이다. 농민들은 독자적으로 농사를 지을 경우 야만족이 침입하여 농작물을 강탈하는 것을 막을 방법이 없었고 생명의 안전까지 위협당했다. 또한 농산물을 도시로 운반하려고 해도 제국의 안전이 이미 깨진 상태였기에 중간에 도적 떼를 만나는 등 주도적으로 농산물을 유통할 수 없는 상황이었다.

더욱이 농민들을 괴롭힌 것은 높은 세금이었다. 팍스 로마나가 작동할 때는 공유지는 영구 임대할 수 있었고 소작료는 10%에 불과했다. 하지만 제국 말기에 가서는 자기 소유의 농지를 경작하는 경우에도 세금으로 25~30%나 지급했다. 공유지나 남의 땅을 빌린 경우는 생산물의 50%까지 소작료를 지불하지 않으면 안 되었다.

반면에 자작농의 허울을 과감히 벗어던지고 농노가 되면 어떤 혜택이 있었을까? 우선 소규모의 야만족이나 도적떼는 걱정할 필요가 없다. 대규모 농장의 주인은 스스로의 자체 경비를 위해 '자경단'을 조직해 안전을 유지해주었다. 농작물을 판매하는 일, 세금 지급 문제 등도 모두 농장주가 알아서 처리했으니 걱정할 필요가 없었다. 황제의 징집 명령도 두려움의 대상이 아니었다. 대규모의 농장주는 원로원 의원이거나 권력층과 가까운 사람들이라 변칙으로 징집을 피했다.

당시의 농민들은 농노가 됨으로써 자유와 독립을 잃었지만, 안전과 식량을 확보할 수 있어서 오히려 이를 선호하기까지 했다. 국가가 농민을 보호해주지 못한 까닭에 농민 스스로 농노로 추락하여 각자 살길을 찾아나선 것이다. 공자는 『논어』에서 "민무신불립(民無信不立)", 즉 "백성이 신뢰하지 않으면 나라가 설 수 없다"고 했다. 백성의 신뢰와 국가의 존립은 함께 가는 것이다. 그러니 백성의 신뢰를 상실한 로마가 쇠망의 길로 가는 것을 막을 방법이 없었다.

이제 농민들에게 과거의 로마 시민으로서의 자긍심은 사라진 지 오래였다. 로마 시민권도 가치가 없었다. 속주민들이 로마 시민권을 얻기 위해 25년간 보조병으로 봉사할 정도로 중요할 때도 있었다. 로마 시민권에 대한 자부심이 있을 때는 국가와 개인이 동일시되었기 때문이다. 하지만 국가에 대한 신뢰가 무너지면서 황제와 지배 세력에 대해 "우리와 그들은 다르다"는 위화감이 고착화되었다. 이제 나라의 주인이 누가 되든 상관이 없다는 무관심주의가 팽배해졌다. 심지어 야만족에 대한 경계심과 적대감마저 사라지는 지경에 이르게 되었다.

　이와 같은 대토지 소유 제도 때문에 로마 사회의 근간이었던 자영농이 몰락함으로써 로마는 국방과 경제의 기반을 잃어버렸다. 생선은 머리부터 썩는 법이다. 지도층의 타락과 도덕성 저하는 로마를 쇠퇴의 길로 몰아넣었다.

07

야만족이 물밀듯이 침입하다
(서기 378~476)

"로마는 하루아침에 이루어지지 않았다." 로마가 흥왕하는 모습을 표현한 내용이다. 그렇다면 로마가 쇠망하는 과정은 어떨까? 역시 "로마는 하루아침에 멸망하지 않았다". 로마의 멸망 또한 점진적이고도 지난한 과정을 거쳤다.

　로마의 방위선은 야만족을 경계하기 위해 세워졌다. 서쪽의 라인 강과 도나우 강 방위벽은 북방 게르만족의 침입을 저지하기 위해 구축했다. 브리타니아의 하드리아누스 성벽도 야만족의 침입을 경계하기 위해 만들어졌다. 동방의 방위선도 마찬가지다. 로마의 힘이 강할 때는 야만족은 숨을 죽이고 있었다. 로마의 정치 상황이 변하거나 약해진 모습을 보이면 방위벽을 넘어 침범하는 입질을 벌이다가 다시 퇴각하는 행태를 반복했다.

　로마제국 멸망의 조짐은 로마군 내에서 태동하고 있었다. 로마군은 카라칼라 황제가 모든 속주민에게도 시민권을 부여한 후, 당장 로마군의 충원에 어려움을 겪기 시작했다. 이 어려움을 타개하기 위해 야만족을 로마군의 일원으로 받아들였다. 야만족은 로마군의 일원이 되어 로마군의 교육과 훈련을 받으면서 로마의 강점을 서서히 흡수해나갔다. 야만족을 용병으로 활용하기도 했다. 이러한 과정을 거쳐 로마군의 힘은 점점 약화되는 모습을 보였다.

　훈족이 동방에서 쳐들어오면서 게르만 민족의 대이동이 시작되었다. 과거에 감히 넘보지 못해 입질 정도에 그쳤던 야만족들은 사납기 그지없고 포악한 약탈자로 소문난 훈족에 밀리면서 대규모로 이동을 시작했다. 사생결단의 자세로 싸우지 않으면 생존의 근거를 잃는 상황이었기 때문이다.

　야만족의 행태는 4세기와 5세기는 다르다. 4세기의 야만족은 쳐들어와서 사람을 죽이고 약탈한 후 떠나는 도적떼였다. 하지만 100년이 지난 후에는 쳐들어와서 강탈한 후 그 자리에 거리낌 없이 눌러앉아버렸다.

　이때 결정적인 사건이 일어났다. 동로마 황제 발렌스가 고트족을 응징하기 위해 싸운 전투에서 그만 전사한 것이다. 에드워드 기번은 『로마제국 쇠망사』에 그날을 이렇게 적고 있다. "8월 9일은 로마의 달력에서 가장 불운한 날로 표시할 만한 날이었다." 로마제국은 자신의 영토로 야만족이 밀어닥치는 일을 통제할 수 없다는 무력감을 그대로 드러냈다. 어떻게 이런 일이 생겼을까?

서기 376년, 약 200만 명의 게르만 서고트족과 동고트족이 제국의 흑해 서쪽 국경을 넘어왔다. 이들은 로마 당국에서 받은 처우에 불만을 품고 도발한 것이다. 동로마제국의 황제 발렌스는 이들과 맞서기 위해 콘스탄티노플에서 행진했다. 서로마제국 황제 그라티아누스가 지원군을 보낸다는 말을 믿고 침공을 강행한 것이다. 그라티아누스는 지원병이 도착하기 전에는 단독으로 공격하지 말라고 당부했다. 하지만 군대 경험이 부족한 발렌스는 적을 얕잡아 보고 지원군이 도착하기 전에 공격을 감행하는 어리석은 실수를 범했다.

서기 378년 8월 9일 벌어진 아드리아노플 전투는 로마군의 완패로 끝났다. 이 격렬한 전투에서 로마군의 3분의 2가 궤멸했다. 야만족과의 전투에서 로마군이 참패하고 황제가 전사하면서 야만족은 로마제국의 실상을 파악하게 되었다. 로마제국이 쇠퇴를 시작하는 분수령이 된 것이다. 이후 다양한 민족들이 국경을 넘어와 로마와 조약을 맺었다. 이런 방식으로 야만족들은 로마제국의 영토를 야금야금 먹어 들어가 제국의 재정을 고갈시켰다.

서로마제국의 말기는 믿기 어려울 정도로 처참했다. 엄청난 군병력을 감당할 재원이 부족해서 제국 초기에 최소 20~30만 명을 유지하던 로마군 숫자가 불과 1~2만 명 정도로 대폭 줄어들었다.

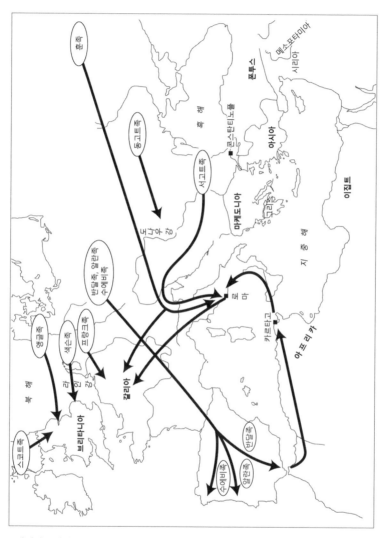

4세기와 5세기 게르만족의 이동과 침입

과거 로마제국의 영광을 생각하면 상상할 수 없는 일이었다. 무자비한 살육을 하며 내려오는 아시아계 훈족의 맹공에 견디지 못하고 살길을 찾아 남하하는 난민, 즉 여러 게르만 부족의 공격을 받은 로마제국은 야만족들을 일시적으로 막아내기에 급급했다.

서로마제국은 서고트 왕국과 반달족 그리고 동고트족, 훈족 등 북방 야만족들에게 수도 로마마저 약탈당하는 수모를 당했다. 야만족들이 서로마 제국을 공포의 도가니로 몰아넣으면서 어떻게 정착하는지 살펴보자.

서고트족의 초대왕인 알라리크는 서기 410년 로마를 포위하고 병사들에게 2-3일 동안 마음껏 짓밟고 약탈하고 불태우도록 허용했다. 서고트족은 로마를 떠나 갈리아 남부에 정착했다. 5세기 초, 반달족, 알란족, 수에비족은 라인강을 건너 갈리아로 이동했다. 이어서 피레네 산맥을 넘어 에스파냐에 정착했다. 다시 반달족의 가이세릭 왕은 아프리카를 장악하고 서기 442년에 독립왕국을 선포했다. 서기 455년, 발렌티니아누스가 암살당하자 군대를 이끌고 로마를 공격했다. 결국 동방 황제 제논은 로마령 아프리가, 시칠리아의 릴리바이움, 사르디니아, 코르시카 등에 대한 반달족의 소유권을 인정했다. 프랑크족은 갈리아에서 로마의 권력을 제거하고 프랑크 왕국을 세운다. 앵글족과 색슨족은 브리타니아로 진출하여 정착하게 된다.

게르만 민족의 대이동을 초래한 훈족은 어떻게 되었을까? 말을 잘 타는 유목민 전사인 훈족은 게르만 민족을 공포의 도가니로 몰아넣었던 종족이다. 452년 훈족의 지도자 아틸라는 군대를 이끌고 로마의 성문 앞까지 쳐들어왔으나 교황 레오 1세가 협상력을 발휘하여 철수시켰다. 453년 아틸라가 사망하자 훈족은 얼마 있다가 스스로 무너졌다.

이처럼 서로마 제국 말기에 들어서면 로마인들은 모든 것을 빼앗기고 오히려 야만족에게 세금을 내며 안전을 도모하는 신세가 되었다. 여러 게르만 족의 통치를 받으며 위대한 로마 역사의 모든 기반을 송두리째 잃어버린 것이다.

결국 로마 황제마저 옹립하지 못하고, 5세기 말경 아무도 모르게 천년제국은 역사의 뒤안길로 사라져버리고 만다. 로마제국은 야만족의 사소한 공격에 속절없이 무너졌다. 역사학자인 피터 히더는 『로마제국 최후의 100년』에서 "예나 지금이나 제국들의 지배 방식에는 피지배 민족의 역반응을 불러일으켜 그들이 끝내 속박에서 벗어나게 하는 경향이 있는 것 같다"며, "게르만 사회와의 관계에서 비롯된 필연적 결과였다"고 결론을 맺었다.

08

경제력이 없으면 군사력도 없다

4세기 초 로마군의 전력은 어느 정도였을까? 시오노 나나미가 『로마인 이야기』 15권에서 밝힌 내용을 살펴보자.

"아우구스투스시대의 로마제국을 동서로 양분한다면 서로마제국에는 10개 군단 6만 명의 주력군과 6만 명의 보조병을 합해 12만 명이 된다. 3세기의 위기를 거치면서 로마군 병력은 디오클레티아누스 황제의 과감한 군사 정책으로 4세기 초에 25만 명까지 늘어났다. 동로마까지 포함하면 로마군 병력은 60만 명으로 확대되었다. 군사력이 증가된 만큼 방위력도 강화되어 야만족의 침입은 약해졌다. 그러나 군사력의 증가는 국가 재정을 압박했다. 콘스탄티누스 대제 사후 후임 황제들의 지도력이 약화되면서 재정 압박 또한 가

속도가 붙어 군사력의 급격한 약화로 나타났다."

4세기 후반이 되면 방위력은 믿을 수 없을 정도로 초라한 형태로 전락하고 만다. 그러면 로마군 총사령관인 스틸리코의 방위력은 어느 정도였을까? 시오노 나나미는 "서로마제국의 총사령관이 노예한테까지 손을 뻗어서 긁어모은 병력이 겨우 3만 명이라니. 놀라지 않을 수 없다. 3만 명이라면 원수정 시대에 황제 휘하에 있었던 10명의 사령관이나 군단장이 이끄는 전략 단위에 불과하기 때문이다"라고 설명했다.

로마 정규군의 충원이 어려워지면서 야만족을 용병으로 활용하기 시작했다. 용병이 늘어나면서 로마 군단은 더 이상 존재하지 않았다. 제국의 변방에 속하는 지역들을 지배하기 위해 로마는 로마 시민들로 구성된 군대가 아니라 게르만족 출신의 용병들로 구성된 군대에 의지할 수밖에 없었다.

로마의 국방 전략은 경제력이라는 제약 조건에서 벗어날 수 없다. 경제력이 없는 상태에서 용병이 일상화됨에 따라 자주 국방은 불가능해졌다. 자체의 힘으로 국방을 책임질 수 없는 상황에서 마지막 방법이 오랑캐로 오랑캐를 무찌르는 이이제이(以夷制夷) 용법이었다. 서기 404년, 스틸리코는 야만족인 서고트 왕과 비밀협상을 시작했다. 서기 408년, 스틸리코는 알라리크와의 비밀 교섭을 공개하고 원로원에 동맹 협정을 승인해달라고 요청했다.

"알라리크를 서로마제국의 군사령관에 임명하여 알라리크와 그

휘하의 서고트족에게도 제국 방위의 책임을 맡긴다. 그리고 그 대가로 알라리크가 요구한 4,000리브라의 금괴를 지불한다."

원로원은 우여곡절 끝에 동맹 협정을 승인했다. 하지만 로마인의 자존심에 돌이킬 수 없는 상처를 남겼다. 참담한 심정이었다. 로마제국의 국방의 임무를 야만족에게 맡길 수밖에 없는 현실을 인정하고 싶지 않았다. 하지만 로마가 처한 엄연한 현실이었다.

원로원은 처음에는 로마의 위엄으로 "일개 야만족 왕에 불과한 알라리크와 돈으로 굴욕적인 화친조약을 맺을 수 없다"며 분노를 감추지 못했다. 천년 전통의 역사에 자긍심을 갖고 있는 로마인들은 불명예보다 차라리 멸망하는 길을 택하자고 열변을 토하기도 했다. 어떤 의원은 "이것은 평화조약이 아니라 노예 조약이다"라고 외치며 끝까지 반대했다.

이 동맹 협정의 부작용은 동맹을 주도한 스틸리코 사령관으로 불똥이 튀었다. 원로원 의원들은 스틸리코가 야만족 출신이란 사실에 눈을 뜨기 시작했다. 스틸리코가 어머니는 로마인이라고 하지만, 엄연히 야만인 출신이었다. 반쪽 야만인이 총사령관이 되어 완전 야만인에 속하는 알라리크에게 도움을 요청하고, 그 대가로 엄청난 금괴를 제공한다는 사실을 생각할수록 원로원 의원들의 자존심이 허락하지 않았다. 결국 이 협정이 빌미가 되어 스틸리코는 반대파의 모함에 빠져 처형되고 말았다. 로마를 지키려고 했던 로마 정신을 간직한 마지막 장군은 이렇게 생을 마감한 것이다. 이후 로마는 돌이킬 수 없는 위기로 치닫게 된다.

스틸리코가 서기 408년에 처형되고 알라리크가 410년 로마를 약탈하면서 로마는 사실상 제국의 기능을 상실했다. 그래서 서로마는 476년에 멸망하지만 이미 410년에 사실상 무너졌다고 평가받기도 한다.

몽테스키외는 『로마의 흥망성쇠에 대한 원인 고찰론』에서 용병이 로마군의 주력이 되면서 멸망했다고 진단한다. 군사력이 약화된 로마는 야만족들이 로마제국을 침입하여 위협하면 이들을 각종 금품과 공물로 달래려고 했다. 평화를 돈으로 사려고 한 잘못된 안보관이 로마를 멸망시킨 원인이다. 돈으로 산 평화의 효과는 일시적이다. "평화는 돈으로 살 수 있는 것이 아니다. 평화를 판매한 사람은 그 후 다시 사도록 강요할 수 있는 유리한 위치를 선점한 셈이기 때문이다. 평화를 얻으려고 돈을 주기보다 차라리 지더라도 위험을 무릅쓰고 전쟁을 벌이는 편이 더 나을 때가 있다."

용병의 영향력이 막강해지자 서로마제국의 마지막 황제인 로물루스 아우구스툴루스는 게르만족 용병들을 단순한 이민족 군대로 취급하지 않고 정규군으로 편입시켰다. 이들은 용맹과 사나움은 있었지만 로마라는 국가는 안중에도 없었다. 로마인들로부터 야만인 취급을 받던 용병들은 아무런 힘도 없는 로마인들을 경멸하며 주인처럼 행동했다. 심지어 황제까지도 경멸했다.

게르만족 출신의 용병대장이었던 오도아케르는 나이 어린 황제를 퇴위시키고 스스로 이탈리아의 왕이 되었다. 마지막 황제 이름은 로물루스 아우구스툴루스로, 로마의 건국자와 같은 이름이었다. 로마제국의 창시자와 마지막 황제의 이름이 같다는 것도 묘한 여운을 남긴다. 이렇게 서기 476년에 서로마제국이 역사에서 사라지게 된다.

09

로마제국은 왜 멸망했을까?

(서기 476)

흥망성쇠는 개인이든 국가든 거쳐야 할 과정이다. 천년제국 로마
도 태동기, 고도성장기, 안정기를 거쳐 혼란의 시기가 있었고, 쇠
망의 길을 걸었다. 철옹성 같은 로마제국이 왜 멸망했을까? 멸망의
요인은 어떤 각도에서 보느냐에 따라 달라지므로, 어느 한 요인으
로 진단하기는 어렵다.

에드워드 기번은 『로마제국 쇠망사』에서 로마제국의 쇠망 원인
을 "콘스탄티누스 대제에 의한 제국의 천도, 기독교의 영향, 야만
족의 침입, 지도자의 자질 저하" 등 크게 4가지로 지적한다.

반면에 프리츠 하이켈하임은 『로마사』에서 로마의 멸망 요인을
부수적인 근인(近因)과 본질적 원인(遠因)으로 구분하여 설명한다.

부수적인 근인으로 로마제국 말기에 발생한 우발적인 사건과 야만족의 침공을 제시하고 있다. 우발적인 사건은 다음과 같다.

1. 마르쿠스 아우렐리우스가 서기 180년에 갑자기 죽었고, 그를 계승한 콤모두스가 아버지의 원대한 게르만 정복 구도를 단행하지 않기로 했다.
2. 황제 발렌스가 서기 378년 아드리아노플전투를 앞두고, 어리석게도 증원군을 기다리지 않고 독자적으로 공격하여 전사했다.
3. 테오데시우스 황제가 서기 395년에 어린 상속자 둘만 남겨두고 죽음으로써 제국을 항구적으로 분열시켰다.
4. 야만족인 서고트족을 제압할 능력이 있었던 스틸리코가 서기 408년에 암살된 것과 같은 사건들이 하나로 작용하여 로마제국의 멸망을 초래했다.

그리고 4~5세기에 발생한 야만족들의 끊임없는 침공은 제국을 해체시킨 진정한 원인이었다. 좀 더 본질적이고 궁극적인 원인들로 다음의 6가지를 제시하고 있다.

첫째, 로마제국의 지리적 구조다.

서방은 동방에 비해 길고 취약한 국경 지대를 갖고 있었다. 야만족들은 로마가 강할 때는 숨을 죽이고 있다가, 로마가 약해지면 라인 강과 도나우 강으로 이어지는 2,400킬로미터의 국경선을 수도 없이 침공해 들어왔다. 반면에 동방은 이집트에 안전한 국경 지대를 두고 있었고, 페르시아와 가끔 전쟁을 치르기도 했지만 문명국이었던지라 외교를 통해 관계를 조정할 수 있었다.

둘째, 인력 부족을 들 수 있다.

도시가 발달한 동방에 비해 인구가 훨씬 적으면서도 방어해야 할 영토는 더욱 넓었던 서방은 인력 부족 현상을 더욱 뼈저리게 느꼈다. 그래서 서방은 갈수록 강력한 게르만족 군사 지도자들에게 의존할 수밖에 없었고, 결국은 그들이 서방 자체를 장악했다.

셋째, 경제적 취약성이다.

제국 초기에는 제국의 번영이 정복 전쟁들을 통한 전리품 유입이 있어 경제에 도움이 되었다. 하지만 제국 후기에는 정복 전쟁으로 이익을 남길 만한 곳이 없었다. 야만족들은 가난했고, 사산조 페르시아는 너무 강했다. 더욱이 말기에 접어들면서 로마 경제는 기본적으로 저생산성의 침체에 빠져들었다.

넷째, 고대 과학기술의 수준이 저급했다.

기술 혁신이 없이 노동력에만 의존하는 농업은 생산성 향상을 기대할 수 없다. 노동 생산성을 높일 수 있는 기계나 동력 장치의 개발이 없이 노동력에만 의존했기 때문에 낮은 생산성의 침체에 빠지게 되었다.

다섯째, 불안정하고 부패한 정치 문화다.

야만족의 침입이 빈번한 가운데서도 권력 찬탈을 위한 내전과 관리의 부패가 끊이지 않았다. 소중한 인력과 자원이 비생산적인 제위 쟁탈전에 소모되었고, 이러한 권력투쟁은 국경 지대를 방어

해야 하는 국력을 약화시켰다.

여섯째, 고대 사회의 귀족적 가치관이다.

고대의 귀족들은 기계를 만지거나 실질적인 직업을 하찮은 일로 여겼다. 생산을 위한 노동과 장사도 노예와 삯군처럼 천한 사람들이 하는 일이라고 여기고 가치를 두지 않았다. 따라서 그들은 노동을 좀 더 쉽게 만들거나 생산성을 높이는 데 관심을 기울이지 않았다.

이러한 귀족들의 가치관은 공화정시대나 제정의 초기에는 노블레스 오블리주가 살아 있어서 문제가 되지 않았다. 하지만 제정 말기가 되면서 귀족들과 지도자층의 노블레스 오블리주 정신이 사라지면서 악영향을 미쳤다. 예를 들면 권력이 황제의 수중에 집중되면서 많은 귀족들이 한때 그들의 경력에서 핵심 내용이었던 공직을 포기하곤 했다. 대신에 그들은 막대한 재산을 가지고 시골에 대저택을 짓고 사적인 군대를 양성하면서, 자신의 안녕만을 생각하고 국가는 안중에도 없었다.

귀족이 아닌 사람들은 안락한 삶을 위해 제국의 군대나 민간 정부의 고위직에 올라 재산을 모을 수 있는 방법을 목표로 삼았다. 이러한 사회 지도층의 인식이 능력 이상의 짐을 지고 허덕이던 생산력 있는 중간층과 하층민을 약화시키고 애국심을 앗아가는 결과를 초래했다.

이러한 요인은 어느 한 요인이 주도적으로 영향을 주었다기보다는 얽히고설켜 복합적으로 국력을 약화시켰고, 결국 서로마제국을 멸망시켰다. 반면에 동로마는 서로마와 비교할 때 국방력이 강하고, 인구가 많고, 경제력이 뒷받침되어 서로마가 사라진 뒤에도 약 1,000년간 더 지속되었다.

역사가 랑케는 "유럽의 모든 고대사는 하나의 호수에 흘러 들어가는 흐름이 되어 로마사 속에 흐르고, 모든 근세사는 로마사로부터 다시 흘러나왔다"면서 로마제국은 멸망했지만 로마 역사의 영향력은 계속되고 있다고 말한다.

IO

프랑스, 독일, 영국 등 유럽 국가의 탄생
(서기 481~843)

서로마제국이 멸망한 이후 유럽은 어떻게 되었을까? 오늘날 유럽
의 핵심 국가인 프랑스, 독일, 이탈리아, 영국 등이 탄생한 과정을
추적해보자. 4세기 말 훈족의 침입으로 이동한 게르만족은 자신들
의 왕국을 세웠다. 게르만족은 서고트족, 동고트족, 반달족, 알란
족, 수에비족, 부르군트족, 프랑크족, 앵글족, 색슨족 등이 있다.
이들 게르만족 중 가장 두드러진 활약을 보인 부족이 프랑크족이
다. 프랑스라는 이름은 바로 프랑크족에서 유래되었다.

패트릭 J. 기어리는 『메로빙거 세계』에서 "프랑스와 독일은 한
뿌리에서 나왔다"고 주장하면서 프랑크 왕국의 발전 과정을 소개
한다. 프랑크왕국은 서기 481년 메로빙거 왕가의 시조인 클로비스

1세에 의해 건국되었다. 클로비스 1세는 기독교의 정통파인 가톨 릭으로 개종한 뒤 다른 게르만 부족들을 정복했고, 갈리아 중부지 방까지 영토를 확장하여 왕국 발전의 기틀을 마련했다.

하지만 메로빙거 왕조의 지배력은 6세기 후반부터 약화되기 시 작하여 8세기에 카롤루스 왕가로 대체된다. 카롤루스 피핀은 국내 의 반발 세력들을 진압하고, 약화된 메로빙거 왕조를 붕괴시킨 후 에 카롤링거 왕조를 세웠다. 피핀의 아들 카롤루스 대제는 프랑크 왕국의 전성시대를 열어 유럽 대부분 지역을 정복했다.

그는 로마교회와 긴밀한 관계를 유지했다. 전쟁터에 나갈 때마 다 성직자를 동반하고, 정복지에는 반드시 새 교구를 설치하여 선교 활동을 도와주었다. 이에 대한 보답으로 로마 교황은 서기 800년 성탄절에 성 베드로 성당 미사에서 카롤루스에게 서로마 황 제라는 호칭을 선물하는 대관식을 거행했다. 대관식은 프랑크 왕 국을 프랑크 제국으로 격상시켰다. 김창성 교수는 『사료로 읽는 서 양사』에서 "카롤루스 대제가 로마 황제로서 대관식을 치른 사건은 중세 유럽의 제1단계가 완성된 것이다"라고 평가하면서 카롤루스 대제의 문예부흥과 프랑크 왕국의 분화 과정을 소개한다.

카롤루스는 어떻게 문화 부흥을 일으켰을까? 그는 출신 지역과 민족을 불문하고 최고의 학자들을 궁정으로 초빙하여 라틴어 문법 과 논리학 등 고전 학문을 정리하고 편찬하도록 지원했다. 학교를 세워 학교 진흥에도 심혈을 기울였다. 또한 수도원에서 고전을 본격적으로 필사하고 서적을 제작해 준 덕택에 상당수의 고대 저작들이 없어지지 않고 9세기 필사본의 형태로 오늘까지 전해지고 있는 것이다. 이처럼 카롤루스가 고전 문학을 부흥시키고, 학교를 세워 야만과 무지 상태에 있던 유럽인들을 계몽하고 지원하는 일에 앞장서면서 문화가 발전했기 때문에 이 시기를 '카롤링거 르네상스'라고 부르게 되었다.

카롤루스 황제가 사망한 후 후계자들은 내분에 휩싸여 거대한 왕국을 관리하지 못하고 서기 843년 베르됭조약에 의해 3개 왕국으로 분리된다. 그리고 서프랑크왕국(프랑스), 동프랑크왕국(독일), 중프랑크왕국(이탈리아)으로 갈라져 장차 프랑스, 독일, 이탈리아로 발전하게 된다.

영국은 어떻게 되었을까? 브리타니아는 기원전 6세기경 켈트족이 유럽에서 건너와 정착했다. 카이사르가 기원전 55년에 브리타니아 섬을 원정하고, 클라우디우스 황제가 서기 43년 브리타니아를 정복한 후 400년 동안 로마의 지배를 받았다. 4세기 후반 게르만족의 대이동이 시작되어 앵글족과 색슨족 등이 440년대에 브리타니아를 침공했다. 이들은 원주민인 켈트족과 거기서 남아 있던 로마 주민들에게서 땅을 빼앗아 왕국을 건설했다. 방위력이 약화된 로마 군대는 마침내 서기 442년 철수하여 다시는 돌아오지 않았다. 이때 켈트족은 웨일스와 스코틀랜드 지방으로 밀려났다. 9세기 초 웨식스 왕 에그버트가 앵글로색슨계의 7왕국을 복속시켜 통일된 잉글랜드왕국을 위한 기초를 마련했다.

게르만족의 이동에 이어 북유럽 바이킹의 이동, 흑해 북쪽의 유목민인 마자르족의 침입, 이슬람교의 위협 등으로 유럽은 혼돈을 겪으면서 생존이 절박한 상황에서 서서히 봉건제가 형성되고 중세로 이어지게 된다.

한편 동로마 제국은 1453년까지 유지되었다. 동로마제국(395~1453)은 지금의 이스탄불인 콘스탄티노플을 수도로 한 중세 로마제국으로, 비잔티움제국이라고도 부른다. 비잔티움은 콘스탄티노플의 옛 이름을 뜻한다. 서로마 제국이 멸망한 후 독자적인 노선을 걷던 동로마 제국은 서기 527년 유스티니아누스 황제가 즉위하면서 달라졌다. 그는 "서방을 되찾고 제국의 옛 세력과 판도를 회복하겠다"는 꿈과 목표를 가지고 행동에 옮겼다. 옛 로마 제국 영토 대부분을 회복하여 지중해 세계를 제패하였으며, 황제의 권한이 강해졌다. 하지만 무리한 팽창정책과 오랜 전쟁으로 오히려 제국의 기반을 약화시키는 결과를 초래했다. 그의 치세 말에는 사산조 페르시아아가 제국을 위협하자 서부로의 팽창 정책을 포기할 수밖에 없었기에 힘들게 획득한 제국의 영토의 대부분을 상실했다.

이후 동로마 제국은 서로마 제국에 대한 회복의 꿈을 버리고 동로마 제국에 전념하게 된다. 수도인 콘스탄티노플은 그리스·로마 문화의 전통이 잘 보존되어 있고, 대학을 중심으로 학문 연구가 활발한 문화의 도시가 되어 중세 대학 발전에 기여했다. 또한 유럽과 아시아를 잇는 국제 무역의 중심지로 번영을 누렸고, 슬라브족의 종교와 문화에도 많은 영향을 끼쳤다. 한편 그리스 고전 문화를 보존, 육성하여 서유럽에 전했고, 이탈리아 인문주의에도 큰 영향을 미쳤다.

서기 1453년 5월 29일, 오스만 투르크에 의해 콘스탄티노플이 함락당하여 동로마제국이 멸망했다. 이렇게 해서 서로마제국이 476년에 쇠망한 후 약 1,000년 후에 동로마제국도 멸망함으로써 로마제국은 역사에서 사라졌다. 로마의 건국이 기원전 753년이었으니 서로마와 동로마를 합하면 로마제국은 무려 2,200년이나 지속되었다.

II
우리는 왜 로마인의 후예인가?

"로마는 세 번 제민족을 통일했다. 첫째는 백성이 시민 정신에 충실할 때 무력에 의해 국가를 통일하고, 둘째는 로마가 이미 몰락한 후 정신의 힘으로 교회를 통일하고, 셋째는 중세에서 로마법의 계승에 의해 법을 통일했다."

19세기 독일의 법학자인 예링이 한 말이다. 오늘날의 서유럽은 로마를 바탕으로 각자 독립국을 건설했다. 미국은 유럽에서 건너간 사람들이 이룩한 나라로, 미국의 건국자들은 로마 공화정을 모델로 미국의 정치체제를 구상했다.

로마의 개방성은 미국의 시민권 제도에 잘 나타나 있다. 미국의 시민권은 속지주의에 따라 미국에서 태어나는 사람은 부모의 국적에 상관없이 미국 시민권을 얻는다. 로마 황제가 속주에서도 탄생했듯이, 오바마 대통령은 케냐 출신의 흑인 아버지와 미국인 백인 어머니 사이에서 태어나 최초의 흑인 대통령이 되었다.

칼 리처드는 『왜 우리는 로마인의 후예인가?』에서 오늘날 서구와 미국에서 로마의 유산이 어떻게 영향을 미치고 있는지 다각도로 제시하여 오늘도 로마의 영향력이 살아 있음을 증명했다.

첫째, 그리스의 역사와 문화를 보존했다. 19세기 영국 시인 셸리는 "우리는 모두 그리스인의 후예"라고 말했다. 고대 그리스인들은 정치, 철학, 법률, 수학, 과학, 문화, 예술 등 모든 분야에서 기초를 세웠다. 그리스의 기초 위에서 현대의 각 분야가 발전할 수 있었다. 그런데 그리스의 유산을 보존하고 발전시키는 역할을 로마인들이 담당한 것이다.

중세 이후 대부분의 서구인들이 그리스 미술을 알게 된 것은 원작을 통해서가 아니라 로마인들의 모조품을 통해서였다. 그리스의 신화도 원작자인 헤시오도스가 아니라 로마인 오비디우스를 통해서 알게 된 것이다. 주권재민, 자연법, 혼합정체 등에 관한 그리스인들의 이론도 플라톤이나 아리스토텔레스를 직접 읽어서 파악한 것이 아니라 키케로의 설명을 통해 알게 되었다.

둘째, 행정과 법률 체계를 물려주었다. 로마인들은 행정의 천재였다. 제정시대에 행정 조직은 작았지만 로마의 속주 행정은 상당히 개선되었다. 1세기에 제국을 관할하는 로마의 행정 부서는 관리가 150~350명에 불과했다. 이집트처럼 중요한 속주에도 파견된 관리는 인구 1만 명당 1명이 채 안 되는 수준이었다. 과거 공화정 시대와는 달리 제국시기에 관리들은 급여를 받았고, 1년 넘게 현지 근무를 하면서 전문성을 높였다. 또한 로마법은 세계 각국의 법체계에 영향을 주었고, 우리나라의 법도 로마법의 영향을 받았다.

셋째, 시와 산문 등 로마 문명은 현대인들에게 큰 영향을 주었다. 로마 고전 문명에서 가장 영향력 있는 인물은 키케로다. 키케로가 남긴 106편의 연설문 중 현재 56편이 전해지고 있으며, 900여 편의 편지와 수많은 정치·철학 에세이를 남겼다. 17세기 영국의 존 로크는 "연설과 편지글, 품행 수련을 위해서는 키케로를 연구하라"고 권했다. 미국의 18세기와 19세기 정치인들은 키케로의 연설을 벤치마킹했다. 존 애덤스는 2대 미국 대통령이 된 후 말년에도 키케로에 대한 예찬을 멈추지 않았고 키케로의 가치를 극찬했다.

넷째, 로마 공화정을 높이 평가하는 이유는 역사가들의 영향이다. 많은 역사가와 정치가들은 로마 공화정을 이상시하지만 로마 제정에 대해서는 비판적이다. 이는 로마 역사가인 리비우스와 타키투스의 영향이다. 리비우스(기원전 59~서기 17)는 아우구스투스 황제와 동시대의 인물이다. 그는 로마 공화정을 극찬하면서도 아우구스투스에 대해서도 긍정적인 평가를 내렸다.

타키투스(서기 56~120)는 가장 위대한 로마 역사가라는 평가를 받는다. 타키투스는 도미티아누스 황제가 라이벌이 될 만한 사람은 모조리 제거해버린 잔혹한 인물이라고 혹평했다. 반면 네르바 황제와 트라야누스 황제 치하에서는 자유를 누리게 되었다며 감사를 표시했다. 그는 『연대기』와 『역사』라는 걸작을 남겼는데, 두 작품에서 로마의 도덕성의 타락을 날카롭게 비판했다. 도덕의 타락은 공화정 말기에 시작하여 제정기의 황제들 치하에서 가속화되었다. 즉, 로마의 윤리도덕의 쇠퇴가 황제들을 낳았고, 황제들이 다시 도덕의 쇠퇴를 촉진했다는 것이다.

타키투스는 "심정적으로는 공화정을 지지했지만, 이성적으로 당시의 제정 체제는 피할 수 없는 필요악"이라고 생각했다. 그렇지만 황제들에 대해서는 거친 비판을 쏟아놓았다. 몽테스키외는 『법의 정신』에서 타키투스를 어떤 작가보다도 많이 인용하면서 "타키투스는 모든 것을 일목요연하게 정리했다. 그는 모든 것을 보기 때문이다"라고 평가했다. 에드워드 기번은 "타키투스는 가장 철학적인 역사가"라며 『로마제국 쇠망사』를 타키투스가 서술을 멈춘 시점에서 시작하여 역사가에 대해 최대의 경의를 표시했다.

미국의 건국자들이 로마식 공화정을 높이 평가하고 전제정치를 비판한 것은 로마 역사가들에게 배운 것이다. 미국은 국회의사당을 로마식으로 건설했다. 국회의사당을 U.S. Capital이라고 하는데 Capital은 바로 로마의 중심지인 카피톨리노 언덕에서 따온 것이다. 또한 미국의 상원의원도 로마의 원로원을 뜻하는 Senatus에서 유래했다.

또한 달력에는 카이사르와 아우구스투스의 이름이 남아서 오늘날까지 영향을 주고 있다. 그 밖에도 토목과 건축, 철학, 희극과 풍자문학 등 다양한 분야에 영향을 미치고 있다. 그래서 몽테스키외는 "아무도 로마인으로부터 벗어날 수 없다"고 강조했다.

동양식 전제군주제를 도입하다

로마의 제정 체제는 상반기와 하반기로 구분하여 평가할 수 있다. 상반기는 제정시대의 황금기인 아우구스투스에서 5현제시대에 이르는 1세기와 2세기의 200년 동안이다. 이때 로마제국은 평화를 누리며 팍스 로마나 시대를 열었다. 칼리굴라, 네로 등 황제들이 역량이 부족하여 중도하차했지만 제정의 시스템 속에서 제국 전체는 문제없이 진행되었다.

　로마제국의 하반기는 5현제시대 이후 제국이 쇠퇴하면서 혼란을 겪는 시대다. 프리츠 하이켈하임은 『로마사』에서 제정 체제의 문제점으로 두 가지를 지적한다. 첫째, 제정에서는 정치권력의 중앙집중화가 이루어졌는데, 내치와 국방이 갈수록 복잡해지면서 권력이 황제와 관리들에게 집중되었다. 권력이 황제에게 집중된 결과 지방정부의 자발성은 크게 위축되었고, 문제가 생기면 황제만 쳐다보는 경향이 강해졌다. 이런 성향이 3세기 들어 제정 체제를 경직되게 만들었고, 위기 때 체제가 제대로 작동하지 않아 로마제국이 혼란에 빠지는 원인이 되었다.

둘째, 군인들의 힘이 강해져 군국화의 길을 걸었다. 로마의 전성기를 맞은 5현제들도 문민 행정가로서 성공을 거두었지만, 군인으로서 국경 지대에서 쌓은 성과가 뚜렷한 발자국을 남겼다. 황제의 역량이 군사적 능력에 의해 평가되면서 원로원의 역할과 위상은 점점 초라해졌다. 공식적으로는 원로원이 새 황제의 즉위를 승인했지만, 황제를 선택하는 실권은 군인들에게 넘어갔다. "군인들을 장악하는 자가 국가를 장악할 수 있다"는 말이 현실이 되었다. 3세기와 4세기에 로마제국이 군국주의 국가로 변모해가면서 군인을 장악하지 못하면 황제 자리에 오르기도, 유지하기도 어려웠다.

디오클레티아누스가 군인황제의 수난을 극복하기 위해 동양식 전제군주제를 도입하게 되어 원수정은 막을 내리게 된다. 그래서 아우구스투스의 원수정은 로마제국 후반기 디오클레티아누스 황제가 서기 284년 즉위한 이후 전제정으로 바뀐다. 형식적으로라도 정치에 지속적으로 참여하던 원로원과 민회는 정치에서 완전히 배제된다.

그러면 전제정의 창업자는 누구인가? 1세기 동안의 무정부 상태를 종식시킨 디오클레티아누스 황제였다. 전제정은 콘스탄티누스 황제가 313년 기독교를 공인하면서 왕권신수설의 영향을 받는다. 황제의 권력은 신으로부터 주어진 것이라는 믿음이 영향을 미쳤다. 테오도시우스 황제가 사망했을 때 두 아들은 18세, 10세였지만 황제 자리를 오래 유지할 수 있었고 그 후임자들도 비교적 황제 자리를 장기간 유지한 것은 왕권신수설의 영향을 받은 것으로 해석할 수 있다.

디오클레티아누스의 전제정은 서로마의 운명을 200년을 연장시켰다. 3세기 혼란의 시대를 극복하고 훌륭한 황제들이 잇따라 배출되어 위기를 극복할 수 있었던 것이다. 디오클레티아누스, 콘스탄티누스, 테오도시우스 황제 등이 로마의 마지막을 연장시키고 가꾼 황제들이다.

전제정에서 승계 원리는 단순해졌다. 정통성과 역량 면에서 과거 정치체제와는 다르다. 정통성은 왕권신수설에 의해 확보되기 때문에 어린 나이에도 제위에 오를 수 있었다. 역량도 크게 문제가 되지 않았다. 원수정체제에서는 역량이 없으면 자리를 위협받았으나, 전제정에서는 황제 자리가 위태로울 정도는 아니었다. 어린 나이에 황제가 되니 정무를 위임할 수밖에 없어 측근의 세력이 커지고 환관들의 영향력이 증대되었다.

서로마제국의 말기 현상을 보면 어린 나이에 황제가 되어서 역량을 키울 기회가 없기 때문에 성인이 되어서도 능력을 발휘하지 못해 측근이나 환관에게 휘둘리는 폐해를 낳았다. 충신으로 평가받는 스틸리코 장군이 처형된 것도 측근들의 농간에 의해 황제가 결정한 행동이다.

어린이 황제가 계속 이어지면서 야만족들의 침입이 더욱 격화되었다. 야만족이 실권을 장악하면서 황제는 허수아비에 불과했고 황제 교체도 잦아졌다. 서기 455년 발렌티니아누스 3세가 군대 열병 중에 살해되었다. 이후 8명의 황제가 20년 동안 살해되거나 교체되어 결국 서기 476년 서로마제국은 멸망한다. 반면에 동로마제국은 서로마제국이 사라진 뒤에도 1,000년 동안 지속되어 1453년에야 멸망한다.

카이사르처럼 창업하고, 아우구스투스처럼 승계하라

"창업과 승계의 가장 성공적인 모델."

로마제국의 창업자 카이사르와 승계자 아우구스투스의 관계를 말한다. 왜 성공적이라고 말하는가? 창업자의 특성과 승계자의 특성이 조화를 이루어 보완 효과가 극대화되었기 때문이다. 흔히 창업보다 수성이 더 어렵다고 말한다. 창업자가 이룩한 것을 승계자가 지키고 발전시키는 게 쉽지 않아서 그렇다. 창업자 관점에서 카이사르의 특성을 살펴보자.

먼저 도전정신과 창의력이다. 대부분의 사람들은 보이는 세계에 집착하여 현실안주에 머무른다. 카이사르는 갈리아 정복, 브리타니아 원정, 공화정에서 제정으로 가는 정치개혁, 경제개혁, 사회개혁 등 남이 가지 않는 길을 걸어갔다. 역사가 몸젠이 "로마가 낳은 유일한 창조적 천재"라고 평가했듯이 그는 도전정신과 창의력을 발휘하여 끊임없이 새 길을 개척해나갔다.

또 급진적인 개혁을 단행했다. 카이사르는 최고 권력자가 되고 나서 5년 동안에 모든 개혁을 추진했다. 그는 공화정의 장점과 약점을 잘 알았다. 공화정 체제로는 광활한 로마제국을 효율적으로 통치할 수 없다고 생각했다. 그래서 황제체제인 제정의 마스터플랜을 세우고 정치개혁을 단행했다. "대부분의 사람은 자기가 보고 싶어 하는 현실밖에 보지 않는다"고 강조한 그는 보고 싶지 않은 것도 보면서 개혁의 선봉에 섰다.

또한 후계자를 미리서 선정한 점이 남다르다. 그는 암살당하기 전에 18세의 옥타비아누스를 후계자로 선정했다. 로마에서는 30세가 되어야 공적인 활동을 하기 때문에 12년이나 일찍 유언장을 작성한 것이다. 만약 그가 후계자를 제대로 지명하지 않았다면 로마는 후계자 문제로 혼란을 겪었을 것이다. 특히 자신과 반대되는 성격의 인물을 후계자로 선택한 점을 주목할 필요가 있다. 창업자와 승계자는 역할이 다른 까닭에 서로가 다를 때 보완 효과가 높아진다.

반면에 카이사르의 급진적인 개혁은 원로원에서 많은 적을 만들었다. 소통에서 소외된 사람들의 불만이 쌓이고 적대 세력으로 변하여 결국 암살당하는 비운을 맞았다.

다음으로 로마 제국의 초대 황제가 된 아우구스투스의 특성을 승계 관점에서 조명해보자.

첫째, 발탁인사가 되었다. 아우구스투스가 후계자로 공개되었을 때 18세의 이름 없는 애송이에 불과했다. 카이사르의 유언장 덕택에 하루아침에 저명인사가 되어 카이사르의 양자가 되고 유산을 받고 성까지 물려받았다. 후계자가 갖는 후광효과가 이만저만이 아니었다. 후계자 지명은 통치자로 가는 길에 있어서 정통성과 권위를 부여해 주었다.

둘째, 경쟁에 노출되었다. 후계자가 되었을 때 아우구스투스는 아무런 경력이 없었다. 역량이 제로인 상태에서 역량을 개발해나갔다. 처음에는 카이사르의 암살자들과 싸웠다. 암살자들을 제거한 후에는 백전노장 안토니우스와 치열한 권력투쟁을 벌여 1인자가 되었다.

셋째, MBO관리를 통해 점진적인 개혁을 실행했다. 카이사르가 급진적인 개혁으로 인해 암살되었다는 것은 아우구스투스에게는 반면교사가 되었다. 개혁하다가 목숨을 잃으면 무슨 소용이 있겠는가? 1인자가 되었을 때 그는 33세에 불과했다. 젊고 시간이 많았기에 카이사르처럼 서두를 이유가 없었다. 카이사르와 목표는 같지만 수단은 달리했다. 그래서 공식적으로는 공화정의 형식을 인정하면서 원로원의 참여와 지원 가운데 점진적인 개혁을 추진했다. 이를 위해 철저한 목표관리, 즉 MBO전략을 채택했다. 점진적인 개혁으로 원수정 체제를 확립한 것이다. "하는 일은 하나 하나는 합법적이지만 서로 연결하면 비합법이 되는 제정으로 연결되었다"는 평가를 받는 이유이기도 하다.

넷째, 제국 통치를 위한 시스템을 구축했다. 카이사르는 '공화정 폐지와 제정 구축'을 위해 설계를 했지만 그것은 아직도 미완성인 채 남아 있었다. 아우구스투스는 사람의 자의성을 방지하기 위해 가능하면 무슨 일이든지 제도화하면서 행정의 합리성과 공정성을 높였다. 상비군제 도입, 원로원 의원수의 구조조정, 화폐개혁, 국세청 창설, 선거제도 개혁 등을 통해 제국을 효율적으로 운영하기 위한 시스템을 마련했다.

다섯째, 팍스 로마나를 실천했다. 제국 내에 로마를 통한 평화를 내걸고 평화시대를 목표로 했다. 안보전략을 영토 확장이 아니라 확보된 국경선을 유지하는 정책을 펼쳤다. 팍스 로마나는 방어 전략일 때 가능하다. 확장 정책에 매진했다면 로마에 의한 평화는 오지 않았을 것이다.

끝으로 권한 위임을 생활화했다. 아우구스투스는 자신의 능력을 정확하게 인식하고 부족한 부분에 대해서는 전문가를 활용함으로써 권한을 위임하는 모범을 보여 주었다. 예를 들면 군사와 내정은 아그리파, 외교와 문화는 마이케나스에게 위임하여 성공할 수 있었다.

아우구스투스가 후계 시스템을 원수정 체제로 만든 이유가 어디에 있을까? 바로 통치자들에게 원로원과 시민을 겸손하고 냉철한 자세로 소통하라는 메시지를 담고 있다. 그 자신이 솔선수범하면서 후손들이 실천해주기를 바랐던 것이다.

카이사르는 창업형 리더십, 아우구스투스는 승계형 리더십을 발휘하여 로마제국을 궤도 위에 올려놓았다. 사실 카이사르와 아우구스투스는 절묘한 보완관계에 있다. 성장과 안정, 진보와 보수, 외향성과 내향성, 창업과 승계의 조화를 통해 자신들의 약점과 한계를 극복하고 목표를 달성할 수 있었다.

천년제국 로마에서 배우는 리더십과
자기계발의 지혜

"천년 역사가 드라마처럼 전개되어 참 재미있어요."

"로마를 보니 서양이 가까이 다가오는 것 같아요."

"로마 역사를 창업과 승계 관점에서도 살펴보니 더욱 흥미롭네요."

사람들은 천년제국 로마에 대한 이야기를 듣고 이렇게 말한다. 천년 역사에는 실로 다양한 사례들이 등장한다. 로마제국도 다른 나라와 마찬가지로 태동기, 성장기, 안정기, 혼란기, 쇠망기의 단계를 거쳤다. 천년의 장구한 역사 속에는 오늘날 우리가 고민하는 문제들이 모두 들어 있다. 로마 역사 속에 우리의 고민에 대한 해답이 있는 것이다.

먼저 천년제국 로마의 역사가 너무 방대하여 엄두를 내지 못하는 사람들에게 '한 권으로 읽는 천년제국 로마'라는 개념으로 주요 사건을 중심으로 정리했다. 로마 역사의 흐름을 쉽게 이해하는 데 중점을 두었고, 천년제국을 정치체제를 중심으로 살펴보았다. 로마의 정치체제는 왕정, 공화정, 원수정, 전제정의 단계를 거쳤다. 각 단계마다 처한 환경이 다르고, 그 진단과 해법도 다르다. 새로운 체제를 세우는 것을 창업이라고 한다면, 그 체제를 유지하는 것은 승계다. 흔히 "창업보다 수성이 어렵다" "부자 3대 못 간다"고 하지 않는가? 승계가 그만큼 힘들다는 뜻이다. 그래서 천년제국 역사를 창업과 승계의 관점에서도 바라보았다. 승계 원리를 평가하는 기준은 정통성과 역량으로 삼았다.

첫째, 왕정 체제(기원전 753~509)의 승계 원리는 종신제다.

둘째, 공화정 체제(기원전 509~27)의 승계 원리는 매년 집정관 선거를 통해 이루어졌다.

셋째, 원수정 체제(기원전 27~서기 284)의 승계 원리는 후계자가 1인자, 즉 원수가 되어 원로원의 승인을 얻는 것이었다.

넷째, 전제정 체제(서기 284~476)의 승계 원리는 동양식 전제군주제를 도입하여 세습이 공론화되었다.

로마는 1,200년 동안 정치체제를 변화시키면서 오늘날 유럽이 탄생하는 데 영향을 미쳤다. 로마처럼 1,000년 넘게 장수한 제국은 없다. 로마가 천년을 지속하는 동안 서양에서는 그리스, 마케도니아, 카르타고, 갈리아, 브리타니아, 시리아, 이집트가 로마의 속주가 되었다.

한편 동양에서는 춘추전국시대(기원전 770~221)를 거쳐 진시황이 기원전 221년에 중국 최초로 전국을 통일하고 황제가 되었다. 하지만 진나라는 15년 만에 멸망한다. 그 후 전한, 신나라, 후한, 위·촉·오의 삼국시대, 서진과 동진, 남북조 시대가 열렸다. 이처럼 천년제국 로마가 존속하는 동안 중국에서는 많은 왕조가 흥하고 망했다.

천년제국의 역사를 통해 배울 수 있는 지혜와 교훈은 참으로 많다. 공화정에서는 로마의 역동적인 성장 동력을 배울 수 있다. 개방성과 시스템 구축, 인프라 정비, 매뉴얼 작성, 로마법의 정신, 노블레스 오블리주 등 생생한 리더십을 학습할 수 있다. 동시에 매년 집정관 선거를 통해 유능한 인재가 지속적으로 배출되는 인적자원 관리 시스템을 벤치마킹할 수 있다.

또한 카이사르를 통해 보이지 않는 세계를 바라보는 안목을 배울 수 있다. 보통 사람들은 보이는 세계에 집착하여 현실에 머무른다. 하지만 카이사르는 보이지 않는 세계를 보는 통찰력을 발휘하여 제국에 적합한 시스템을 구축하기 위해 급진적인 개혁을 단행했다.

아우구스투스는 카이사르의 뒤를 이어 후계자라는 유언장만으로 14년 동안 치열한 권력투쟁을 벌인 결과 1인자가 되었다. 그는 카이사르의 보이지 않는 세계를 보면서 동시에 보이는 세계도 중시하는 혜안을 가졌다. 카이사르의 급진적인 개혁에서 교훈을 얻어 원로원을 존중하면서 점진적인 혁신으로 방향을 바꾸었다. 철저한 MBO 관리를 통해 카이사르가 원하는 방향으로 로마제국을 이끌어 원수정체제를 확립했다.

이 책에서 공화정 체제의 강점과 카이사르 및 아우구스투스의 개혁과 혁신 과정을 집중적으로 다룬 이유는 로마는 공화정으로 고도성장을 이루었고, 카이사르와 아우구스투스를 통해 안정기를 맞았기 때문이다. 그 후 황제들은 카이사르와 아우구스투스가 깔아놓은 정치 시스템 위에서 팍스 로마나 200년이 지속되었다. 그래서 "공화정처럼 시스템을 구축하고, 카이사르처럼 창업하고, 아우구스투스처럼 승계하라"고 강조하는 것이다. 또한 기독교의 탄생과 탄압, 기독교의 공인과 국교 인정 그리고 기독교가 유럽사회에 미친 영향도 함께 살펴보았다.

한편 로마가 쇠망하는 모습은 반면교사가 된다. 로마 성장의 동인들을 제거하면 곧 쇠망의 원인이 되고 만다. 쇠망의 원인은 무엇인가? 지도층의 자질 저하, 경제력의 쇠퇴, 야만족의 침입 등 다양하다.

영국의 사학자 E. H. 카는 "역사란 역사학자와 역사적 사실 사이의 부단한 상호작용이며 현재와 과거의 끊임없는 대화"라고 정의했다. 또한 공자는 "삼인행 필유아사(三人行 必有我師), 세 사람이 가면 반드시 나의 스승이 있다"고 설파했다. 천년제국 로마 역사에서 많은 사례와 인물들을 통해 강점은 배우고 약점은 반면교사로 삼는 지혜가 필요하다.

우리 민족은 반만년 역사를 통해 숱한 외침을 겪고도 살아남아 세계에 주목받는 민족으로 등장했다. 제2차 세계대전 이후 산업화와 민주화를 동시에 이룬 최초의 나라, 세계 10위권의 경제대국, 전 세계에 울려 퍼지는 한류 열풍을 만들어냈다. 한국 경제는 저성장 시대에 진입했다. 산업화의 연륜이 쌓이고 지식정보화시대가 본격화되면서 승계 문제가 중요해지고 있다. 개인, 기업, 국가 모두 창업과 함께 승계 문제에 관심을 가져야 할 때다.

이러한 환경 속에서 우리가 지속적으로 발전하여 선진국으로 나아가려면 어떻게 해야 할까? 천년제국 로마의 역사 속에 그 해답이 있다. 이 책이 천년제국 로마 역사를 통해 지혜와 리더십을 배우고, 창업과 승계를 비롯한 조직 관리와 인사 관리 및 자기계발에 관심이 있는 분들에게 조금이나마 도움이 되기를 소망한다.

왕정시대(연대는 기원전)

753~715	초대 왕 로물루스, 로마 건국과 왕정 통치
715~673	2대왕 누마 폼필리우스, 종교 의례와 사제단 확립
673~641	3대왕 툴루스 호스틸리우스, 로마 팽창의 기틀 마련
641~616	4대왕 안쿠스 마르티우스, 로마의 세력을 해안으로 확장
615~579	5대왕 타르퀴니우스 프리스쿠스, 선거운동으로 왕위에 오름
579~534	6대왕 세르비우스 툴리우스, 최초의 인구조사 실시
534~509	7대왕 타르퀴니우스 수페르부스, 왕자의 강간 사건으로 왕에서 폐위

공화정시대(연대는 기원전)

509	브루투스, 왕정 폐지하고 공화정 수립, 1년 임기의 집정관 2명 선출 로마와 카르타고 사이의 조약 체결
494	호민관 제도 도입
493	라틴동맹 확대
453	그리스 시찰단 파견
449	최초의 성문법 12표법 제정
390	켈트족 침입하여 로마 점령
367	리키니우스 법 제정, 평민에게 모든 공직 개방
366	최초의 평민 출신 집정관 탄생
358	라틴동맹 경신
343~341	1차 삼니움 전쟁
338	라틴 전쟁에서 로마 승리, 라틴동맹 해체

	1월 12일, 카이사르가 루비콘 강을 건너면서 내전 시작
48	카이사르, 파르살루스 회전에서 폼페이우스군 완전 제압
	폼페이우스, 알렉산드리아에서 살해됨
44	카이사르, 종신 독재관 선언, 3월에 암살됨
	카이사르, 유언으로 옥타비아누스를 양자로 지명
	옥타비아누스(18세), 그리스 서해안의 아폴로니아에서 귀국
43	옥타비아누스, 안토니우스, 레피두스의 2차 삼두정치 결성
42	브루투스와 카시우스, 필리피 전투에서 패배하여 자결
41	안토니우스, 이집트 여왕 클레오파트라와 애인 관계로 발전
40	옥타비아누스, 안토니우스, 레피두스, 브린디시 협정으로
	로마 세계 분할
	안토니우스, 옥타비아누스의 누나 옥타비아와 재혼
	클레오파트라, 안토니우스의 자식인 쌍둥이 남매 출산
	옥타비아누스, 스크리보니아와 결혼, 외동딸 율리아 탄생 후 이혼
	원로원, 헤롯을 유대왕으로 승인
38	옥타비아누스, 클라우디우스 네로의 아내였던 리비아와 재혼
37	안토니우스, 클레오파트라와 결혼
36	안토니우스, 파르티아전 패배
32	안토니우스, 옥타비아와 이혼
31	옥타비아누스, 악티움 해전에서 안토니우스와 클레오파트라의
	연합군 격파
30	안토니우스와 클레오파트라의 자살
	옥타비아누스, 로마세계의 최고 권력자로 부상
28	옥타비아누스와 아그리파, 42년만의 국세 조사 실시

원수정시대의 연대기

로마사 주요 연대표

로마사 주요 연대표

1. 그라쿠스, 티베리우스 셈프로니우스(Tiberius Sempronius Gracchus: 기원전 163~133)

그라쿠스 형제 중 형, 공화정 후기의 호민관. 아버지는 개선식을 두 번이나 올렸고 집정관을 지냈으며, 어머니는 2차 포에니전쟁의 영웅인 스키피오 장군의 딸이다. 명문가 출신인 티베리우스는 기원전 134년 원로원이 주도하는 공화정 체제에 의문을 품고 호민관에 출마하여 당선되었다.

공화정의 문제점을 직시하면서 개혁의 선봉에 섰다. 농지는 개혁의 핵심 주제였다. 무산자에게 농지를 배분하여 자작농에 복귀시켜 사회 불안을 해소하는 '셈프로니우스 법'을 민회에서 압도적인 다수로 통과시켰다. 하지만 원로원과 날카롭게 대립했다. 이듬해 호민관 선거 당일 날 원로원을 지지하는 군중은 그와 지지자 300명을 살해한 후 "시체를 거두게 해달라"는 유족들의 간청을 뿌리친 채 시신을 테베레 강에 던져버렸다. 이때부터 로마역사에서 반대파를 죽이는 살생의 불행한 서막이 울리기 시작했다.

형이 살해된 10년 후에 동생 가이우스 그라쿠스(Gaius Gracchus)가 호민관에 당선되어 개혁의 불씨를 이어갔다. 동생 역시 개혁의 목소리를 높이다가 숲속에서 시체로 발견되어 개혁은 중단될 수밖에 없었다. 그라쿠스 형제는 살아 있을 때보다 죽어서 영웅이 되어 로마 천년 역사에 개혁의 상징으로 떠올랐다.

2. 네로. 클라우디우스 카이사르 드루수스 게르마니쿠스(Nero Claudius Caesar Drusus Germanicus: 서기 37~68)

5대 황제(재위: 서기 54~68), 폭군의 대명사. 서기 50년 클라우디우스 황제의 양자가 되었고 그의 딸 옥타비아와 결혼했다. 서기 54년 황제가 죽은 후 16세에 즉위했다. 스승 세네카의 도움으로 초기 5년 동안 선정을 베풀었다. 서기 59년 어머니 아그리피나를 살해하고, 이어서 황제비 옥타비아를 섬으로 유배시킨 후 살해했다. 서기 62년 세네카가 은퇴하자 주위에서 직언할 사람이 없어지면서 브레이크 없는 자동차처럼 굴러가기 시작했다. 네로는 대중 앞에서 직접 류트나 리라 같은 악기를 켜면서 시를 읊고 노래를 불렀다. 서기 64년 로마에서 대화재가 발생했다. 시민들 사이에 네로가 궁전을 짓기 위해 불을 질렀다는 소문이 불길처럼 퍼져 나갔다. 당황한 네로는 희생양을 찾아 기독교인들을 방화범이라고 지목했다. 네로는 기독교도들을 '방화죄 및 인류 전체를 증오한 죄' 등으로 체포하여 많은 사람을 잔인한 방법으로 처형했으나 소문을 잠재우지 못했다.

서기 66년 네로는 가수로서의 역량을 과시하기 위해 그리스로 여행을 떠났다. 그곳에서 세 명의 사령관을 그리스로 불러들였다. 네로는 이들에게 죽음을 통고하여 자살하도록 강요했다. 군대에서 존경받는 사령관을 명분 없이 죽임으로써 로마군 전체를 적으로 돌리는 어리석음을 범했다.

서기 68년 에스파냐 갈바 총독이 네로를 반대하며 나섰다. 원로원마저 네로를 '국가의 적'으로 선언했다. 네로는 하인이 소유하고 있는 교외의 집으로 피신하여 그곳에서 자살하여 삶을 마감했다. 네로의 죽음으로 아우구스투스를 시조로 하는 '율리우스-클라우디우스 왕조'가 몰락했다.

3. 네르바, 마르쿠스 코케이우스 (Marcus Cocceius Nerva: 서기 30~98)

12대 황제(재위: 서기 96~98). 5현제시대를 연 첫 번째 황제. 서기 96년 도미티아누스 황제가 측근에게 암살된 후 원로원은 네르바를 황제로 추대했다. 이때 근위대와 군단이 도미티아누스 황제 암살의 배후에 대한 조사와 처벌을 강하게 요구하고 나섰다. 네르바가 1년이 넘도록 주모자에 대한 조치를 취하지 않자 근위대는 황제를 감금시키고 주모자를 색출하여 사형에 처할 것을 요구했다. 사태를 수습하기 위해 네르바는 군에서 신망이 높은 고지 게르마니아군 사령관인 트라야누스를 양자로 삼아 공동 황제로 지명했다. 군단을 지휘한 경험이 없는 자신의 약점을 보완하기 위해 병사들에게 신망이 높은 트라야누스를 지명한 것이다. 서기 98년 네르바가 사망한 후 트라야누스가 단독 황제에 올라 가장 평화로운 5현제시대가 본격화된다. 네르바 이후 로마는 100년 동안 전성기를 맞이한다. 이 때 로마를 통치했던 다섯 명의 현명한 황제, 즉 네르바(96~98), 트라야누스(98~117), 하드리아누스(117~138), 안토니누스 피우스(138~161), 마르쿠스 아우렐리우스(161~180)를 5현제라고 부른다.

4. 디오클레티아누스, 가이우스 아우렐리우스 발레리우스(Gaius Aurelius Valerius Diocletianus: 서기 245~316)

로마의 황제(재위: 서기 284~305), 전제정의 창시자. 하층민 출신으로서 군인이 되어 근위대장을 거쳐 황제가 되었다. 3세기 로마제국의 무정부 상태에 종지부를 찍고 절대군주정을 도입했다. 서기 286년 막시미아누스를 공동 황제로 임명했다. 서기 293년, 네 사람이 분할하여 통치하는 4분 체제를 시작했다. 두 황제는 각각 한 사람씩 부황제를 지명하고, 입양과 혼인을 맺어 정치적인 결속을 강화했다. 4분 체제라고 하지만 디오클레티아누스는 선임 황제의 위치를 갖고 있었다. 이는 제국을 넷으로 분할하는 것이 아니라 방위 책임구역을 네 곳으로 분리하여 담당하도록 했기 때문이다.

동양의 전제국가의 의례를 도입하여 환관이 등장했고, 군주의 존엄성을 높이면서 황제 숭배를 강조하여 기독교를 박해하는 정책을 펼치기도 했다. 서기 305년 막시미아누스와 함께 스스로 퇴위하여, 제국을 부제에게 물려주었다. 국방을 재정비하고 자원을 동원하는 시스템을 갖춤으로써 로마가 서방에서 약 200년을 더 버티는 자양분이 되었다. 또한 동방에서 비잔티움제국을 탄생시키는 토대가 되기도 했다. 그는 로마제국의 통치 시스템을 아우구스투스의 '원수정'에서 동양식 절대군주정인 '전제정'으로 전환시켜 암살이 일반화되었던 황제 승계 시스템을 안정시켰다.

5. 로물루스(Romulus: ?~기원전 715)

로마 건국의 왕(재위: 기원전 753~715). 전설에 의하면 로물루스는 군신 마르스와 알바롱가 왕녀 레아 실비아 사이에서 쌍둥이 동생 레무스와 함께 태어났다. 그것이 왕의 노여움을 사서 테베레 강에 버려졌으나 암늑대에게 발견되어 건져진 후 늑대의 젖을 먹고 자랐다. 어느 날, 양치기에게 발견되어 인간 세계에서 양육되었다. 이들은 성장하여 형이 동생 레무스를 죽이고 새로운 나라 로마를 건국했다. 로마의 어원이 바로 그의 이름 로물루스에서 생겼다. 로마 건국일은 기원전 753년 4월 21일로 알려져 로마인들이 지키고 있다. 로물루스는 국정을 왕, 원로원, 민회로 구분하여 다스렸다. 왕은 민회에서 투표로 선출되기 때문에 세습제가 아니라 종신제가 되었다. 이민족인 사비니족과 동화 정책을 펼쳐 로마가 강성해지는 기초를 닦았다.

6. 마리우스, 가이우스(Gaius Marius: 기원전 157~86)

로마의 장군, 정치가, 민중파의 기수. 이탈리아 중부 아르피눔에서 부유한 기사 계급 가문에서 태어나, 군인으로 성공하여 개천의 용처럼 로마의 정치 지도자로 등장했다. 기원전 107년, 집정관에 당선된 후 군사 제도를 개혁했다. 로마군의 모집 방법을 징집제뿐만 아니라 지원제를 채택하여 무산 계급도 군인이 되는 길을 열어놓았다. 술라를 등용하여 아프리카 유쿠르타 문제를 해결했다. 기원전 104년부터 100년까지 5회 연속해서 집정관에 당선되었다. 마리우스는 군사적 능력을 발휘하여 북아프리카에서 뛰어난 전공을 세웠다. 나아가 이탈리아 북부의 게르만족을 격퇴하여 명성을 높였다. 이 같은 성취 덕분에 연속해서 집정관에 당선될 수 있었다. 그는 율리우스 카이사르의 고모와 결혼하여 명문 귀족과의 유대관계도 강화해 나갔다. 그의 부하였던 술라는 민중파인 마리우스와 정치 노선이 달라 결별하고 원로원파를 대변하는 정적으로 변했다. 마리우스는 기원전 86년에 일곱 번 째 집정관에 당선되었으나 곧바로 사망했다.

7. 베스파시아누스, 티투스 플라비우스(Titus Flavius Vespasianus: 서기 9~79)

9대 황제(재위: 서기 69~79). 세리 집안의 아들로 비천한 출신이었으나 재무와 군사에 남다른 능력을 인정받아 여러 직위를 거쳤다. 하지만 네로 황제가 그리스에서 노래를 부르고 있을 때 졸았던 탓에 불경죄에 걸려 위기를 맞았다. 서기 66년에 복권되어 유대 반란 진압을 위한 책임자로 임명되어 적의 최전방 지휘관인 요세푸스를 생포했다. 이때 요세푸스에게 "이제 곧 황제에 등극할 것이다"는 예언을 들었다고 한다. 서기 69년은 4명의 황제가 바뀌는 혼란이 일어나 '4황제의 해'라고 부른다. 네로 황제가 죽은 후 갈바, 오토, 비텔리우스 세 황제가 바뀌는 혼란을 수습하고 황제로 등극했다. 황제에 오른 후 아우구스투스를 철저히 벤치마킹하여 황제직을 성실하고 겸손하게 수행했다. 군을 중시하여 군의 신망과 지지를 얻었다. 로마제국 재정의 정리와 개선을 추진하여 국가의 조세 수입을 늘렸다. 우리에게 잘 알려진 콜로세움 원형경기장을 착공하여 아들 티투스 때 완공했다. 그는 정치적·재정적 위기에 처한 로마를 건져내고 평화와 번영의 시대를 한 세기 연장할 수 있는 기틀을 마련했다. 그래서 아우구스투스 이후 위기에 처한 원수정 체제를 구한 '제2의 창건자'라는 평가를 받는다. 플라비우스 왕조를 수립하여 10년 동안 통치한 후 자연사하자 서기 79년에 큰아들 티투스가 황제에 올랐다.

8. 브루투스, 루키우스 유니우스(Lucius Junius Brutus: ?~509)

로마 공화정의 창시자, 초대 집정관. 기원전 509년 7대 타르퀴니우스 왕의 아들 섹스투스가 귀족의 아내인 루크레티아를 범하는 강간 사건이 일어났다. 그녀는 로마 여인의 자존심을 지키며 자결했다. 브루투스는 자살한 루크레티아의 유해를 '포로 로마노'의 연설대 위로 옮겨 시민들에게 결연한 모습으로 왕정의 폐해를 호소하면서 왕정이 폐지되었다. 왕정이 폐지되고 공화정이 시작되면서 왕의 역할은 매년 민회에서 선출되는 2명의 집정관에게 옮겨 갔다. 집정관이 왕을 대신하게 되었으니 '1년 임기의 왕'이라고 할 수 있다. 브루투스는 초대 집정관이 되었다. 그는 왕의 복위 운동에 가담한 자신의 아들들을 처형했다. 또 타르퀴니우스 왕이 쳐들어왔을 때 전방에 나가 싸우다가 전사했다. 그는 공화정의 창시자가 되어, 공화정의 시스템을 구축하고, 도덕성을 바탕으로 노블레스 오블리주의 모델이 되었다.

9. 술라, 루키우스 코르넬리우스(Lucius Cornelius Sulla: 기원전 137~78)

로마의 정치가, 장군, 공화정의 신봉자. 명문 귀족 출신이나 가세가 기울어 가난한 젊은 시절을 보냈다. 집정관 마리우스의 부하로 북아프리카 유구르타 전쟁, 게르만족과의 전투 등에서 큰 공을 세웠다. 하지만 민중파인 마리우스와 정치 노선이 달라 결별하고 공화정 신봉자가 되었다. 기원전 87년에 소아시아 폰투스 군대를 진압하기 위해 다시 오리엔트로 갔으나, 집정관 킨나가 반기를 들면서 국외로 추방당했다. 그는 해외에서 군사력을 모아 기원전 83년에 군대를 이끌고 로마로 들어와 정권을 장악했다. 이듬해에 살생부를 만들어 대규모 피의 숙청을 단행했다. 숙청 작업을 마무리한 후 정치 개혁의 목표를 "원로원 체제를 보강함으로써 통치 능력을 회복하는 것"으로 정했다. 엄격한 연공서열 제도를 실시하여 개인이 특별나게 부각되는 것을 경계했다. 기원전 81년, 술라는 로마 역사상 최초로 무기한 임기의 독재관이 되어 전권을 가지고 호민관 및 민회의 권한을 축소하고 원로원 지배 체제의 회복을 위한 각종 개혁을 단행했다. 기원전 79년, 돌연히 독재관을 사임하고 은퇴하여 다음해 죽었다.

10. 스키피오 아프리카누스(Scipio Africanus: 기원전 235~183)

한니발 장군을 물리친 로마군 명장. 스키피오는 24세 때 에스파냐에서 한니발에게 아버지를 잃었다. 로마군을 이끌고 에스파냐를 공략해 카르타고인을 그곳에서 몰아내는 데 성공했다. 여세를 몰아 한니발의 고국인 카르타고를 공략했다. 로마군이 카르타고를 공격하자 스키피오의 예상대로 카르타고 본국에서 한니발에게 소환 명령을 내렸다. 기원전 202년 한니발은 고국으로 건너와 스키피오의 군대를 맞아 싸운다. 운명의 결전이 그 유명한 자마전투다. 로마군의 전사자는 1,500명에 불과했으나 한니발 쪽 전사자는 2만 명이 넘었고 한니발은 초라한 모습으로 간신히 도망쳤다. 2차 포에니전쟁은 이렇게 막을 내렸다. 카르타고는 로마의 승인 없이는 어디서든 전쟁을 할 수 없다는 강화조약을 맺어 2차 포에니전쟁을 승리로 이끌었다. 이때부터 아프리카를 제압한 자라는 뜻을 가진 '아프리카누스'라는 존칭을 얻었다. 그 후 원로원의 일인자로서 대우를 받았다. 그러나 카토를 비롯한 비판자들이 귀국한 뒤 배상금을 어디에 썼는지 불투명하다는 이유로 고소함에 따라 정치에 환멸을 느끼고 로마를 떠났다. 그는 조국에 실망한 나머지 "배은망덕한 조국이여, 그대는 내 뼈를 갖지 못할 것이다"라는 유언을 남기고 나폴리 근처 별장에서 사망했다. 죽은 뒤 2년 후에 그의 결백이 입증되었다.

11. 스파르타쿠스(Spartacus: 기원전 ?~71)

노예 반란 주동자. 발칸반도의 트라키아 출신, 로마군의 보조병으로 근무했다. 검투사가 되어 로마에서 200킬로미터 떨어져 있는 도시 카푸아의 검투사 양성소에서 일했다. 기원전 73년 비참한 검투사의 삶에 반기를 들고 70여 명의 검투사와 함께 훈련소 막사를 탈출했다. 이들은 폼페이 배후에 있는 베수비우스 화산 분화구에 요새를 만들고, 카푸아 일대를 누비며 검투사들뿐 아니라 농장 노예, 광산 노예들에게도 합류를 권유하여 수만에 달하는 대병력을 이루었다. 로마는 반란군을 진압하기 위해 로마군을 투입했으나 실패했다. 모여든 반란군의 숫자가 5만 명을 넘었다. 이들은 2년 동안 로마 사회의 근간을 흔들었다. 로마는 당시 최고의 부자인 크라수스에게 반란군 진압의 임무를 맡겼다. 크라수스는 풍부한 재력을 바탕으로 군대를 모집하여 반란군을 진압했고, 스파르타쿠스는 전사했다. 반란군은 진압되었으나 그는 역사에 살아남아 영향력을 발휘하고 있다. "마르크스가 가장 존경하며 레닌과 스탈린이 프로레타리아 혁명의 본보기로 삼은 인물, 프랑스 계몽주의 사상가 볼테르는 그가 일으킨 반란이 역사상 유일하게 정의로운 전쟁이라고 평가했다."

12. 아우구스투스/옥타비아누스, 가이우스 율리우스 카이사르(Gaius Julius Caesar Augustus/Octavianus: 기원전 63~서기 14)

로마제국 초대 황제(재위: 기원전 27~서기 14), 카이사르의 양자. 기사계급 출신이며 카이사르 누이동생 율리아의 손자다. 4살 때 아버지가 죽자 어머니는 재혼하고 외할머니 손에서 자랐다. 기원전 44년 카이사르가 암살당했을 때 18세로 카이사르의 지시로 그리스의 아필로니아에 파견 나가 있었다. 카이사르의 암살과 후계자로 지명되었다는 소식을 듣고 주위에서 "신변 안전을 위해 기다리면서 귀국을 관망하라"는 조언을 무시하고 대담하게 로마로 돌아가 실권자 안토니우스 및 암살자들과 정면 승부를 벌였다.

기원전 43년, 카이사르의 양자로 공인받아 '가이우스 율리우스 카이사르 옥타비아누스'라는 긴 이름을 갖는다. 이어서 안토니우스·레피두스·옥타비아누스가 연합하여 '2차 3두정치'를 시작했다. 살생부를 작성하여 반대 세력을 철저히 숙청했다. 암살자들을 격파한 필리피 회전이 끝난 뒤 안토니우스와 옥타비아누스는 동쪽과 서쪽으로 통치 영역을 분할했다. 기원전 40년, 옥타비아누스는 브린디시 협정을 체결하여 안토니우스의 방해를 막고 상대방의 세력권을 침범하지 않기로 협약을 맺었다. 두 사람 간의 권력 투쟁이 본격화되었다. 기원전 38년, 유부녀인 리비아를 이혼시키고 결혼하면서 전 남편과의 사이에 낳은 두 아들을 떠맡는다.

기원전 31년, '악티움 해전'에서 안토니우스와 클레오파트라 연합군을 물리쳤고, 이듬해 두 사람이 자살함으로써 내전은 종식된다. 기원전 29년 8월, 승리자 옥타비아누스는 로마에서 개선식을 거행했다. 화려한 개선식은 끝났으나 현실 문제가 기다리고 있었다. 강력한 중앙 정부를 수립하고, 카이사르가 약화시킨 원로원의 위신과 권위를 회복시키고, 국가의 수장으로서 군대를 장악하고, 제국 행정 체계를 수립하고, 속주의 공공 재정과 행정을 조절하고, 외교 문제를 감독하고, 자신의 적절한 후계자를 발굴하여 키우고, 고대의 도덕률을 되살리고 국가 종교를 재건해야 했다. 그는 목표 관리를 통해 문제들을 하나씩 풀어나갔다.

기원전 27년, 공화정 체제로의 복귀를 선언하여 원로원의 환호를 받으면서 아우구스투스의 칭호를 받았다. 이때부터 제정이 시작되었다. 기원전 22년에 곡물 위기가 발생했을 때 신속히 해결하여 민중의 신뢰를 더욱 높였다.

자기 핏줄을 후계자로 삼기 위해 딸 율리아를 3번이나 정략결혼을 시켰다. 하지만 후계 예정자인 손자 드루수스와 가이우스가 사망하자 핏줄에 의한 후계 구도를 단념했다. 서기 4년, 의붓아들 티베리우스를 양자로 삼아 후계자로 선정했다. 동시에 드루수스의 아들 게르마니쿠스를 티베리우스의 후계자로 지명했다. 서기 14년 『업적록』을 마무리하고 8월 19일 76세로 사망했다.

13. 아우렐리우스, 마르쿠스(Marcus Aurelius: 서기 121~180)

16대 황제(재위: 서기 161~180), 철인 황제이며 『명상록』의 저자, 5현제의 마지막 황제. 아우렐리우스는 서기 121년 로마의 귀족 집안에서 태어났으나 부모를 일찍 여의고 할아버지 슬하에서 자랐다. 어릴 적부터 성실한 태도와 온화한 성격으로 주위의 칭송을 받았고 스토아 철학에 심취했다. 서기 161년 안토니우스 사망 후 로마 황제로 즉위했다. 루키우스 베루스를 공동 황제로 임명해 로마 최초의 공동 황제가 되었다. 재위 첫 2년은 위기로 가득했다. 테베레 강에서 대홍수가 났고, 시지쿠스에서 지진이 발생했고, 갈라티아에는 가뭄이, 브리타니아에서는 반란이 일어났다. 또 게르만족이 라인 강을 건너왔고, 파르티아의 왕이 아르메니아와 시리아를 침공했다. 공동 황제 베루스와 역할을 분담하여 대처했다. 하지만 서기 169년 베루스 공동 황제가 질병으로 사망하여 단독 황제가 되었다.

철학자인 그는 서방과 동방의 계속된 전쟁과 싸웠을 뿐만 아니라 기근과 전염병이 잇따라 발생하는 등 군사적·경제적으로 어려운 시기였다. 재위한 19년 동안 대부분을 전쟁터에서 싸우거나, 페스트 전염병 퇴치와 타락된 윤리 회복에 고심하며 보냈다. 하지만 여러 재난과 장장 13년에 걸친 게르만족과의 지리멸렬한 전쟁과 반란 속에서도 내정과 국방을 잘 다스리며 통치한 덕택에 5현제의 반열에 올랐다. 그가 남긴 『명상록』은 전쟁터에서 낮에는 싸우고 밤에 틈을 내서 기록한 자기성찰에 관한 고백록이다. 그러나 스토아주의적 철학자인 그는 정책상 기독교를 박해하기도 했다. 또한 현명한 사람을 선택해 양자로 삼아 후계자를 삼는 선임 황제들의 관례를 어겨가면서, 방탕한 아들 콤모두스를 후계자로 삼은 것이 가장 큰 실책이라는 비판을 받았다.

14. 예수(Jesus Christ: 기원전 4~서기 30)

기독교의 시조. 아우구스투스 시대 기원전 4년 시리아 속주 유대에서 탄생했다. 인류 역사는 예수 탄생을 기점으로 BC(Before Christ)와 AD(Anno

Domini)로 갈린다. 예수의 탄생과 죽음 그리고 기독교의 전파는 로마 역사에서 극심한 탄압을 받지만, 로마제국의 후반이 되면 기독교가 공인되고 국교로까지 인정되는 대반전을 이룬다.

예수는 처형당하기 전 3년 동안 하나님 나라를 선포하며 복음을 가르쳤다. 예수의 가르침과 행적은 『신약성경』의 4복음서인 「마태복음」, 「마가복음」, 「누가복음」, 「요한복음」에 기록되어 있다. 예수는 12명의 제자를 선택하여 그들과 함께 복음을 전하며 많은 기적을 일으켰다. 예수의 가르침은 예루살렘의 많은 사람들에게 열렬한 지지를 받았으며, 『구약성경』에 기록된 대로 '메시아'의 출현으로 여겨졌다. 하지만 당시의 정치 지도자인 사두개파와 종교 지도자인 바리새파의 반발을 사서 하나님의 아들을 사칭했다는 신성 모독죄로 서기 30년에 십자가형을 받아 처형당했다. 기독교인들은 예수가 사흘 만에 부활했다고 믿었다.

예수의 가르침의 핵심은 사랑이다. 하나님의 아들인 예수가 이 땅에 내려온 이유도 하나님의 사랑을 실천하기 위함이고, 십자가에 못 박혀 죽은 이유역시 인간의 사랑의 실천이다. 그래서 예수는 "이웃을 네 몸처럼 사랑하라." "원수도 사랑하라."고 가르쳤다. 4복음서는 예수의 탄생, 십자가, 부활, 재림의 이야기들을 담고 있다.

기독교는 사도 바울의 등장으로 획기적인 발전을 하게 된다. 바울은 『신약성경』 27편 중에서 13편의 편지를 써서 『신약성경』을 완성했다.

15. 안토니우스, 마르쿠스(Marcus Antonius: 기원전 81~30)

카이사르파의 장수, 정치가. 기원전 44년 카이사르의 동료 집정관에 취임하고, 그해 3월 카이사르가 암살되자 그의 유언장을 발표했다. 기원전

43년 옥타비아누스, 레피두스와 함께 2차 3두정치를 태동시켰다. 기원전 42년, 옥타비아누스와 연합하여 암살 주동자인 카시우스와 브루투스를 격파하여 공화파를 궤멸시키는 데 성공했다. 카이사르 암살을 둘러싼 혼란을 마무리한 뒤 안토니우스는 동방을 맡고, 옥타비아누스는 서방을 통치하기로 영역을 분할했다.

기원전 41년 안토니우스는 동방원정을 시작하여 클레오파트라를 소아시아의 킬리키아로 소환했다. 하지만 클레오파트라와 사랑에 빠져 알렉산드리아 궁정에서 머물렀다. 기원전 36년 파르티아 원정에서 실패했다. 기원전 31년 옥타비아누스와의 최종 결투인 '아티움 해전'에서 패배했다. 나음해 안토니우스는 자살하고 곧이어 클레오파트라도 자살함으로써 두 사람의 사랑도 끝이 났다. 그는 3두정치에서는 항상 우위를 유지했고 동방원정도 로마의 국가적 요구에 부응한 행동이었지만 클레오파트라와 무절제한 사랑에 빠져 비극적인 종말을 맞았다.

16. 안토니누스 피우스(Antoninus Pius: 서기 86~161)

15대 황제(재위: 서기 138~161), 5현제의 4번째 황제. 서기 138년, 하드리아누스 황제의 양자가 되고 그가 죽은 뒤 즉위했다. 경건한 사람을 뜻하는 '피우스'라는 칭호를 원로원으로부터 받았다. 인자하고 관대하며 거의 대부분 로마를 떠나지 않고 정치를 하여 23년의 통치 기간에 평온한 질서가 지배했다. 관리의 지위를 안정시키고 재정을 건전하게 하여 번영을 구가했다. 원로원과의 협조도 원만하여 중앙집권화의 실적을 올렸다. 또한 그가 훌륭한 후계자를 양성하여 5현제 시대가 지속될 수 있었다. 주위의 질투하는 사람들을 물리치고 아우렐리우스를 모든 정무에 관여시켜 훌륭한 후계자가 될 수 있도록 훈련시켰다.

17. 카라칼라(Caracalla: 서기 188~217)

로마 황제(재위: 서기 211~217). 서기 212년, 카라칼라는 동생 게타를 암살하고 단독 황제가 되었다. 그는 동생이 살해된 사건을 놓고 군인들 사이에서 퍼지고 있는 불만을 잠재우기 위해 연봉을 500데나리우스에서 750데나리우스로 50%나 인상하였고, 이로 인해 국고가 고갈되었다. 서기 212년, 카라칼라는 "모든 속주민들에게 로마 시민권을 부여한다"는 '안토니누스 칙령'을 발표했다. 시민권자만이 상속세와 노예해방세를 내기 때문에 재정 위기를 해결하기 위한 포석이기도 했다. 시민권을 손에 넣은 속주민들은 처음에는 환영했다. 하지만 희소성이 없어진 시민권은 얼마 지나지 않아 그 가치가 떨어졌다.

속주 시민권 정책은 군사적인 측면에서 부작용이 심각하게 나타났다. 시민권을 자동으로 취득한 속주민은 보조병으로 군단에서 25년 동안이나 근무할 유인이 사라져버렸다. 이때부터 넓어진 방어선에 징병 자원이 줄어들어 지난 200년 동안 방위 전략으로 정착된 군사 시스템이 붕괴되기 시작했다. 로마 시민의 사회공헌 활동도 자취를 감추었다. 시민권 취득의 매력이 사라져 버린 군인·의사·교사에 대한 지망자는 급격히 감소했다. 로마사회의 장점인 계급 간 유동성이 사라지고 하층, 노예의 신분상승 기회가 차단됐다. 그는 인심을 얻기 위해 서기 217년 대목욕장인 카라칼라 공중목욕탕을 지어 무료로 개방했다. 이때부터 로마제국은 쇠락의 길로 접어들게 됐다. 공포정치를 일삼던 카라칼라 역시 서기 217년 근위대장 마크리누스의 사주에 의해 살해되었다.

18. 카이사르, 가이우스 율리우스(Gaius Julius Caesar: 기원전 100~44)

공화정 체제 타파, 제정체제를 설계한 로마의 정치가, 장군. 기원 전 100년 7월에 서민들의 거주 지역인 로마 수부라에서 태어났다. 명문 귀족 출신이었으나 그가 태어났을 때는 위세를 떨치는 가문은 아니었다.

기원전 70년 30세 때 회계감사관에 선출된 후 최고 제사장, 관리관, 법무관을 거쳐 에스파냐 속주 총독이 되었다. 기원전 60년 폼페이우스, 크라수스와 3두 협상을 통해 집정관에 취임했다. 집정관 1년 동안 원로원 일보 공개, 농지법 개혁 등을 단행하여 개혁의 의지를 분명하게 보여주었고 민중파의 희망으로 등장했다. 집정관 임기가 끝난 후 갈리아 총독으로 부임하여 기원전 58년부터 51년까지 8년 동안 전쟁을 수행했다. 속주로 흘러들어온 게르만족을 격퇴하고, 라인 강이 로마의 기본 방위선임을 명시했다. 또 도버해협을 건너 브리타니아를 원정했다.

갈리아를 평정하고 『갈리아 전쟁기』를 통해 카이사르의 영향력이 증대되자 원로원에서는 기원전 49년 1월 7일 군대해산을 명령하는 '원로원 최종 결의'가 발동되었다. 1월 12일, 카이사르가 "주사위는 던져졌다"는 말과 함께 국경선인 루비콘 강을 건너면서 내전이 시작되었다. 기원전 48년, 그리스 '파르살루스 전투'에서 폼페이우스를 격파하여 승리를 거둠으로써 내전이 종식되었다. 내전 과정을 기록한 『내전기』를 발간했다. 기원전 47년, 알렉산드리아에서 동맹국 이집트의 내분을 중재하여 클레오파트라와 프톨레마이오스 14세가 이집트를 공동으로 통치하도록 조치했다. 이어서 소아시아의 폰투스 왕 파르나케스와 전쟁에서 승리하여 "왔노라, 보았노라, 이겼노라"라는 경구를 로마로 보냈다. 그는 최고 권력자가 된 후 5년 동안 각종 개혁을 단행했다. 1년 365일의 태양력 달력을 만들고, 로마세계에 통용되는 기축통화를 구상했다. 해방노예에게도 공직에 진출할 수 있는 길을 열어주었다. 시민권자에게 항소권을 보장했다. 퍼주는 복지에서 엄격한 복지로 전환하여 공짜로 밀을 배급받는 사람의 숫자가 32만 명에서 절반 수준인 15만 명으로 줄어들었다. 기원전 46년, 임기 10년의 독재관에 취임하여 공화정을 제정으로 바꾸기 위한 개혁에 착수했다. 기원전 44년 1월, 종신 독재관이 되었다. 파르티아 원정을 앞두고 "왕위를 노리고 있다"는 소문이 파다하게 퍼져나갔다. 3월 15일, 브루투스와 카시우스가 주동이 된 원로원파에게 암살당하면서 "브루투스, 너마저!"라고 외마디비명과 함께 숨을 거두었다. 유언장에서 누이의 외손자인 옥타비아누스(훗날 아우구스투스)에게 상속하는 동시에 카이사르의 양자로 삼았고, 아들이 된 뒤에는 카이사르라는 성을 이어받는다는 유언을 남겼다.

19. 칼리굴라, 가이우스 율리우스 카이사르 게르마니쿠스(Caligula, Gaius Julius Caesar Germanicus: 서기 12~41)

3대 황제(재위: 서기 37~41). 칼리굴라는 어렸을 때 라인강 방위군 사령관이었던 아버지 게르마니쿠스를 따라 병영에서 자랐다. 로마군 군화인 칼리굴라와 같은 모양으로 만든 유아용 구두를 신고 다녔는데. 이런 모습을 보고 병사들이 별명을 붙여주었다. 칼리굴라는 경제적으로도 행운아였다. 티베리우스 황제가 긴축재정을 실시하여 2억 7천만 세스테르티우스의 흑자를 남겨주었기 때문이다.

하지만 즉위한 지 7개월 만에 지독한 열병을 앓은 후 그 후유증으로 강박관념에 시달렸고, 자신을 신격화하기 시작했다. 자신이 인간 세계에 나온 신이라는 망상에 사로잡힌 나머지, 스스로를 최고의 신으로 숭배되는 유피테르와 같은 인물로 생각했다. 항상 시민들의 인기를 의식했다. 오직 포퓰리즘이 정책 추진의 기준이었다. 민중의 박수에 취해 추진했던 선심성 정책으로 국가의 재정이 바닥을 드러냈다. 재정 위기 타파를 위해 세금을 부과할 수 있는 것은 모조리 찾아 땔감에까지 세금을 징수했다. 하늘 높은 줄 모르고 치솟았던 인기는 급격하게 떨어졌다. 게다가 자신을 신으로 생각한 칼리굴라는 무슨 일이든지 할 수 있다는 망상에 빠져 패악과 패륜을 저지르면서 무고한 사람들을 짐승 밥으로 내던지고 근친상간을 일삼았다. 서기 41년, 연극 관람에 참석했다가 자신의 최측근 근위병 대대장인 카이레아 등 몇몇 병사들에게 살해되었다. 황제 자리에 오른 지 4년 만에 비극을 맞았다.

20. 키케로, 마르쿠스 툴리우스(Marcus Tullius Cicero: 기원전 106~43)

로마의 정치가, 철학자, 문장가. 기원전 63년, 집정관에 취임하여 역모를 꾸민 카틸리나의 음모를 분쇄하여 국부라는 칭호를 받았다. 기원전 49년, 카이사르가 루비콘 강을 건넜다는 소식을 듣고 로마를 떠났다. 그러나 폼페이우스의 역량을 믿을 수 없고, 카이사르 편에 설 수도 없어서 중립을 지켰다. 공화정 체제의 신봉자인 그는 기원전 44년 카이사르가 암살당한 후 암살자들과 합류하여 로마공화정을 회생시키기 위해 노력했다. 암살 주동자인 카시우스와 브루투스를 격려하고 지원하면서 안토니우스와 옥타비아누스를 이간시키기 위해 무려 14회에 걸쳐 '안토니우스 탄핵' 연설을 했다. 하지만 기원전 43년, 암살자들의 사상적 지도자였다는 이유로 살생부 맨 위에 올라 살해되었다. 그는 권력자들에 의해 비극적인 종말을 맞았지만 로마 고전 문명에서 가장 영향력 있는 인물로 평가받는다. 그가 남긴 106편의 연설문 중 현재 56편이 전해지고 있으며, 900여 편의 편지와 수

많은 정치·철학 에세이를 남겼다. 17세기 영국의 존 로크는 "연설과 편지글, 품행 수련을 위해서는 키케로를 연구하라"고 권했다. 미국의 18세기와 19세기 정치인들은 키케로의 연설을 벤치마킹했다. 존 애덤스는 2대 미국 대통령이 된 후 말년에도 키케로에 대한 예찬을 멈추지 않았고 평생 동안 키케로의 가치를 칭찬했다.

21. 클라우디우스, 티베리우스 클라우디우스 카이사르 아우구스투스 게르마니쿠스 (Tiberius Claudius Caesar Augustus Germanicus: 기원전 10~서기 54)

4대 황제(재위: 서기 41~54), 역사가 황제. 어릴 적 소아마비를 앓아 다리를 질질 끌고 다니는 신체적 결함 때문에 제위 승계권에서 벗어나 있었다. 소년 시절부터 역사 연구와 저술에 전념하여 역사 연구자로 성장했다. 비서관 체제를 구축하여 복잡한 제국 경영을 효율적으로 통치할 수 있도록 관료 조직을 만들었다. 칼리굴라가 저질렀던 실정을 다시 복원시켜 제정 체제에 불신을 갖고 있던 원로원의 공화파 의원들을 안심시켰다. 아프리카와 유대에서 일어난 반란을 진압했다. 서기 43년, 로마군 4개 군단을 이끌고 직접 도버해협을 건너 브리타니아를 정복했다.

황후 메살리나의 중혼죄 사건이 일어나 황제의 측근이 황후를 살해하는 비극도 생겼다. 조카 아그리피나와 재혼했다. 그녀는 전 남편과의 사이에 낳은 아들 도미티우스를 황제로 만들겠다는 꿈을 가지고 클라우디우스의 양자로 입적시키고 이름을 네로로 바꾸었다. 클라우디우스는 네로를 자기 딸 옥타비아와 약혼시켜 양자로 삼고, 계승을 위한 훈련을 시작했다. 아그리피나는 자신의 아들이 황제 자리를 물려받을 수 있도록 준비를 마친 후 황제에게 독버섯을 먹여 사망하게 했다는 의혹을 받고 있다. 서기 54년, 클라우디우스는 아내의 야망에 희생양이 되어 63세를 일기로 세상을 떠났다.

22. 콘스탄티누스, 플라비우스 발레리우스(Flavius Valerius Constantinus: 서기 274~337)

로마 황제(재위: 서기 306~337), 기독교의 공인. 4분 체제의 한 축을 맡고 있던 서방의 부제 콘스탄티우스의 아들로 태어났다. 동방의 정제 디오클레티아누스에게 보내져 사실상의 인질이 되었다. 디오클레티아누스가 황제 자리에서 물러난 후 그는 아버지 콘스탄티우스 정제에게 달려갔다. 서기 324년, 디오클레티아누스의 황제 퇴위 후 로마제국의 혼란을 수습하고 로마제국을 재통일시켰다. 콘스탄티누스가 제국에 가져온 두 가지 큰 변화는 기독교 공인과 비잔티움으로의 천도다.

서기 313년, '밀라노칙령'을 선언하여 그동안 탄압받아온 기독교를 공인했다. 서기 325년에는 '니케아 공의회'를 개최하여 당시 기독교 세계의 최대 쟁점이었던 '아리우스파 논쟁'을 종식시켰다. 즉, 예수가 하나님과 동일한 본질을 갖고 있다는 삼위일체파의 손을 들어준 것이다. 그는 독실한 기독교 신자였던 어머니 헬레나에게서 기독교 영향을 받았다.

두 번째 조치는 제국의 수도를 로마에서 비잔티움으로 옮긴 것이다. 서기 330년, 수도를 비잔티움으로 옮겼다. 서기 337년에 그가 죽은 후 비잔티움은 '콘스탄티누스의 도시'라는 뜻의 콘스탄티노플로 이름을 바꾸었다. 콘스탄티노플은 세계 최초의 기독교 도시로서 이후 천년이 넘는 세월동안 비잔티움제국의 수도로서 존재하게 된다.

그는 디오클레티아누스의 군사, 경제, 행정 개혁의 큰 틀을 유지하면서 제국을 안정 기조에 올려놓아 서로마제국이 150년간 더 지속될 수 있는 토양을 마련했다. 동시에 박해받던 기독교를 공인하여 기독교가 로마제국의 종교가 되고 세계적인 종교가 되도록 영향을 미쳤다. 비잔티움 제국은 서로마 제국이 쇠망한 뒤에도 1,000년 동안 지속되어 1453년에 멸망한다.

23. 클레오파트라(Cleopatra: 기원전 69~30)

이집트의 여왕. 프톨레마이오스 왕조 최후의 왕(재위: 기원전 51~30). 기원전 48년, 카이사르를 유혹하여 연인이 되었고 카이사르의 중재로 왕위에 복위했다. 카이사르와의 사이에 아들 카이사리온을 낳았다. 카이사르 암살 당시 로마에 머물렀으나 카이사르의 유언장에 아들에 대한 언급이 없어 실망하고 이집트로 돌아왔다.

기원전 41년 그녀는 안토니우스에게 소아시아 킬리키아로 소환되었으나 오히려 그를 유혹하여 애인으로 만들어버렸다. 기원전 31년의 악티움 해전에서 그녀와 안토니우스 연합군은 옥타비아누스에게 패배했다. 기원전 30년, 안토니우스는 자살하고 옥타비아누스가 그녀의 아들을 살해한 것을 알고 모든 것을 포기한 채 독사에 물려 자살함으로써 여왕의 삶을 마감했다. 그녀는 여성적 매력뿐만 아니라 그리스어, 라틴어, 이집트어 등 몇 개 국어를 구사하면서 카이사르와 안토니우스를 자유자재로 움직이는 역량을 발휘했다. 하지만 안토니우스를 통해 오리엔트 지배에 대한 과욕을 부림으로써 멸망을 자초하고 말았다.

24. 콤모두스(Commodus: 서기 161~192)

로마의 황제(재위: 서기 180~192). 5현제의 마지막 황제 마르쿠스 아우렐리우스의 아들로 태어났다. 서기 177년 아버지와 공동 황제가 되었고, 서기

180년 아버지가 사망하자 18세에 단독 황제가 되었다. 그는 대제국의 황제 자리를 맡기에는 너무 어렸을 뿐만 아니라 자질도 역량도 없었다. 그가 가장 먼저 한 일은 아버지가 벌여놓은 정복 사업을 포기하고, 쉬운 길을 선택하면서 음행과 기행의 길을 걸으며 육체적 쾌락에 탐닉했다. 또한 자신이 헤라클레스 신이라는 망상에 빠져 콜로세움 원형경기장에 들어가 검투사 복장을 하고 검투사들이나 맹수들과 결투를 벌이기까지 했다. 사치와 방탕으로 국고를 탕진했다. 황제가 점점 미친 사람처럼 행동하자 애첩 마르키아가 시종들과 음모를 꾸며 살해했다. 안타깝게도 아버지와 아들은 "가장 위대한 황제와 가장 악랄한 황제"가 되고 말았다.

25. 트라야누스, 마르쿠스 울피우스(Marcus Ulpius Trajanus: 서기 53~117)

13대 황제(재위: 서기 98~117), 속주 출신 최초의 황제. 그는 로마의 속주였던 에스파냐에서 출생했다. 로마에서 회계감사관과 법무관을 지냈고 에스파냐에서 군단 사령관, 게르마니아군 사령관을 지내 군단 내에서 군인으로서 명망이 높았다.

그는 다키아족에 대한 전쟁 재개를 결심했다. 다키아 문제는 도미티아누스 황제가 체결한 강화조약이 평화를 돈으로 산 굴욕적이라는 비판 때문에 불거졌다. 서기 101년, 1차 다키아 전쟁이 일어났다. 참패한 다키아 왕은 강화 사절을 보내 강화조약을 맺었다. 2차 다키아 전쟁은 서기 105년 다키아가 강화를 파기하고 로마군을 공격하면서 시작되었다. 다키아의 수도가 함락되었고, 데케발루스 왕은 자결했다. 서기 106년 여름, 그의 개선식은 수도 로마를 흥분과 열광과 승리의 도가니로 몰아넣었다. 다키아의 합병으로 로마제국 역사상 가장 넓은 영토를 가졌다.

서기 113년, 트라야누스 황제는 파르티아 원정을 위해 로마를 떠났다. 로마군의 공격으로 파르티아 왕국의 수도 크테시폰이 함락되었다. 파르티아왕은 수도가 함락되기 직전에 간신히 도망쳤다. 페르시안 만에 도착한 트라야누스는 안티오키아로 돌아가 겨울을 나기로 했다. 그런데 그가 안티오키아에 도착하자 메소포타미아 곳곳에서 반란의 불길이 솟았다. 유대 지방에서도 유대인들의 반란이 일어났다. 반란은 일단 진압되었으나 불길이 완전히 사라진 것은 아니었다. 서기 117년 봄이 왔으나 그는 동쪽으로 가지 않고로마로 향했다. 중병에 걸렸기 때문이다. 대신 파르티아 원정군 총사령관에는 하드리아누스를 임명했다. 로마로 귀환하는 도중 병세가 악화되어 서기 117년 킬리키아의 셀리누스에서 눈을 감았다. 그는 죽기 직전에 원정군 총사령관인 하드리아누스를 후계자로 지명했다.

26. 테오도시우스, 플라비우스(Flavius Theodosius: 서기 347~395)

로마 황제(재위: 서기 378~395), 황제다운 마지막 황제. 서기 378년 황제에즉위한 테오도시우스 왕조의 시조이며 동서 양대 로마제국의 마지막 단독황제였다. 야만족의 침공에 잘 대처했고, 이들의 정착을 원만하게 이끌었다. 당시 훈족의 이동으로 발칸 반도로 밀려오는 고트족을 더 이상 막는 것이 불가능하다고 판단하고, 도나우 강 남쪽에 영지를 주어서 받아들이기로결단을 내렸다. 이를 계기로 로마 군단에 게르만족 병사들이 많이 들어와로마군이 게르만화 되어갔다. 장기적으로는 자영농민이 사라지고 농노로전환되었다.

그의 또 다른 공적은 서기 392년 정통파 기독교를 국교로 공인한 점이다. 그는 로마의 전통 종교, 이교, 이단을 법적으로 엄격하게 금지했다. 3위일체의 신앙에 입각하여 세례를 받은 최초의 황제이기도 하다. 정통파 기독교를 로마제국에서 유일하고 절대적인 종교로 공인함으로써 이후 중세기로 이어지는 로마 가톨릭 교회와 그리스 정교회라는 기독교의 양대 체제가 확고하게 자리 잡는 전기를 마련했다.

그러나 서기 395년 안타깝게도 48세를 일기로 죽음을 맞았다. 임종의 자리에서 총사령관 스틸리코에게 18세와 10세에 불과한 어린 두 아들을 부탁했다. 그의 유언에 따라 큰 아들 아르카디우스는 동로마제국의 초대 황제가 되고, 둘째 아들인 호노리우스는 서방의 황제로서 서로마제국을 통치했다. 그때부터 로마제국은 공식적으로 동로마와 서로마로 나뉘어졌고, 다시는 하나를 이루지 못했다.

27. 티베리우스 율리우스 카이사르(Tiberius Julius Caesar: 기원전 42~서기 37)

2대 황제(재위: 서기 14~37). 아우구스투스의 의붓아들로 황제의 정복 사업을 도왔다. 아우구스투스의 핏줄에 의한 후계자 선정 원칙 때문에 처음에는 후계자 순위에서 배제되었으나, 핏줄을 가진 손자들이 죽자 서기 4년에 후계자로 지명되었다. 서기 14년, 아우구스투스 사후 원로원과 민회의 추대로 즉위했다. 즉위 후에는 인기 영합주의를 배제하고 긴축재정 정책을 펼쳐나갔다. 북쪽 방위선을 아우구스투스가 목표로 한 엘베 강에서 라인 강으로 옮겼다. 서기 27년 티베리우스는 근위대장인 세야누스에게 권력의 많은 부분을 위임하고, 로마를 떠나 카프리 섬에 은둔했다. 어머니 리비아가 사망한 때도 로마로 돌아오지 않았다. 서기 29년 아우구스투스의 핏줄을 내세워 자신을 비난하는 아그리피나와 가족을 국가반역죄와 간통죄로 처벌할 것을 지시하여 공포정치를 시작했다. 서기 31년, 근위대장 세야누스를 제거하고 사형에 처했다.

티베리우스는 서기 37년 77세의 나이로 세상을 떠났다. 티베리우스 황제에 대한 평가는 극과 극으로 엇갈린다. 그는 겸손과 경청의 자세를 통해 공화정과 민주원리를 존중하는 모습을 보였다. 또한 현실적이고 합리적인 정책들로 국가 재정을 풍요롭게 하여 후임자에게 물려주었다. 그러나 반대자에 대한 잔인한 처벌과 제거, 궁정음모사건, 측근 세야누스의 권력남용, 카프리 섬 은둔 기간에 나돌던 무절제한 성적 타락에 관한 좋지 않은 소문 등으로 인해 부정적인 평가를 받고 있다.

28. 폼페이우스 마그누스(Gnaeus Pompeius Magnus: 기원전 106~48)

로마의 장군, 정치가. 폼페이우스는 아버지가 시칠리아 총독을 지냈고, 피체노 지방에 대규모 영지를 가진 가문이다. 시칠리아와 북아프리카에서 술라를 반대하며 일어난 반란을 제압하였다. 그 공로로 약관 25세에 개선식을 하여 로마 역사상 최연소 개선장군이 되었다.

기원전 70년에 크라수스와 함께 집정관에 취임했다. 기원전 67년 지중해에서 로마의 상선을 위협하는 해적들을 소탕하여 명성을 높였고, 기원전 66년에는 폰투스 제국의 미트리다테스 왕 토벌의 전권을 위임받아 해결했다. 또 기원전 63년까지 이집트를 제외한 아시아 지역을 평정했다. 기원전 60년에 폼페이우스는 카이사르, 크라수스와 함께 비밀협약에 의해 '3두정치'를 시작했다. 기원전 50년, 최고사령관이 되어 카이사르 제거에 앞장서 달라는 원로원의 요구를 수용했다. 기원전 49년, 카이사르가 국경을 넘었다는 소식을 듣고 폼페이우스를 비롯한 원로원파는 로마를 빠져나가는 실수를 범했다. 결국 '파르살루스 전투'에서 카이사르에게 패배했다. 그는 목숨을

건지고 간신히 도망치는 데 성공했으나 알렉산드리아에서 로마인 변절자에
의해 살해되었다.

29. 하드리아누스, 푸블리우스 아일리우스(Publius Aelius Hadrianus: 76~138)

14대 황제(재위: 서기 117~138), 현장 제일주의를 실천한 황제. 이베리아반
도 이탈리카에서 출생했다. 서기 117년 8월, 트라야누스 황제 사후 황제의
자리에 올랐다. 선황 트라야누스의 영토 확장 정책을 제국 방위 정책으로
전환하여 국력의 충실화에 힘썼다. 그는 정복보다는 방위, 정비에 관심을
쏟았다. 트라야누스가 15년 전에 제국으로 편입했던 도나우 강 북부의 다
키아를 포기한 것이다. 또한 최근에 정복한 동쪽 영토를 버리고 로마의 동
쪽 국경을 다시 유프라테스 강으로 끌어들였다. 북쪽 수비를 강화하기 위
해 그는 독일 도나우 강과 라인 강 사이에 550킬로미터에 이르는 게르마니
아 방위선을 쌓았다. 또 서기 122년 브리타니아를 방문하고 117킬로미터
에 이르는 하드리아누스 방벽을 쌓았다. "가장 여행을 많이 한 황제"로 통
한다.

반면에 하드리아누스의 행동은 많은 오해를 불러일으켰다. 그리스풍을
좋아하는 취미는 사람들에게 네로 황제를 연상시켰다. 황제로서는 처음으로
그리스 철학자처럼 수염을 길렀다.

그러나 훌륭한 후계자를 선택함으로써 5현제 시대를 지속시켰다. 서기
138년, 62회 생일에 안토니누스를 초대하여 양자로 삼았다. 서기 138년 7월
하드리아누스는 후계자 안토니누스가 지켜보는 앞에서 평화롭게 운명했다.

30. 한니발(Hannibal Barca: 기원전 247~183)

카르타고의 장군, 역사상 최고의 전술가. 카르타고는 로마와 3차에 걸쳐 전쟁을 치른다. 2차 포에니전쟁(기원전 218~201)은 한니발 장군이 주인공이다. 그는 군대를 이끌고 역사상 처음으로 눈 덮인 알프스 산맥을 넘는 기상천외한 전략을 구사했다. 그가 이끈 군대는 보병 5만 명, 기병 9천 명, 전투용 코끼리 37마리였다. 15일 만에 알프스를 넘는 데 성공했다. 기원전 216년, 승승장구하는 한니발은 칸나이전투에서 중요한 승리를 거둔다. 군사적 천재성, 전략, 용감성을 유감없이 발휘하여 역사에 남는 전투를 벌인 것이다. 한니발은 로마인들이 항복할 것이라고 예상하고 항복 조건을 제시하는 전령을 보냈다. 하지만 로마인들은 이를 거부하고 계속해서 지구전으로 싸울 것을 결의했다.

한니발의 뒤꽁무니만 쫓아다니는 지구전에 종지부를 찍은 사람은 젊은 스키피오 장군이다. 한니발이 로마에 있는 틈을 이용해서 에스파냐를 공략해 카르타고인을 그곳에서 몰아내는 데 성공했다. 이번에는 한니발의 고국인 카르타고를 공략했다. 로마군이 카르타고를 공격하자 카르타고 본국에서 한니발에게 소환 명령을 내렸다. 기원전 202년 한니발은 고국으로 건너와 스키피오의 군대를 맞아 싸운다. 운명의 결전이 그 유명한 자마전투다. 자마전투에서 참패한 한니발은 초라한 모습으로 간신히 도망쳤다. 기원전 146년 로마는 카르타고가 용병을 모집하여 전쟁을 준비하고 있다는 빌미를 잡아 강화조약을 위반했다는 이유로 전쟁을 일으켜 카르타고를 함락시켰다. 로마군은 카르타고 땅을 가래로 고른 다음 소금을 뿌려 '신들의 저주를 받은 땅'으로 낙인찍어 역사에서 사라지게 만들었다.

기번, 에드워드,『로마제국 쇠망사』, 김영진 옮김, 대광서림, 2003.

기번, 에드워드,『로마제국 쇠망사』, 송은주·조성숙 외 1명 옮김, 민음사, 2010.

기어리, 패트릭 J.,『메로빙거 세계』, 이종경 옮김, 지식의풍경, 2002.

기조, 프랑수아,『유럽 문명의 역사』, 임승휘 옮김, 아카넷, 2014.

김경준,『위대한 기업, 로마에서 배운다』, 원앤원, 2006.

김부식,『삼국사기』, 일문서적, 2010.

김상근,『군주의 거울』, 21세기북스, 2016.

김창성,『사료로 읽는 서양사』, 책과함께, 2014.

그레이브스, 로버트,『나는 황제 클라우디우스다』, 오준호 옮김, 민음사, 2007.

골즈워디, 에이드리언,『로마전쟁영웅사』, 말글빛냄, 2005.

골즈워디, 에이드리언,『로마 멸망사』, 하연희 옮김, 루비박스, 2012.

골즈워디, 에이드리언,『가이우스 율리우스 카이사르』, 백석윤 옮김, 루비박스, 2009.

김덕수,『아우구스투스의 원수정』, 길, 2013.

김선화,『100년 기업을 위한 승계전략』, 쌤앤파커스, 2013.

노나카 이쿠지로,『지식경영』, 나상역 옮김, 21세기북스, 1998.

노리치, 존,『비잔티움 연대기』, 남경태 옮김, 바다출판사 , 2016.

더들리, 도널드 R., 『로마문명사』, 김덕수 옮김, 현대지성사, 1997.

대한성서공회, 『성경』, NIV개역개정판, 생명의말씀사, 2011.

리스너, 이바르, 『로마 황제의 발견』, 김지영·안미라 옮김, 살림, 2007.

리처드, 칼, 『왜 우리는 로마인의 후예인가』, 이광일 옮김, 이론과실천, 2014.

마티작, 필립, 『로마 공화정』, 박기영 옮김, 갑인공방, 2004.

마키아벨리, 니콜로, 『군주론』, 신동준 옮김, 인간사랑, 2014.

마키아벨리, 니콜로, 『로마사논고』, 강정인·안선재 옮김, 한길사, 2003.

마키아벨리, 니콜로, 『마키아벨리 로마사이야기』, 고산 옮김, 동서문화사, 2008.

마틴, 토마스 R., 『고대 로마사』, 이종인 옮김, 책과함께, 2015.

매컬로, 콜린, 『로마의 일인자』, 강선재·신봉아 외 2명 옮김, 교유서가, 2015.

맥멀렌, 램지, 『로마제국의 위기』, 김창성 옮김, 한길사, 2012.

맹자, 『맹자』, 박경환 옮김, 홍익출판사, 2005.

몬타넬리, 인드로, 『벌거벗은 로마사』, 박광순 옮김, 풀빛, 1990.

몽테스키외, 샤를 드, 『로마의 성공, 로마제국의 실패』, 김미선 옮김, 사이, 2013.

몽테스키외, 샤를 드, 『로마인의 흥망성쇠 원인론』, 박광순 옮김, 종합출판 범우, 2007.

몸젠, 테오도르, 『몸젠의 로마사 1』, 김남우·김동훈 외 1명 옮김, 푸른역사, 2015.

몸젠, 테오도르, 『몸젠의 로마사 2』, 김남우·김동훈 외 1명 옮김, 푸른역사,

2015.

몸젠, 테오도르, 『몸젠의 로마사 3』, 김남우·김동훈 외 1명 옮김, 푸른역사, 2015.

박윤덕·정기문 외, 『서양사 강좌』, 아카넷, 2016.

빙, 스탠리, 『로마처럼 경영하라』, 김중근 옮김, 청림출판, 2009.

수에토니우스, 『열두 명의 카이사르』, 조윤정 옮김, 다른세상, 2009.

수에토니우스, 『풍속으로 본 12인의 로마황제』, 박광순 옮김, 풀빛미디어, 1998.

셰익스피어, 윌리엄, 『안토니우스와 클레오파트라』, 셰익스피어연구회 옮김, 아름다운날, 2011.

시오노 나나미, 『로마인에게 묻는 20가지 질문』, 김석희 옮김, 한길사 2000.

시오노 나나미, 『로마인 이야기 1(로마는 하루아침에 이루어지지 않았다)』, 김석희 옮김, 한길사, 1995.

시오노 나나미, 『로마인 이야기 2(한니발 전쟁)』, 김석희 옮김, 한길사, 1995.

시오노 나나미, 『로마인 이야기 3(승자의 혼미)』, 김석희 옮김, 한길사, 1995.

시오노 나나미, 『로마인 이야기 4(율리우스 카이사르 상)』, 김석희 옮김, 한길사, 1996.

시오노 나나미, 『로마인 이야기 5(율리우스 카이사르 하)』, 김석희 옮김, 한길사, 1996.

시오노 나나미, 『로마인 이야기 6(팍스로마나)』, 김석희 옮김, 한길사, 1997.

시오노 나나미, 『로마인 이야기 7(악명높은 황제들)』, 김석희 옮김, 한길사, 1998.

시오노 나나미, 『로마인 이야기 8(위기와 극복)』, 김석희 옮김, 한길사, 1999.

시오노 나나미, 『로마인 이야기 9(현제의 세기)』, 김석희 옮김, 한길사, 2000.

시오노 나나미, 『로마인 이야기 10(모든 길은 로마로 통한다)』, 김석희 옮김, 한길사, 2002.

시오노 나나미, 『로마인 이야기 11(종말의 시작)』, 김석희 옮김, 한길사, 2003.

시오노 나나미, 『로마인 이야기 12(위기로 치닫는 제국)』, 김석희 옮김, 한길사, 2004.

시오노 나나미, 『로마인 이야기 13(최후의 노력)』, 김석희 옮김, 한길사, 2005.

시오노 나나미, 『로마인 이야기 14(그리스도의 승리)』, 김석희 옮김, 한길사, 2006.

시오노 나나미, 『로마인 이야기 15(로마 세계의 종언)』, 김석희 옮김, 한길사, 2007.

스트라우스, 배리, 『스파르타쿠스 전쟁』, 최파일 옮김, 글항아리, 2011.

신채식, 『동양사개론』, 삼영사, 2008.

신형식, 『고구려사』, 이화여자대학교 출판부, 2003.

신형식, 『한국사의 새로운 이해』, 이화여자대학교 출판부, 1997.

신형식 외 6명, 『한국통사』, 주류성, 2014.

아우렐리우스, 마르쿠스 ,『명상록』, 천병희 옮김, 숲, 2005.

에버렛, 앤서니,『아우구스투스』, 조윤정 옮김, 다른세상, 2008.

SK에너지 임직원,『로마인 이야기를 읽다』, 한길사, 2008.

요세푸스, 플라비우스,『유대 전쟁사』, 박정수 옮김, 나남, 2008.

이강재,『논어』, 살림, 2006.

앙젤, 장 마리,『로마제국사』, 김차규 옮김, 한길사, 1999.

양병무,『행복한 논어 읽기』, 21세기북스, 2009.

양병무,『한국기업의 인적자원개발과 관리』, 미래경영개발연구원, 2006.

정기문,『로마는 어떻게 강대국이 되었는가』, 민음인, 2010.

윌리엄스, 존,『아우구스투스』, 조영학 옮김, 구픽, 2016.

타키투스,『게르마니아』, 천병희 옮김, 도서출판 숲, 한길사, 2012.

타키투스,『역사』, 김경현 · 차전환 옮김, 한길사, 2011.

타키투스,『연대기』, 박광순 옮김, 종합출판범우, 2005.

요아힘 프란츠 · 우베 쿤츠,『로마를 이길 수 있는 다섯 가지 원칙』, 더숲, 2011.

카이사르, 율리우스,『갈리아 전쟁기』, 김한영 옮김, 사이, 2005.

카이사르, 율리우스,『내전기』, 김한영 옮김, 사이, 2005.

콜린스, 스티븐 단도,『카이사르 군단』, 조윤정 옮김, 다른세상, 2010.

타이어니, 브라이언,『서양중세사 연구』, 박은구 외 5명, 탐구당, 1987.

타이어니, 브라이언,『서양 중세사』, 이연규 옮김, 집문당, 1988.

패스트, 하워드,『소설 스파르타쿠스』, 김태우 옮김, 미래인, 2008.

프리먼, 필립,『카이사르』, 이주혜 옮김, 21세기북스, 2009.

플루타르코스,『플루타르코스 영웅전 1』, 이다희 옮김, 휴먼앤북스, 2010.

플루타르코스, 『플루타르코스 영웅전 2』, 이다희 옮김, 휴먼앤북스, 2010.

플루타르코스, 『플루타르코스 영웅전 3』, 이다희 옮김, 휴먼앤북스, 2010.

플루타르코스, 『플루타르코스 영웅전 4』, 이다희 옮김, 휴먼앤북스, 2011.

플루타르코스, 『플루타르코스 영웅전 5』, 이다희 옮김, 휴먼앤북스, 2011.

플루타르코스, 『플루타르코스 영웅전 6』, 이다희 옮김, 휴먼앤북스, 2012.

플루타르코스, 『플루타르코스 영웅전 7』, 이다희 옮김, 휴먼앤북스, 2014.

플루타르코스, 『플루타르코스 영웅전 8』, 이다희 옮김, 휴먼앤북스, 2015.

플루타르코스, 『플루타르코스 영웅전 9』, 이다희 옮김, 휴먼앤북스, 2015.

플루타르코스, 『플루타르코스 영웅전 10』, 이다희 옮김, 휴먼앤북스, 2015.

하이켈하임, 프리츠, 『로마사』, 세드릭 A. 요·앨런 M. 워드 개정, 김덕수 옮김, 현대지성사, 1999.

하트, B.H. 리델, 『스키피오 아프리카누스』, 박성식 옮김, 사이, 2010.

한길사편집실, 『로마인 이야기 길라잡이』, 한길사, 2007.

한영우, 『우리역사』, 경세원, 2014.

해리스, 토머스, 『한니발』, 이창식 옮김, 창해, 2006.

허승일, 『로마 공화정』, 서울대학교 출판부, 1997.

헤밀턴, 이디스, 『고대 로마인의 생각과 힘』, 까치, 2009.

홀랜드, 톰, 『공화국의 몰락』, 김병하 옮김, 웅진닷컴, 2004.

히더, 피터, 『로마제국 최후의 100년』, 이순호 옮김, 뿌리와이파리, 2008.

히로시, 사카모토, 『로마제국』, 서울문화사, 2003.

한국서양고대역사문화학회, 『아우구스투스 연구』, 책과함께, 2016.

Livy, The Rise of Rome, Books 1-5, T. J. Luce(Translator), Oxford University Press, 2008.

Livy, History of Rome, Vol. I, Books 1-2, B. O. Foster (Translator), Harvard University Press, 1919.

Livy, History of Rome, Volume II, Books 3-4, B. O. Foster (Translator), Harvard University Press, 1922.

Livy, History of Rome, Volume III, Books 5-7, B. O. Foster (Translator), Harvard University Press, 1924.

Livy, History of Rome, Volume IV, Books 8-10, B. O. Foster (Translator), Harvard University Press, 1926.

Livy, History of Rome, Volume V, Books 21-22, Harvard University Press, 1929.

Livy, History of Rome, Volume VI, Books 23-25, Frank Gardner Moore (Translator), Harvard University Press, 1940.

Livy, History of Rome, Volume VII, Books 26-27, Frank Gardner Moore (Translator), Harvard University Press, Reprint, 1943.

Livy, History of Rome, Volume VIII, Books 28-30, Frank Gardner Moore (Translator), Harvard University Press, Reprinted, 1949.

Livy, History of Rome, Volume IX, Books 31-34, Evan T. Sage (Translator), Harvard University Press, 1935.

Livy, History of Rome, Volume X, Books 35-37, Evan T. Sage (Translator), Harvard University Press, 1935.

Livy, History of Rome, Volume XI, Books 38-39, Evan T. Sage (Translator), Harvard University Press, 1936.

Livy, History of Rome, Volume XII, Books 40-42, Alfred C. Schlesinger

(Translator), Harvard University Press, 1938.

Livy, History of Rome, Volume XIII, Books 43-45, Alfred C. Schlesinger
(Translator), Harvard University Press, 1951.

Livy, History of Rome, Volume XIV, Summaries, Alfred C. Schlesinger
(Translator), Russel M. Geer (Contributor), Harvard University Press, 1959.

KI신서 6806

행복한 로마 읽기

천년제국 로마에서 배우는 리더십과 자기계발의 지혜

1판 1쇄 인쇄 2016년 11월 20일
1판 1쇄 발행 2016년 11월 30일

지은이 양병무
펴낸이 김영곤
펴낸곳 ㈜북이십일 21세기북스
출판기획팀장 정지은 **책임편집** 윤경선
디자인 씨디자인: 조혁준 함지은 조정은 김하얀 이수빈
출판사업본부장 신승철 **영업본부장** 신우섭
출판영업팀 이경희 이은혜 권오권
출판마케팅팀 김홍선 조윤정
프로모션팀 김한성 최성환 김선영 정지은
홍보팀 이혜연 최수아 홍은미 백세희 김솔이
제작팀장 이영민
출판등록 2000년 5월 6일 제10-1965호
주소 (우 10881) 경기도 파주시 회동길 201(문발동)
대표전화 031-955-2100 **팩스** 031-955-2151
이메일 book21@book21.co.kr

ⓒ 양병무, 2016

(주)북이십일 경계를 허무는 콘텐츠 리더

21세기북스 채널에서 도서 정보와 다양한 영상자료, 이벤트를 만나세요!
북이십일과 함께하는 팟캐스트 '[북팟21] 이게 뭐라고'

페이스북 facebook.com/21cbooks   **블로그** b.book21.com
인스타그램 instagram.com/21cbooks   **홈페이지** www.book21.com

ISBN 978-89-509-6806-9 03320

* 책값은 뒤표지에 있습니다.